Les Éditions du Boréal
4447, rue Saint-Denis
Montréal (Québec) H2J 2L2
www.editionsboreal.qc.ca

EXTRAITS DE CAFÉS

Axel et Nicholas, suivi de *Mémoires d'Axel*, roman, Éditions du Jour, 1973.

L'aigle volera à travers le soleil, roman, Hurtubise HMH, 1978; Bibliothèque québécoise, 1989.

Rue Saint-Denis, nouvelles, Hurtubise HMH, 1978; Bibliothèque québécoise, 1988.

Du pain des oiseaux, nouvelles, VLB, 1982.

Journal de mille jours. Carnets 1983-1986, XYZ / Guérin, 1988.

De ma blessure atteint et autres détresses, nouvelles, XYZ, 1990.

Carnet sur la fin possible d'un monde, nouvelles, XYZ, 1992.

Gésu Retard. Fait divers montréalais en huit journées et dix-sept dictées sur le temps vécu, roman, Boréal, 1999.

Mendiant de l'infini. Fragments nomades, récit, Boréal, 2002.

Ruelles, jours ouvrables. Flâneries en ruelles montréalaises, récit, Boréal, 2005.

André Carpentier

EXTRAITS DE CAFÉS

Flâneries en cafés montréalais

récit

Boréal

Les Éditions du Boréal reconnaissent l'aide financière du gouvernement
du Canada par l'entremise du Programme d'aide au développement
de l'industrie de l'édition (PADIÉ) pour ses activités d'édition et remercient
le Conseil des Arts du Canada pour son soutien financier.

Les Éditions du Boréal sont inscrites au Programme d'aide aux entreprises
du livre et de l'édition spécialisée de la SODEC et bénéficient du Programme
de crédit d'impôt pour l'édition de livres du gouvernement du Québec.

Diffusion au Canada : Dimedia
Diffusion et distribution en Europe : Volumen

*Catalogage avant publication de Bibliothèque et Archives nationales du Québec
et Bibliothèque et Archives Canada*

Carpentier, André

Extraits de cafés : flâneries en cafés montréalais

ISBN 978-2-7646-0704-6

I. Titre.

PS8555.A761E97   2010   C843'.54   C2009-942578-5

PS9555.A761E97   2010

Toute ressemblance des personnages de ce livre avec des personnes réelles serait le fait d'une coïncidence aussi imprévisible que naïvement recherchée.

Qu'on me permette de rapporter, non sans minutie — c'est dans les petites choses que loge l'essentiel —, ce que j'ai vu, éprouvé, pensé parfois dans maints établissements de cette ville. [...] Les heures que j'ai vécues dans les cafés se sont insensiblement muées, pour moi, en substance humaine et en éternité. Pas moins!

GEORGES HALDAS, *La Légende des cafés*

Prologue

J'imagine, comme si je m'en souvenais vraiment, qu'un jour de flânerie en ruelles montréalaises j'ai dû vouloir réchauffer l'air qui s'infiltrait par mes trous de semelles et que je suis entré dans un café carnet à la main. J'ignorais alors que je commençais, bien que de loin, à prendre des notes pour un ouvrage, tandis que je cherchais encore la forme du précédent. À cette époque, je ne m'arrêtais en effet au café que pour compléter des notes sur mes flâneries dans le réseau des ruelles et repartais aussitôt pour de nouvelles échappées.

Voilà, c'est ainsi, je crois, qu'à mon totem de flâneries j'ai ajouté les cafés, avec leurs personnages et leurs faits quotidiens, qui forment l'armature de ces pages. Je me croyais toujours obsédé par le réseau des ruelles; en fait, je nomadisais déjà d'un café l'autre, comme qui s'éprend d'un nouveau territoire, et rapiéçais mes carnets à coups de notules, d'ajouts, de renvois. J'avais longtemps tenu, soit debout, soit en marchant, le compte de mes déambulations; il était temps de m'asseoir. À force de déambuler, il arrive qu'il faille poser ses fesses pour sonder ses carnets et reprendre son souffle. Et il n'est pas dit que, dans ces moments de répit, le flâneur cessera d'épier l'ordinaire quotidien.

Ces notes ont été prises à l'ombre de l'Amérique, à Montréal, où l'histoire des cafés est trop récente pour s'être constituée en tradition; elles ont été tirées du paysage mutant des cafés d'ici et d'aujourd'hui, qui, j'en ai bien peur, tombent lentement dans le décours des modes. Les cafés de Montréal ne sont pas des centres incontestés de la vie sociale, comme autrefois ceux de Constantinople ou de Vienne, ni même des laboratoires d'idées, comme dans le Paris postrévolutionnaire, mais ils demeurent des lieux publics ouverts à tous. On y croisera, à la suite et sans surprise, une chemise indienne, un tailleur Chanel, un jeans troué, une veste Armani, des sandales bibliques... Il s'agit d'un lieu où le fondement de l'activité est de n'en avoir pas trop ni de très importantes, un lieu où chacun s'autorise de lui-même à garder le silence ou à jaser tout son soûl, à traîner, à transgresser la tendance lourde à la productivité par le choix occasionnel de l'oisiveté. Le café insinue l'oubli des soucis ou les multiplie de façon exponentielle, c'est selon. Suivant la façon de chacun de gérer sa solitude et ses rencontres.

Il y a bien des façons de se rendre disponible à sa présence au monde. Celle qui est ici proposée relève de la flânerie, c'est-à-dire d'une certaine disponibilité dont le désœuvrement, soit-il occasionnel, est la condition. J'ai donc orbité quelques années en flâneur dans le Montréal francophone, qui rétrécit à la manière d'une peau de chagrin, comme chacun le sait. J'ai fréquenté les cafés du Quartier latin, du Plateau-Mont-Royal, du Mile-End, d'Hochelaga-Maisonneuve, de Parc-Extension, d'Ahuntsic, de La Petite-Patrie, du quartier Saint-Michel, de Montréal-Nord, ou d'un peu plus loin de chez moi, de Verdun, de Côte-des-Neiges, de Notre-Dame-de-Grâce, de Saint-Léonard… Il y a eu une courte période où je me suis précipité vers tel et tel autre café, comme visant à bientôt les avoir tous connus, mais je me suis vite rendu compte que l'habitué n'accumule pas les cafés, qu'il a plutôt quelques débits préférés, dans lesquels il se sent bien, où il rencontre une faune de coutumiers qui le rassurent.

La tradition autorise à écrire dans les cafés, on ne vous demandera jamais sur quel sujet. Cela rend plus facile que dans les ruelles d'y consigner ses observations, impressions et intuitions. Évidemment, les cafés ne constituent pas un réservoir passif de scènes parées à être glanées, mais un réseau de tensions dynamiques échappant le plus souvent à notre regard fané de tous les jours. Face à un tel réseau, il s'agit pour le flâneur d'ouvrir sa géographie affective, moins pour essayer de capter la quintessence des cafés que pour s'y trouver lui-même captivé. En ce sens, les pages qui suivent ne visent pas tant à épuiser le mystère des cafés qu'à les célébrer par pièces et morceaux.

Il est donc ici proposé au lecteur un copieux assemblage de fragments, comme s'il s'agissait de compenser toutes ces fois que, dans la vie quotidienne, on reste sans voix devant le mystère du banal. Par ailleurs, ce montage, qui doit représenter la moitié du chaos de notes prises sur cinq ans, ne traduit pas la chronologie des flâneries ; les notes y sont plutôt réunies aux besoins d'autres modes de rassemblement, de manière à suggérer un autre regard. Je ne saurais moi-même en préciser la nature.

Encore ceci… Roland Barthes écrit quelque part que

le germe du fragment vous vient n'importe où, et aussitôt de mettre le café au début de la liste des lieux envisageables. Et d'ajouter : *on sort alors son carnet, non pour noter une « pensée », mais quelque chose comme une frappe.* Une frappe parmi d'autres possibles, voilà exactement de quoi il s'agit. Les rencontres, les petits événements des cafés, tels que j'ai cherché à les traduire ici, ne sont nullement réductibles à ma seule version. La certitude d'une description exacte serait bien sûr une illusion de ma part. Que le lecteur soit donc conscient que ces « extraits de cafés » n'ont de sens que s'ils s'implantent parmi d'autres concevables, prononcés par d'autres voix. Celle du lecteur, par exemple. Alors, qu'il sorte flâner dans ses propres cafés, ce lecteur, et qu'il revienne à une lecture par bribes de ce livre, s'il le veut bien, pour dialoguer avec lui.

Au gré du temps.

Au café, le matin 1

M'étant présenté par erreur en avance de deux heures à un rendez-vous, je dois me réfugier dans le huis clos matinal d'un café et m'occuper à passer le temps devant un bol et un journal. Il s'agit d'un café où quelques tissus et manne-quins évoquent un ancien magasin de vêtements pour dames. Un concept, à n'en pas douter. Au comptoir, où il faut aller détailler sa commande, deux femmes dans le gras de l'âge, bien plantées sur leurs gros mollets, attendent que le serveur, du genre baba cool, ait fini de tout bien noter. *Extra bacon*, dit l'une. *Deux fois extra bacon*, insiste l'autre. Mon tour venu, j'hésite avant d'opter pour le pain de cam-pagne. *Beurre?* demande le baba cool. *Oh! à peine*, dis-je.

Contre ma tendance, je choisis, près de la fenêtre, une table qui me met au milieu des habitués. Il arrive que l'écart ne soit pas la solution du jour. Un peu en avant, que j'aperçois de trois quarts arrière, une femme que je dirais de la jeune quarantaine, queue de cheval remuante, pousse loin devant elle des rejets de cigarette. (Nous sommes ici avant l'interdiction de fumer dans les lieux publics.) Elle tourne bruyamment les pages d'un journal, je vois à ses lèvres pincées qu'aucun titre ne la satisfait; la politique, le sport, les arts, elle est partout perdante. On la voit agitée par un incessant balancement de jambes croisées, sa chaise en craque et, ma foi, le plancher en vibre. Soudain elle tourne vers moi un regard rien de moins que soupçonneux, on devine qu'elle voit en chacun du péril... Un homme entre, trente-cinq ans peut-être, fouille dans le tas de journaux, ne trouve pas ce qu'il cherche, vient vers ma table où s'emmêlent des sections des quotidiens du matin auxquelles je n'ai pas encore prêté attention, s'empare de pages sportives qu'il dissimule le long de sa cuisse en demandant : *Je peux ?* Le serveur baba cool vient déposer devant moi un bol de café au lait rehaussé de taches de chocolat en poudre et mes deux toasts de pain de campagne. *Avec... oh ! à peine de beurre,* dit-il de derrière son air taquin.

Ces trois-là, la névrosée, l'emprunteur de journal et le baba cool, mais aussi les deux fortes tailles qui dévorent leur extra bacon, on dirait de mes personnages de romans ou de nouvelles ; il me semble les connaître intimement pour les avoir déjà fabriqués avec mes mots. Ils sont de ce réel qui parfois répond à la vision du monde d'un écrivain. La réalité me les aurait empruntés, comme des citations, que ça ne me surprendrait pas.

* * *

Matin de bruine incessante, j'opte sans le savoir pour un café où les habitués dorment en tas au milieu des conversations. On dirait que chaque table participe d'un assemblage dans un espace accueillant, bien que plus ou moins rassembleur, espace ouvert qui suggère en principe une forme de coprésence. Car les voisins de tables, qu'ils se parlent ou non, qu'ils se regardent ou pas, vivent en présence les uns des autres. Dans le coin de ma réserve indiscrète, je me rends témoin de ces îlots de présence qui fondent le café, par le fait de laquelle présence la plupart se croient dispensés de parler à d'autres ou de les regarder autrement que du coin de l'œil. Car il y a cela dans les cafés : une très vive inscription de l'altérité, et d'autant plus vive qu'il y a cette proximité.

Parfois, devant une scène, des mots s'imposent, qui remontent du lexique personnel comme les seuls possibles. Par exemple ici, alors qu'une mère boudeuse blesse son garçonnet par son silence ; il lui parle, s'accroche à sa manche, elle reste inaccessible derrière ses yeux pleins de nuages. Je la dirais maman mutique et vulnérante. Si j'étais peintre, je ferais un geste de peintre au moment qu'il pense en peintre et ne saurait penser autrement. Mais je ne suis pas peintre ; mes points, mes lignes, mes taches sont des mots aménagés en phrases. Et je n'en ai toujours que deux !

J'attends un peu que l'affaire s'emmanche, mais rien ne se produit, jusqu'à ce que la rumeur se répande qu'un orage se décharge en tempête noire au loin. Alors maman décrète le moment venu de rentrer et prend enfin le petit par la main. Évidemment, ça serait mieux si ce n'était pas pour tirer dessus.

Dans le moment vulnéraire du matin où le café apporte au moins autant de bien que la pilule du bonheur, à l'heure du ménage matinal, alors que quelques chaises sont encore renversées sur des tables, je prête attention à une jeune Asiatique corvéable qui lave le plancher à grande eau en sifflant des airs traditionnels irlandais, qu'on prend ici pour du folklore d'invention locale. C'est encore l'heure de se frotter les yeux et de se décrotter les oreilles. Peut-être qu'après mon boire j'y verrai mieux.

Ces temps-ci, je vais lamper mon bol lesté de bédés et de romans dans lesquels les cafés sont justement mis en scène ; j'aime que le lieu ait été parfumé avant moi par des imaginaires. Alors je relis Albert Cossery, Naguib Mahfouz, Mohammed Dib, Carson McCullers, Régis Franc, Camilo José Cela, Carlo Goldoni…

Saurai-je expliquer cela ? Que je me sens ici, dans ce café, si tôt le matin à ouvrir des livres, comme autrefois dans ma classe du primaire, tétanisé par la chaleur de l'ennui. Je ne saurais retrouver cette impression nulle part ailleurs, surtout pas dans une classe du primaire de maintenant, dont je ne saisirais que l'aspect d'un début de très long chemin à parcourir, j'en pleurerais, j'en suis certain, ou peut-être resterais-je stoïque comme devant une image bouleversante contre laquelle j'aurais à me défendre.

Un peu après, à cette heure du matin que les journaux font pouf et paf devant les portes et que la machine à expresso n'a pas encore délogé l'odeur d'encaustique. Ils sont déjà une huitaine sur place, chacun rivé à son coin de table et à son bol, retranché dans sa solitude. Des restes de somnolence ronflent ici et là. Cette petite affluence noire du matin, penchée sur des bols, rumine des chapelets de lointains souvenirs et de chroniques des temps proches. Quelques individus sont comme certains insectes qui, par souci de sécurité et par mimétisme, se confondent avec les pierres, les branches ou les feuilles mortes; il faut insister du regard pour les découvrir au milieu des déjeuneurs liseurs, qui sont les chasseurs-cueilleurs de toasts et d'infos du matin. Preuve qu'il faut parfois du temps pour bien voir. Je suis donc là, au milieu de maints figurants, avec leurs aspects et attitudes à foison, dans un esprit de perdition, comme quand je feuillette le plus de livres que je peux dans une librairie, dans la bibliothèque d'un ami, dans la mienne propre, mais que je n'en lis aucun parce que je n'ai ni la disponibilité ni la disposition d'esprit qu'il faut. La foule, ce mobile instable poussé à l'animation par la pulsion à être, parfois, par sa manière de regarder droit dans les ténèbres du jour, me jette dans l'angoisse, mais d'autres fois, sa quiétude me sert de refuge. Et d'autres fois encore, elle m'insupporte à cause de ses travers et de sa bêtise — je mentirais en prétendant le contraire. Ces jours-là, je sens que quelque chose en elle me mystifie, me trompe sur la nature humaine. N'est-ce pas ce que dit Kierkegaard, que *la foule, c'est le mensonge*?

* * *

Période de jours d'acier, ajustés les uns aux autres comme le treillis de poutres du pont Jacques-Cartier, dont le profil domine le quartier. C'est ainsi que les jours de la mi-décembre se distribuent dans le calendrier. C'est jour où tout tombe, et jusqu'à la Bourse, même les garçons de cafés ne sont pas aussi droits que d'habitude. J'attends un étudiant spécialiste du retard aux rendez-vous, lorsque je remarque un type, à peine visible le long du mur, la tête hirsute encore chauffée par le sommeil, qui n'a pas vraiment jailli de son théâtre intérieur. Il ouvre les bras, mais se déploie à peine à la dimension de la table qu'il occupe. À se demander comment il a pu se rendre jusqu'ici et commander un café au lait — ce grand accompagnateur des premières représentations du jour. Il visse un long temps son regard à la mousse, n'émergeant de cet envoûtement que lorsqu'elle s'est affaissée. Il fait des étirements des muscles du cou par des mouvements circulaires, puis des épaules, se masse les mains et se fait craquer les doigts et retrouve peu à peu ses humeurs, ses lassitudes, ses longs soupirs. Sa conscience s'élargit peu à peu à la dimension de la pièce ; il hume son café et y trempe les lèvres une première fois, puis aussitôt une deuxième, une troisième, et ainsi de suite… Bientôt, il reluque la serveuse et darde sur elle un sourire en coin, ça me semble sa façon de la saluer. Puis il ouvre le journal comme on entrouvre une porte, décrypte quelques titres de la section des sports, l'air froncé — pas facile de déterminer du premier coup d'œil le sujet de la défaite et le complément direct de cet affront personnel. Il rebondit d'une photo à l'autre, s'attaque à quelques légendes pas trop longues, tourne les pages dans les deux sens, comme s'il avait perdu quelque chose… On dirait l'expression d'une liberté, ou peut-être même un moment de bonheur.

Mais tout ça n'est que de l'ordre du réflexe, il n'a pas entrepris d'employer son temps, comme on dit, n'a pas commencé à négocier avec l'ordinaire, à répondre aux sollicitations du jour, je veux dire de ce jour-ci, précisément, en ce qu'il aura de spécifique au sein de la répétition et de la banalité quotidienne. Et de fait, il se produit que le temps social lui réitère sa primauté : la montre lui saute aux yeux, le rappelle à l'ordre et à la tâche. Il noue son foulard en cravate et sort en croisant mon étudiant.

*   *   *

Les cafés du matin, et rares sont les exceptions, se partagent entre musique et silence. Ici, cependant, peut-être parce que c'est lendemain d'élections, qui plus est, lendemain inquiétant, les matineux sont exposés aux informations et aux analyses dont se délivre la radio d'État, comme s'il n'y avait pas assez des gros titres et des articles des journaux pour nourrir la rumeur montréalaise, qui ce matin s'exclame ou se tait — qui sont les deux expressions d'une même consternation. En temps normal, il y a un peu de tout dans un café, du bonheur et du malheur, du savoir et de l'ignorance, de la joie et de la souffrance. Mais ce matin, on n'entend, sous les discours de circonstance, tenus par des Jos Connaissant tout autant de circonstance, que des *Ouin*, des *Hum* et des *Bof.* L'avenir commence mal ce matin.

Les plumes de leurs oreillers n'ont pas refroidi que déjà des étudiants entrent au café pour un bol, qui sortent un document à lire pour un cours et se rendorment dessus. Les yeux suivent les lignes, mais tombent au bout dans le vide ; certains continuent de lire dans les graffitis de la table.

Autour des universités, dans quelque café qu'on aille, il y a toujours quelqu'un pour incarner l'intello, un prof plongé dans ses notes, une étudiante dans *Le Monde diplomatique*, une tête blanche dans une bédé, une baby-boomer dans un article scientifique... Mais il y a toujours, aussi, autour de ces forts en thème, des forts en jeux, des forts en ordi, des forts en muscles, des forts en gueule, sans compter les forts en rien, je veux dire ceux qui se font fort de tout savoir sur rien. La force, notion redevable, en son principe, d'une approche compétitrice du monde, trouve, chez ceux-là, son aboutissement absurde ! Ils sont aussi porteurs de ce rêve de sédition dont sont hantés les cafés, une sédition à la québécoise, s'entend : une sédition tranquille.

* * *

Matin de pensée boueuse dans un café portugais — ou qu'on dirait. Nous sommes une dizaine à laper des cafés au lait dans la polyphonie matinale des *Fantaisies pour violes* de Purcell, sauf une, qui en est à sa deuxième théière. J'en vois au moins trois aux prises avec leur confiture, ils en ont plein les doigts et ne parviendront pas à s'en débarrasser sans passer aux lavabos ; sauf celui qui sucre son café en y trempant ses doigts tout emmiellés. Les serveuses sont joyeuses, sauf celle qui voudrait être ailleurs. Décidément, il y a des exceptions à tout, la lampe grillée au-dessus de ma table, ce printemps qui arrive au printemps, les gens en t-shirt sur les terrasses ouvertes, le dernier jour de mars ! J'hésite auquel accorder ma confiance, le muffin ou le croissant. Je regarde si l'œil n'est pas livide, si les ouïes sont rouges ; on tombe si facilement sur un muffin sec ou sur un croissant gras !

* * *

Dans une rue où l'on tient commerces d'épicerie fine, de mercerie, de bouquinerie, de pâtisserie, de bars et de restos, un café accueille les assoiffés du matin qui, tour à tour, se présentent comme des inconnus. Ce sont des habitués, qui sont les uns aux autres des éléments du décor, disons du cadre humain, mais pas des interlocuteurs. Leur occupation langagière, c'est de lire le journal, qui est leur vertige ! Mais ça n'empêche pas que des pressés viennent se replacer l'haleine d'un coup d'expresso vite avalé. Pour l'instant, on sent rien que du bon dans ce jour qui démarre. Tout est à sa place, la serveuse à son comptoir, le café dans les bols, les jambes battantes sous les tables, les journaux dessus, les gamins à l'école. Le mixage des voix brouille la trame sonore, on ne distingue qu'un murmure de chorale par-dessus la musique de fond. Le pain grillé rabat un temps le parfum musqué de ma voisine. Je demande une mixture de céréales, mais ils en manquent.

Après un petit-déj' alourdissant, servi par une temps partiel brandissant sa tête d'ânesse au labeur, je dessine au crayon feutre, sur la page de garde d'un roman ennuyeux, le mur de café auquel je fais face, sa table, sa banquette, ses chaises, mais y surajoutant une fenêtre à la place de la patère, et un paysage extérieur avec des arbres et des lointains et des oiseaux, c'est ce que je dessine le mieux sans y penser. Puis je sors zigzaguer une petite heure par les rues, comme s'il était possible d'aller se perdre en marge de soi-même. Il est des matins que le soi se configure semblablement à un cercle qui aurait son centre au-dehors.

*   *   *

Quartier italien. Un café du matin dans son aspect de lit défait. À peine quelques buveurs attardés, des assiettes et des tasses abandonnées sur les tables, quelques restes. Peut-être trois personnages, ça reste à voir. Près de la vitrine, qui cherche la lumière, un vieux de près de cent ans, j'exagère à peine, qui a perdu sa ligne de vie au fond de ses mains calleuses, lutte de ses faibles moyens auprès de jeunes gens pour sauvegarder une culture qu'il juge en voie d'être perdue, même dans son pays d'origine, disons au sud de Potenza, un patois, une cuisine, un code d'honneur, une tradition d'autorité paternelle ; mais qui l'en empêche, plus que la postmodernité ou la mondialisation, il y a l'inertie de ses propres enfants, leur acculturation. En tout cas, on imagine que c'est ce qu'il argue dans son for intérieur, vu que personne ne répond à ses doléances… Au fond de la salle, une caféique, tabacomane et informatomane, démarre sa journée avec trois cafés, trois journaux et le triple de cigarettes; ça vibre, ça bourdonne, ça s'emboucane dans ce coin-là, ça ne parle pas mais c'est juste, et c'est sans doute heureux... Entre le vieil Italien et la fumeuse, un curieux personnage dont les yeux d'oiseau triste s'allument de prunelles blanches s'apprête à quitter le café; par une obsession maniaque, il finit les tasses laissées sur les tables et les bouts de pain ou de croissants, afin que rien ne se perde, dit-il, se référant au *Rien ne se perd, rien ne se crée*, de Lavoisier, mais oubliant le dernier membre de phrase : *tout se transforme*, qui ne semble pas de son ressort. Mais il se garde de dérober les pourboires sur les tables. Le cafetier fait preuve de clémence à son égard, moins à cause de la pièce qui sonne dans sa caisse tous les matins que parce que le gêneur fait partie de la vie de ce café. Il en est un personnage marginal mais important, qui passe tous les jours faire une apparition aussi fugace qu'un clin d'œil. Le cafetier l'incite cordialement à sortir, *Et plus vite que ça!* avec défense de reparaître... *avant demain,* dit-il d'un hochement de tête mi-partie d'exaspération et de jubilation secrète. Comment ne pas aimer au moins un peu ces personnages, qu'en littérature on appelle des faire-valoir, qui, par contraste, révèlent ce que nous portons de meilleur, comme ce drôle qui permet au cafetier de se montrer, d'un seul geste, capable d'autorité, d'humour, de compassion, de sérénité!

* * *

Sortant du métro, je traverse la rue en diagonale, au milieu de la circulation, entre dans un café et suis accueilli par un drôle de type, près de la vitrine, qui me lance un tonitruant *Vive les humains à sang chaud!* Il s'agit d'un café d'habitués éparsement attablés, qui se maintiennent dans cette frange de conscience entre l'expérience claire et la lucidité flottante, ce qui ne les empêche pas, par leur seule attitude distante et sans rien dire, de me faire sentir ma présence étrangère. Mais il arrive que ça ne me déplaise pas de me sentir étranger dans mon familier.

À la radio d'État, un jeune politicien tout nouvellement élu, à une intervieweuse qui lui demande comment il compte s'y prendre pour finir ses cours de droit et passer ses examens du barreau tout en siégeant à l'Assemblée nationale, répond : *Je vais surfer sur ma culture générale, comme d'habitude...* Sur le coup, personne ne dit mot; la réaction est un temps à l'incrédulité. Un type, se forgeant un sourire de défiance indignée, dit même : *Ça se peut pas, ça doit être l'humoriste du matin, là, celui qui imite les politiciens...* Les autres, entre comique et panique, échangent des regards accablés en expirant au loin des *pfouf!* et peu à peu commencent de se débonder tour à tour le cœur avec de moins en moins de retenue. Puis la rumeur décroît et suit un silence que je dirais réflexif. Seul un cellulaire lance son french cancan et un téléavertisseur bipe, un camion recule, un chat m'a l'air de se faire écraser la queue. Les boiseries luisent comme une allée de bowling. Que puis-je d'autre que de sortir, parmi des magasineuses qui vont par élans d'une boutique à l'autre, me dissoudre dans le matin de vitrines commerciales, animé par l'espoir étourdi d'y repérer une nouvelle bouquinerie implantée durant la nuit? Je reviendrai plus tard m'abreuver d'eau minérale.

*   *   *

Printemps avancé. Les anciens, sortis se promener, font halte dans des cafés de centres commerciaux. Ici, des vieux aux yeux mouillants, dont un bonhomme avec des abajoues de hamster, auprès d'une dame d'autrefois. Plus loin, sur une table, gît une main tremblante de vieille femme, à mi-chemin d'une tasse vide et d'un reste de gâterie ; dans la profondeur de cette nudité, une vie entière, dont elle ne retient plus que des bribes, fuit goutte à goutte. Derrière elle, un ancêtre dormeur aux mains agitées rêve de sombres choses. Ailleurs encore, des dames avec de grosses poitrines accueillent généreusement les plaisanteries d'un mélange de crânes pelés et de voix chevrotantes ; à six, ils doivent avoir accumulé près d'un demi-millénaire de vie. Sur la terrasse, quatre hirsutes de pas trente ans paraissent en avoir vécu le double.

Autre part, vers le même quartier, au moment que le domino s'organise, qu'un match de foot international se termine et qu'un autre commence, un isolat de vieux Méditerranéens, sous une télé, discutent de tout, sauf du foot. À l'autre bout du café, d'autres vieux, scotchés devant un écran, tiennent des remarques malsonnantes à ceux qui se plantent entre eux et la télé ; ils parlent une langue persane, d'Iran ou d'Afghanistan ou d'Iraq, mais je comprends, aux répliques gestuelles des offensés, que leurs propos sont amusément injurieux. Et autre part encore, des carcasses de fumeurs presque centenaires gisent dans une alcôve ; on attend les archéologues pour les dégager à coups de petits balais. Ils ont la bouche ouverte comme ces volcans dont on ne sait s'ils sont encore en activité. Je le dis sans mépris, mais non sans effroi.

∗ ∗ ∗

Cela est particulièrement flagrant le matin, à l'heure que l'esprit, encore engourdi dans l'intensité de l'être intime, vient buter contre le frémissement des choses et que le nez et l'œil ne sont qu'au café et qu'aux muffins. Fusent de partout des visages, que de visages ! des visages comme autant de lieux dénués engageant l'aventure d'une multitude de face-à-face. Et des regards, que de regards ! des regards qui donnent sens à l'autre, qui donnent conscience du regard de l'autre sur soi, de soi sur l'autre, tant d'autres ! regards transactionnels articulés au manque secret qu'ils sont destinés à combler. Car il peut paraître que chacun n'existe que par lui-même, mais l'on sait bien que c'est faux ; on ne va pas établir sa solitude parmi les autres sans vouloir être avec les autres. Et des paroles, que de paroles ! paroles dormantes, paroles réclamantes, paroles toujours pour un moi, soit-il celui qui n'est pas soi, paroles tournées vers soi ou vers l'autre, ou vers le Grand Autre du nombre. Et des gestes, que de gestes ! gestes calculés, gestes qui adviennent dans un espace divisible, espace à soi, espace d'impressions sensorielles. Et tout cela rendu par des scènes, que de scènes ! qui s'ouvrent en moi. (Il me faudra bien un jour, ici ou ailleurs, rouvrir les mots sur mon rapport à ces détails qui s'imposent à moi, qui en quelque sorte me choisissent autant que je les choisis.)

En ce moment même, me voici, comme chacun, portant nom et visage, ne fixant rien mais voyant quelque chose, n'écoutant pas plus mais entendant, touchant sans toucher, sentant sans flairèr, goûtant sans vraiment goûter, mais étant présent à tout. J'en viens, dans une confusion des sens, à écouter des visages, à toucher des voix, à sentir des murs, à goûter des parfums, à fixer des brioches, et c'est là que tout commence.

* * *

Tout aussi erratique et pas plus désorbité que dans mes années de flâneries en ruelles montréalaises, je cours maintenant les cafés, si je puis dire, que j'aime comme toute chose dans le moment de son décours. Car les petits cafés tranquilles, où l'on peut lire ou flâner des heures pour le prix d'un expresso, paraissent déjà incongrus dans notre société affairiste et ses objectifs de profits, de compressions, de fusions, de mondialisation... Il en faut des expressos pour payer le loyer dans les rues à la mode !

Au café, le matin 2

À l'époque de l'année que les filles commencent à émerger de leurs manteaux, un de ces matins de lumière vive qu'on dirait que la poussière en suspension ne retombera jamais, à l'heure que la rumeur du quartier murmure ses premières menaces de tondeuses, de sableuses, de scies sauteuses. J'entre dans un café à classer dans la catégorie du gros bon sens, avec ses grosses tables de bois, sa grosse *Presse* du samedi, ses grosses gens, son lendemain de la veille, ses voix rauques, ses tutoiements, son pain blanc grillé, ses pénitents qui vont tour à tour, comme au confessionnal, passer la porte du fond marquée d'un H ou d'un F. Un café à la mode et son bruit de gens, où les conversations, prises comme un tout, ne sont que du bruit d'ambiance qui couvre le grondement de la machine à café, et même les tintements d'ustensiles percutant la mosaïque du plancher. Je me mets au carnet, façon d'ouvrir un espace où loger ce café.

L'habitude de trois ans de flâneries en ruelles et de plus de quarante ans de fréquentation de cafés me fait saisir, dans ce singulier silence de salle fermée, que je ne suis pas engagé dans la bonne approche. Je cherche trop à tout capter, je vise trop à faire consciemment l'expérience des cafés. Je manque de distraction pour bien apercevoir l'attitude de cette femme qui entre hâtivement et qui aussitôt cherche autour une matière propice pour nouer des relations, mais qui se heurte à des visages fermés sur des identités secrètes. C'est en effet l'heure des reclus. Nous sommes là une huitaine depuis une heure, sensiblement les mêmes, chacun observant sa propre minute de silence avec l'air d'en faire sa minute de vérité; en conséquence, les relations y sont tenues à presque rien, au mieux au minimum d'une coprésence.

Il y a aussi cette névrosée pleine de tics qui rejette du coin des lèvres une fumée viciatrice de cigarette roulée à la main; à celui qui lui demande du feu, elle tend sans sourire un Bic crasseux... Ce couple occupé à déjeuner et à lire le journal qui échangent quelques mots à peine, par à-coups, *Du sucre?* qui se montrent un gros titre, *T'as vu?* ou la caricature du jour, *Ayoye!* qui tendent la main pour signifier *Passe-moi l'autre partie du journal.* Leur chorégraphie est si empreinte de signification qu'on dirait un cérémonial; on devine cependant un double fond à ces échanges, où se formulent des choses importantes, qui ne sont peut-être pas loin du serment d'amour... Cet habitué à grosse face, qui a l'âge où tout s'est élargi, les oreilles et les évents surtout, qui ennuie la serveuse en racontant son réveil difficultueux qui appelle le café corsé. Et de citer un proverbe turc : *Le café doit être noir comme l'enfer, fort comme la mort et doux comme l'amour.* Je ne sais si c'est pour conjurer le sort ou pour fuir l'importun, mais la serveuse lève les yeux au ciel, puis tourne les talons. *Et un expresso noir comme l'enfer!*

Je suis, ce matin, un peu et même assez décontenancé dans cet univers coutumier, comme si une part du monde complotait de me rendre analphabète devant cette quotidienneté familière. Il est des matins de front baissé, de tête étayée par le menton sur le poing, où il faut s'accrocher à son bol, sans quoi on ne prononcerait plus que des mots mallarméens, *rien, silence, fuite...*

* * *

Une séance dans un café comateux du matin est souvent salutaire. En fait, j'ai parfois, l'avant-midi, de ces phases de langueur où le corps et l'esprit se désistent devant des assauts d'apathie. Avec les années, j'ai appris à y consentir le temps qu'il faut, généralement une heure et demie environ, l'heure et demie qui est devenue la métrique de mon alexandrin tricésuré en demi-heures, car je garde, dans la flânerie comme dans tout le reste, la mesure de la demi-heure, il en était déjà ainsi dans l'enfance, allez savoir pourquoi, le format des émissions de télé pour enfants, peut-être. Ces jours-là, il n'est pas meilleur endroit que le café pour me soustraire aux flux démultipliés de paroles et d'images efficientes que la société projette tous azimuts. Le café se traverse alors de nuées d'individus flottant dans l'indifférencié et produisant un caquetage de basse-cour autour des auges. Tandis que dans les rues, on se heurte à des corps et à des visages blindés, ici, on se joint à des silhouettes et à des dialogues presque sans surveillance. Me blottir au café, outre que cela me calme, prend alors fonction de pied de nez à la société malade de son affairement. Mais il n'empêche que ces matins-là, je trébuche contre les pieds de chaises et me prends les coins de tables dans les hanches.

Dans un café somnolent du matin, donc, non pas le tôt matin, quand les travailleurs passent avaler un bout de pain et pomper un café, non, le matin des désœuvrés, à l'heure que les habitués étalent leur minutie de gestes, leur rituel de muffin émietté, de journal froissé. Ce sont des abonnés pour la plupart, qui tutoient la serveuse et qui la lorgnent, surtout vers onze heures, quand elle grimpe sur un tabouret pour inscrire le menu du midi à la craie sur le tableau noir en soignant la calligraphie. Parfois, de son cou-de-pied, elle se gratte le mollet et cela anime le coin de l'œil de certains anciens. Assidue à la poésie autant qu'à la calligraphie, elle trace des noms de plats charmeurs. Mais elle a beau tenter de rehausser le menu par le prestige de fioritures et de rehauts de couleur qui excitent les papilles des clients d'occasion, la quiche reste la quiche, toujours un peu trop mouillée, le panini, le panini, même poussé au ridicule de Panini du Plateau. Le café n'est pas comme le resto, surtout pas comme le grand restaurant, un lieu de mangeries interminables où l'on goûte et déguste avec volupté des vins fins et des plats élaborés… On se trompera de cible si on méjuge les cafés d'après les bons restos.

Mais au moment que je trace ces lignes, il y a ceci de très particulier, signe, peut-être, que je retrouve ma vivacité d'esprit : j'ai une jolie vue, à travers la clarté de visage et la souplesse gestuelle des déjeuneurs, sur les premiers indices de l'été, bien avant que le paysage urbain n'en propose la manifestation.

*   *   *

Vers l'heure de l'office de tierce, que les moines célèbrent vers huit heures quarante-cinq, je me glisse dans les zébrures de lumières obliques d'un café au mobilier foncé et aux blondes serveuses à moitié endormies. Certains somnolent au-dessus d'un bol et d'un journal et ne s'éveilleront qu'au travail ou que pour le jasement avec les copains du café, mais ça pourrait n'être que bien plus tard.

Ce matin, un de ces matins que tout est figé dans son ensemble, ce qui se dresse entre la profusion et moi, et qui rend impossible d'interpréter quoi que ce soit, c'est ce mur d'aveuglement et de mutisme qui vient assurément de moi. Car tout le reste parle aussi abondamment que d'habitude, la disposition erratique des tables, les chaises brinquebalantes, le comptoir usé, les croûtes au mur, le menu à la craie, les gueules flétries… Il peut m'arriver, le matin, d'avoir froid dans la main, d'avoir moins besoin de voir, de comprendre, que de me réchauffer à la proximité de quelques autres, aussi bien séparé d'eux qu'uni à eux par nos silences respectifs. Ces autres, ce sont des buveurs qui, comme tous les matins, jouent à Dieu le septième jour, des angoissés qui hésitent entre les actualités et leur délire personnel, des têtes de tournesols qui cherchent la lumière. Disons, pour l'instant, des types plus que des individus, qui portent à plusieurs, c'est moins éreintant, ce que Julien Gracq appelle le *fardeau chagrin du matin*.

*   *   *

Après l'heure des petits-déj', dans un café à peine éclairé par mon jus d'orange. Tout autour, on dirait un assemblage de gouffres, comme des trous noirs où nul ne souhaiterait se jeter, crainte de n'en ressortir jamais. Seul s'y tient un trio de trois générations de déesses, dont une petite qui s'applique à mettre la zizanie entre sa mère et sa grand-mère, en renversant ici et là des chaises, *De mon temps, les enfants obéissaient!* en montant sur les tables, *Tu veux dire que nous étions dressés comme des animaux de cirque,* en donnant des coups de pied dans une balustrade gangrenée délimitant, entre deux plateformes, un petit corridor donnant accès aux toilettes. Et ce qui doit arriver arrivant, un barreau cède sous les coups, et l'incident s'annonce d'un crac retentissant! Et alors de s'engager une mêlée générale de sanglots syncopés entre trois générations de filles et de mères qui en ont long à se dire sur les mères et sur les filles qui ont des mères et des filles.

Les déesses reparties, il règne dans le café un silence de cour d'école après la rentrée des élèves. La salle entière est comme en suspension de sa pleine réalité. Ses échos de conversations, de *smack, smack* de becs et de *slurp* de café chaud sont relégués à la mémoire du lieu. La serveuse me tend le nez sans quitter son comptoir, façon de me demander si je veux autre chose. Paralysé par cette quiétude, j'articule *Café au lait,* mais des lèvres seulement, sans vibrations sonores, et elle acquiesce d'une mimique. Qu'elle arrive quelques minutes plus tard avec un expresso ne change rien au fond de l'affaire, qu'il est des heures, au café, qui favorisent cet état d'absence qui est une hyper-présence à soi.

*　*　*

Le café se constitue d'un ensemble de facteurs qui le font exister comme il est dans son moment, par exemple ici, aujourd'hui, les excès de masse corporelle de la serveuse à grosses bagues, le comptoir qui desquame sous le frottement des couverts, le mur de briques rehaussé de délavures d'aquarelle, les journaux du matin, les ordis ouverts, les écouteurs aux oreilles, les conversations en pizzicato, le verre de la vitrine qui fausse les lignes d'aplomb de l'extérieur, les poses hiératiques du phraseur qui inventorie ses nuisances de santé, les doigts jaunis de l'apprenti poète qui compte les pieds, le triomphe du parler simple, la caféone en note de fond. Tout ce qui engage à un usage et à une pratique circonstanciels du lieu, quoi! M'enfin, quand même : où est-on vraiment quand on croit être quelque part?

Un type du genre pressé, sans doute un commerçant proche voisin, entre et commande : *Donne-moi un café pour emporter, que je sorte d'icitte au plus vite!* Et un peu après, tourné vers des habitués : *J'en peux plus de voir ces traîneux tous les matins,* puis de filer sa litanie, tous des comme ci, tous des comme ça… Facile de mettre des gens dans un genre commun, qui s'établit à la manière d'une petite totalité; plus difficile, voire plus compromettant, d'admettre que toute personne croisée est un autre, voire autre chose. Comme cette petite vieille dame dont ne dépassent, au-dessus de la table, que les épaules étroites et la tête qui lui sert de hochet. Ce gars qui colle son chewing-gum sous la table, se rive aux bras du fauteuil et se met à discourir de sa voix crépitante et à brasser ses grelots pour penser plus fort que son interlocuteur, jusqu'à râper sa patience. Ces jeunes femmes qui discutent, avec le plus grand sérieux, de vedettes qui se marient, marient pas, divorcent ou vont aux putes, se droguent ou se font refaire, et des séries télé et des *soaps,* toutes ces choses qui dévorent leur esprit et les jettent elles-mêmes dans un vortex de niaiseries. Ce chauve à tête de prépuce et à lunettes de corne qui s'absorbe dans un document genre rapport, qui tourne les pages en feignant de tout comprendre et de s'ennuyer. Cette diseuse de bonne aventure, qui va et vient dans le quartier depuis toujours, qui lit dans des effondrilles de thé qu'il y aura beaucoup d'argent dans la vie d'un cravaté! Ces deux adeptes de la pensée ésotérique, qui ne voient partout que ce en quoi ils croient — en cela ils ne sont pas si différents des autres: des pouvoirs occultes, des secrets d'initiés, des gnoses cryptuaires. Ces trois jeunes gars en sandales avec des gueules d'apôtres, accompagnés de filles en paysannes, qui exigent de lire l'étiquette des jus proposés au menu. Ces ados, garçons et filles en face à face, qui ne demandent qu'à ouvrir leur biscuit chinois pour en apprendre sur eux-mêmes ou sur leur avenir. Qui sont-ils donc tous? Je veux dire: qui sont-ils vraiment?

* * *

Un café où la musique du monde s'ébat comme à l'intérieur d'un tambour. Un café comme je les aime, plein de ses strates et de ses replis, son personnel aux manières prévenantes, ses habitués, son zinc, ses vitrines lumineuses, son marc d'expresso, ses gloses, ses confidences, ses silences. Je m'assois avec des connaissances ralliées par hasard et me mets à discuter, sans me demander ce qui me fait parler, et quand ils partent, je dépose des mots dans le carnet, sans me demander ce qui me fait écrire.

Ici et là, des lecteurs de journaux se stimulent l'hémisphère gauche; un chat s'arrête devant la vitrine, regarde à l'intérieur et repart vaquer à ses affaires de chat; un gamin s'effraie des tendresses de sa mère pour un homme qu'il ne connaît pas et dont il redoute la présence permanente; le type, pour gagner l'enfant, mord dans ses toasts en sculptant un t-shirt, puis une camisole; des ados entrent, sondent les recoins et repartent par élans. Mon attention est captive de jeunes filles qu'à première vue on dirait recueillies comme des moniales, mais à saisir leurs propos, on devine qu'elles épiloguent sur une audition de chorale qui aurait mal tourné. À une dame d'un certain âge qui revend ses vieux livres dans les cafés, je demande si elle a cassé bibliothèque, comme on dit casser maison; l'expression l'égaye et elle va la répétant à toutes les tables. Un client feint de donner une entorse au menu et commande deux ou trois entrées du midi; la serveuse lui explique le fonctionnement du menu du matin comme un policier lisant ses droits à un prévenu. Un habitué et la serveuse du comptoir y vont depuis un quart d'heure de leurs divergences politiques inaccordables, lorsqu'il lui dit *Je t'aime pareil!* et alors elle d'éclater d'un rire de musique de cirque. Je ne saurais dire si c'est à scruter les gens un par un que cela me vient de sentir, comme Maïakovski, que

« *moi* », *pour moi, c'est trop petit,* ou si, à l'inverse, je les épie pour cette raison que je ne savais pas.

Je m'amuse un quart d'heure dans le premier tome de la *Correspondance* de Proust, acheté à la dame ; la page de garde indique un prix en francs, un prix de bouquiniste en dollars et le prix demandé par la dame, ces sommes allant décroissant. Soudain, la sirène du système d'alarme se met à hurler ; personne ne sursaute ni ne bronche, ni ne bouge ni ne sort ; le niveau sonore des conversations s'élève en proportion, sans plus, les regards restent fidèles à leurs objectifs ; quelques têtes tournent un peu, mais ça semble pour tendre l'oreille. Mais plus moyen de lire, la lecture exigeant plus de concentration que la conversation.

*   *   *

Suivant un parcours auquel je suis pourtant assidu, je m'arrête dans un café que je n'avais jamais remarqué. On dirait un autre monde, avec sa profondeur et ses odeurs. Ce café, qu'une courbe molle de clarté traverse, connote si bien le calme que tous, même les plus excités, y sont conduits à la détente, tous sauf un. À une table voisine, un homme dans la cinquantaine passe une entrevue pour un emploi. Ce n'est pas de mes affaires, mais je dis qu'il n'aura pas le poste, il fait tout pour ne pas l'obtenir, qui dresse la liste de ses conflits avec des employeurs précédents, qui décrit l'incompétence de l'un, expose la mauvaise foi d'un autre. Il sait tout sur tout, à preuve, il a toujours un pan de sa langue de bois à jeter sur le sujet du moment, n'importe lequel. Il coupe la parole, paraît sans écoute, se vante d'avoir bon œil pour débusquer la bêtise, la malhonnêteté, il en voit d'ailleurs partout ! Son manque d'emploi, il l'attribue au courant qui ne passe pas avec les patrons potentiels, qui souvent ne le rappellent même pas après une entrevue. *C'est pas professionnel, ça !* Et à la dame qui l'écoute, à la fin, il demande s'il ne peut pas lui faire un reproche : *Vous m'écoutez et vous ne dites jamais rien, ça finit par être stressant !* Je crains qu'encore une fois le courant ne passe pas.

* * *

Un jour que nous allons vers les beaux jours, mais que le mauvais temps gâche tout, je choisis un café que j'aime pour son abandon léthargique. La proximité de l'orage assombrit les deux salles et assujettit les preneurs de petit-déj' à une discrétion voisine du silence. Le serveur et les clients s'expriment dans une langue minimale où l'essentiel est cependant répété comme en écho : toasts, café, deux œufs miroir... *miroir* ; avec fromage et bacon... *bacon* ; on dirait qu'ils assonancent des vers où jus de carotte répond à biscotte et œuf mollet à café au lait. Il me faut donc opter pour la confiture de mûres. Les habitués, eux, par jeu ou par lassitude, usent et abusent de sémaphores, dont ce beau geste des deux mains rassemblées en coupe et qui imite le bol de café. On dirait un chaman sur le point de s'ondoyer de fumée sacrée. Puis vient un moment où le grand calme descend sur les déjeuneurs, ça jongle fort avec les opinions, dans l'hinterland du café, c'est que nous sommes encore en période d'élections. J'ouvre le journal et constate une fois de plus, rien qu'à parcourir les gros titres, qu'il n'est rien de plus opérant que les astuces du populisme pour maintenir la confusion entre la démocratie et la démagogie. Mais je garde ça pour moi, car j'en reconnais deux ou trois autour qui seraient capables de me relancer jusqu'à midi moins cinq sur les délires de la sphère politique !

Dans les minutes précédant l'orage, au moment que les éclairs et le tonnerre s'approchent, je me déplace vers le fond de la première salle, avec bol et journal, de manière à ne rien rater ni de l'orage ni du chaos de tables et de chaises empreint d'humanité, ses voix basses, ses odeurs diffusantes. Mais le garçon et mes voisins de table sont d'humeur à jaser, qui me racontent avec moult détails qu'hier était soir de grand match, qu'en principe le café ne devait recevoir que la frange des rêvasseurs, les autres étant à la brasserie ou devant leur poste de télé avec des copains, et que pour échapper aux inconvénients d'un café à moitié vide, on avait fermé la salle du fond et la terrasse arrière, mais que c'était sans compter sur les solitaires sans goût pour le sport ou dont le poste de télé avait été pris en otage. Résultat : la fraction ouverte du café était pleine à craquer. *Le fun qu'on a eu !* dit l'un. *Le boulot que ç'a été !* dit le garçon. Il arrive que des petits événements connectent les soirs et les matins.

* * *

43

Matin de temps bas qu'on voudrait voir se déchirer d'une brèche soleilleuse, mais qui résiste et pèse. Je m'arrête dans un café de zinc et de miroirs que des halogènes font briller. *Sale temps!* grogne le garçon. *Et pourtant, ça brille!* lui fais-je avec une conviction galiléenne dont l'allusion paraît lui échapper. À la table d'à côté s'agite un bouleversant personnage de femme sans âge et sans beauté, qui, pour elle seule, mais de sorte à être entendue de tous, prétend n'être pas de son époque. De coutume, les gens qui ne sont pas de leur temps spécifient qu'ils auraient préféré avoir vécu en Grèce et avoir servi de modèle à Praxitèle, à Cordoue et avoir été l'ami d'Averroès, au XVIe siècle et avoir connu Rabelais et Montaigne, au trentième sur la planète de leurs rêves… Mais chez elle, il en va autrement, elle aurait voulu vivre aujourd'hui, mais ça ne lui est pas donné, du moins pas comme elle le voudrait. *M'enfin! ça n'est pas ce qui s'appelle vivre!* Sa théorie sur la difficulté de vivre, c'est qu'il est ardu d'être, dur d'être soi et malaisé d'être quelque chose, et qu'il y en a toujours un des trois pour faire défaut, quand ce n'est pas deux ou les trois! Des instants précieux roulent telles des pépites d'or pour les uns, telle de la petite monnaie pour les autres. Tout vient avec sa valeur.

* * *

Un joli café en profondeur dans une rue tranquille, arche perdue dans la splendeur sépia d'un quartier ouvrier. Un employé défourne des petits pains chauds, ça sent soudain mes cuisines d'autrefois. Tout autour, chaque table est comme un tableau accroché à son mur, dégagé de ses voisins, clos sur lui-même et souvent indifférent à la totalité — bien que parfois curieux de ce qui se produit ici ou là. Chaque tablée a son éclat, sa petite signifiance, chacune flotte au milieu d'un ensemble qui la confirme en ce qu'elle est en exclusivité au sein de la diversité et de la répétition. Il n'y a pas de centre durable, dans un café, que des centres de circonstance. Les tables s'y diffractent, y produisant un éparpillement dans le jeté duquel les sens plongent à souhait, la vue et l'ouïe d'abord. Mais aussi l'odorat, vu qu'il est rare de respirer sans sentir. Un interprète de Bach joue dans un profond recueillement le psaume 51. Je demande une dernière versée de café avant de partir faire ma journée.

Au café, le matin 3

Dans un café de quartier, bien loin à l'écart de l'agitation et des effets de modes. J'aperçois dès l'entrée, à une table près de la porte, une jeune femme assise face à un garçon à calotte qui se ronge les ongles. Elle lui parle dans le nez, comme on dit. Il écoute en fixant de travers un point à l'évidence aussi flou que précis. Elle argumente avec conviction, cherche son regard, dessine de grands gestes. Difficile, cependant, de dire si elle travaille à rompre ou à lui vendre une auto d'occasion, car, du coin où je me suis retiré, je ne décode pas leurs cris chuchotés. Soudain, comme si elle lui avait lancé une remarque juste au point de fissure du caractère, il se lève aussi subitement que lentement — les six pieds trois mettent toujours du temps à se déplier —, il frappe du plat de la main sur la table une seule et grande fois, puis sort en marmonnant dans son col. La jeune femme en reste apparemment stupéfaite. Elle a une amorce de geste pour le retenir, mais c'est trop tard. De toute façon, ce geste ne semblait que pour elle-même, que pour la comédie qu'elle se joue.

Durant les minutes qui suivent, on dirait qu'elle s'en veut, pas trop, mais un peu quand même. Elle adresse des regards que je dirais familiers au serveur derrière le comptoir, qui lui retourne des mimiques du genre à vouloir dire qu'on n'y peut rien, que c'est parfois comme ça dans la vie, qu'il faut vivre avec ce genre de comportement. La fille scrute souvent la rue par la vitrine, comme si elle guettait le retour du grand à calotte... Près du comptoir, une blonde munie de gros écouteurs écrit fébrilement dans un cahier. Décolletée, jambe branlante, visage enflé, on croit connaître le genre. J'apprends du serveur, qui refuse de la prendre en pitié, que c'est un abcès qui la lancine, mais qu'elle craint trop le dentiste pour y courir se faire soulager. Stigmate laissé par un arracheur de dents d'autrefois, sans doute. Elle boit eau gazeuse sur eau gazeuse, se rince continuellement la dent, elle se gargarise presque... Un quart d'heure plus tard, le grand à calotte reparaît dans l'embrasure de la porte, où il reste un long moment à panteler, on le dirait tout abasourdi. Le serveur demande de loin *Et pis?* Il doit même insister, l'autre ne bouge ni ne dit mot. *— Pis? — Ben, j'y ai tout dit ce que vous m'avez dit d'y dire... — Pis? — Pis j'ai la job! — On te l'avait dit!* lance le serveur du haut de sa fausse assurance. Et la jeune femme de se jeter vers le grand à calotte et de lui enlacer rieusement un bras, et de poser le front sur son épaule! Je dirais fraternellement. Il ne peut pas tout avoir, ce grand timide!

Dans l'après-coup, je me demande si ce qui étayait l'affrontement de la fille et du grand à calotte ne relevait pas de conceptions opposées du rêve; c'est-à-dire que lui, quand il rêve, ça doit être de choses que sûrement il n'accomplira pas; tandis que chez elle, manifestement, le rêve désigne le réalisable.

Un peu plus tard, au moment que je règle l'addition au

comptoir, un gamin, avec ses plaies et ses bosses, portant casquette et à la main une raquette, entre demander de l'argent à une maman qui, décidément, en a jusque-là des contingences du quotidien et des responsabilités, qui semble-t-il ne cherche qu'à trouver le rêve et la tranquillité dans *Voir* et devant son bol… À moins que ça ne soit moi qui l'interprète ainsi, car peut-être cherche-t-elle, dans les petites annonces, un emploi ou un appartement ou quelqu'un à rencontrer, et peut-être son agacement est-il, comme chez plusieurs, le fait d'un manque de travail, de lieu à soi ou d'amour. Les assemblages du matin, dans leur mode d'apparaître, ne permettent pas toujours de séparer le vrai du faux.

*　*　*

La porte à peine déverrouillée, les premiers clients à peine installés, les journaux à peine ouverts, que déjà le café a trouvé sa juste lenteur. Il y a, dans l'aura des cafés, c'est-à-dire dans la constellation de traces humaines qui y sont associées, une chose singulière et enviable qui est la lenteur. Je veux dire cette disponibilité fluide qui est le fait de celui qui se donne le temps de regarder, d'écouter, de rêver, de maintenir ce que Pierre Sansot appelle un *ennui de qualité*. Mais une ombre passe et le café tombe en arrêt sur image, ou je devrais plutôt dire en arrêt sur écho. Je présume que le véhicule de la voirie qui vient de passer s'est immobilisé tout près et que son moteur continue de tourner. Pire, le vacarme augmente de façon exponentielle. La ville casse le bitume et creuse. Le café se vide en un rien de temps, sauf de ses plus farouches habitués, qui ont décidé de *garder le fort,* comme dit l'un! J'y reste malgré tout accroché avec une amie qui traverse une mauvaise période, qui n'a en tête que ce qu'elle a manqué et que ce qui lui a manqué une grande partie de sa vie. Une chose est certaine, c'est que ce matin elle ne manque ni de jambon ni d'œufs, et encore moins de mots! Je l'écoute, comment dire? à poings fermés. Il y a cela quand on choisit d'écouter, il faut écouter. Et parfois même donner signe de vie.

Les tables de la terrasse arrière, à l'ombre à cette heure hâtive, sont humides de rosée. L'odeur de pain rassis montant de la terre mouillée sous les massifs refoule vers l'intérieur les déjeuneurs occasionnels qui s'y étaient réfugiés. Les habitués, eux, savent qu'ils n'investiront cette terrasse qu'à l'approche de dix heures.

* * *

Un matin que je cherche en moi certaines dimensions passé la troisième, à l'heure que je finis de m'abreuver du sombre et de l'obscur, comme un buveur intempérant, dans un café où le spectacle est constant, du matin au soir, et qu'un taciturne pourrait fréquenter avec fruit et sans presque de morosité… Il règne en effet ici une tristesse presque joyeuse. Sur des étagères, au-dessus de la table à journaux, de vieux livres de poche, que nul ne vole jamais, sont penchés dans l'oubli. Une matineuse fripée, devant un rayon, la main tendue, peine moins à choisir qu'à faire le geste de prendre ; elle tremble de tout son corps. La sono égrène les derniers accords d'une chanson populaire s'épuisant en un ritardando emphatique ; je m'impose un accelerando jusqu'à la sortie et plonge sous un soleil magnétisé par son zénith.

Une jolie cohue est engagée dans un ramdam de rues barrées et de ventes de trottoir ; je me reproche, bien que pas vraiment, de n'avoir pas perçu cela plus tôt. Peut-être ne faut-il pas être soi-même aux abois pour entendre le monde aboyer.

* * *

Dalida à plein tube ! La joie du cafetier, un joyeux drille, celui-là, frôle l'hystérie. Il chantonne, esquisse des gestes de danseur du Crazy Horse, ou ce que j'en suppose, et lance des ricanements criards. Les habitués, des employés de commerces pour la plupart, viennent ici puiser leur plaisir du matin, qui est fait de café et de croissants, certes, mais aussi de cette joie palpable qui se ramasse à la pelle. Je m'attable près de la vitrine, qui ce matin éclate de lumière, et me lance dans un roman de type étude minutieuse de la comédie sociale, mais dont la jovialité du café dissout l'esprit en confettis. Pas moyen de désespérer en paix ! Certains matins, on a l'impression d'être plongé dans une foule affichant une redoutable aptitude à oublier ce qu'elle ne veut pas savoir.

Le lendemain, à l'heure que les derniers décombres de la nuit partent au vent, un matin que les choses sont tellement elles-mêmes et tellement vibrantes d'elles-mêmes que c'en est absurde, je me réfugie dans le café d'en face, café de tables et de chaises dépareillées, de femmes et d'hommes seuls, de voix intérieures qui se heurtent à des surfaces de solitaires et d'ameublement désordonné. La vitrine s'anime d'une profusion de voitures, les piétons semblent rejetés sur leurs sentiers frayés. Quelque part, dans ce dehors, ça chahute d'un enjouement de chorale, jusqu'à ce que sonne l'heure de l'arrivée des petits à l'école. Un matineux entre par le café dans le grand événement du matin et il en paraît surpris, comme s'il y avait quelque chose d'insolite à ce que des étudiants, des retraités, des employés de bureau petit-déjeunent d'un œuf et d'un bol, que des amateurs de sport, le nez dans le journal, revivent la défaite de la veille ! Les habitués répètent leur cérémonial de mains tremblantes et de barbe forte, de lèvres pincées et de pied branlant. Certains matins, donc, il arrive qu'on ait plutôt l'impression de côtoyer une foule montrant une étonnante aptitude à ruminer jusqu'à l'étouffement.

*   *   *

À peine entré dans un café où j'ai mes habitudes, et souvent mes rendez-vous, que mon attention se porte vers un écrivain qui a l'âge de la relecture et qui fait bonne contenance dans son coin. Compte tenu des tons lourds déclinés par les murs et du peu de lumière qui tombe des plafonniers sur la patine des meubles, mais aussi de l'éclairage de onze heures qui, par endroits, cingle en diagonale par la vitrine, cet ami, que je ne m'attendais pas à voir ici, figure en clair-obscur, on dirait l'autoportrait de Rembrandt dessinant près d'une fenêtre. Un côté fouetté par la lumière, l'autre flatté par l'ombre. Curieusement, cette impression disparaît aussitôt que je m'approche, comme si ma présence au sein des choses ramenait tout au niveau de l'ordinaire. Heureusement, faisant trêve de sa lecture, l'ami m'accueille par un vrai sourire.

Durant qu'à tour de rôle nous résumons nos dernières années, j'aperçois dans un miroir que je suis au café comme qui est au café, et avec un ami comme qui est avec un ami. Du bout des doigts, je caresse en aveugle la table burinée à coups de crayons, d'ustensiles, de bagues… Des piétons passent à un rythme de vagues, près de nous, mais la trame intime de leur existence reste secrète. Au bout d'un temps, nous n'échangeons plus que des œillades, à cause d'une scène qui se joue à voix haute juste devant nous, une scène à laquelle j'ai souvent assisté, dans des cafés ou ailleurs, et jouée par nombre d'acteurs, tous des mieux intentionnés, et jusqu'à certains qui portaient le rôle à leur extrême de sainteté : une copine d'occasion, voulant partager la souffrance de l'amie qui s'est déjà confiée à elle, réinstalle une souffrance au centre de sa pensée, elle qui l'avait pourtant oubliée, et la fait tournoyer à coups de lieux communs… Moi, j'aurais fait ceci, je lui aurais dit cela, et il y a bien pire dans le monde, je me mets à ta place, tu as encore toute une vie à vivre…

Une fois l'ami parti contribuer aux délibérations d'un certain jury, je me contente de rester là et de regarder autour, c'est ce que j'appelle Dré *unplugged*. Et je repère bientôt, dans le reste de la salle, ce que je considère comme un paysage de café, avec son imbrication de particularités et de détails. Un jeune gars, sur une banquette, qui se tient le front en soulignant un article avec un surligneur jaune, puis s'attaquant à une grille de sudoku. Deux députés, à la télé, à moitié cachés par les sous-titres pour malentendants, qui débattent en ouvrant tour à tour de grands yeux. Un couple d'amoureux qui réservent des billets d'avion à l'aide d'un ordinateur en entremêlant dans leurs sourires le plaisir de l'opération et le bonheur du voyage. Un employé, derrière le comptoir, qui plonge la main dans un grand sac de salade et en jette des poignées dans des assiettes en prenant bien soin d'éviter les injustices. Des Latinos, six femmes et un homme, qui se glissent en souriant derrière une table assez grande pour les tenir ensemble. Mes voisines qui ne s'entendent pas sur l'aspect du serveur haïtien, qui arbore une coiffure afro à la manière des années soixante-dix, l'une s'extasiant devant sa beauté, l'autre demandant s'il ne se fait pas coiffer chez un antiquaire !

Je constate, en relisant le carnet, qu'il n'est rien de mieux que le gérondif pour me donner accès à ce paysage, par son aspect de simultanéité ; le gérondif qui est la forme du participe présent, la forme de ce qui participe au présent.

*   *   *

Dans un café, avec un exemplaire tout chaud de *Ruelles, jours ouvrables,* pris il y a un quart d'heure à peine chez l'éditeur et qui, à compter de bientôt, sera quelques semaines dans les présentoirs des librairies. Seul à ma table, dans un esprit festif étoupé de retenue, tout étonné de surprendre quelque chose de moi-même dans ce personnage de flâneur qui va et reva sans cesse. Et même pétrifié par cette présence que l'épaisseur du langage rend vivante d'une vie qui est et qui n'est pas la mienne. Je n'ai pas l'habitude de m'apercevoir porté par ma propre réalité au sein des choses du monde… Et il y a ceci, qui me trouble chaque fois, l'impression que si c'était à refaire, je n'y arriverais pas !

* * *

Une fin d'avant-midi que j'ai rendez-vous avec un ami, au moment que, dans les cafés, le fond de silence du matin se transforme peu à peu en fond de brouhaha. C'est l'heure des levers tard, qui se présentent encore endormis, la face marquée des plis de draps. Je croise sur la terrasse un auteur qui a des ficelles plein les poches et, à l'étage, un autre qui a dans ses cartons des projets de best-sellers à revendre. Mais les cafés sont ainsi faits que dès qu'arrive l'ami attendu, pas vu *depuis quand déjà? si longtemps! tu crois,* eh bien, le soleil se rallume, Adamo chante *Inch' Allah* et on annonce un spécial sur les biscotti. Y a des jours, comme ça, d'un peu d'abondance… L'ami, qui sait le prix d'une vie qu'on s'accorde, parle de l'Inde, de la fois que… et de la prochaine fois qu'on voyagera ensemble. Il s'exprime simplement, bien qu'à la manière des livres sapientiaux de la Bible, avec des allures de sagesse inspirée des expériences et du savoir-faire de la vie quotidienne. Je ne vois pas le temps passer, jusqu'à ce que midi tombe dans la vitrine comme une coulée de miel et que les passants ne jettent plus d'ombres que sous leurs pas. Les dîneurs, passés au sas des trottoirs en rumeur, débarquent en vrac, le café fait le plein en dix minutes. Aussi bien casser la croûte et conserver un moment en moi l'ami reparti.

* * *

Ce café, en façon de coquillage reproduisant le grondement de la mer, je le connais bien, on dirait que tout un peuple y déverse ses échos, surtout ces jours-ci que la scène politique fédérale donne beaucoup à fabuler et à répéter les réserves de tous et de toujours sur les politiciens et leur entourage. Le soleil d'automne est grand ouvert sur la terrasse, je m'installe dans la vitrine béante et m'ondoie le gosier de café au lait, c'est ma manière de baptiser le jour, et m'accoude à la table au-dessus de travaux d'étudiants. Mais je suis distrait par un type qui lit à la terrasse. Difficile de lire avec le soleil dans les yeux, et pourtant, il ne se déplace pas, même si des tables sont libres à l'ombre. C'est là qu'est posé son bouquin, c'est là qu'il reste.

On lit beaucoup, dans les cafés, des livres, des papiers personnels, le journal qu'on choisit souvent sur place. J'y fais habituellement des stages d'une heure, mais parfois de deux ou trois pour lire, la plupart des cafés s'y prêtant, surtout aux heures vides de milieu de matinée ou d'après-midi, du moins si on veut bien me laisser vissé quelques heures à ma banquette pour le prix d'un café ou d'un jus. La plupart des lecteurs fréquentent des œuvres récréatives, plutôt que créatives, et occupent la moitié du temps à épier autour ou à s'imaginer épiés. Les œuvres que je lis, ces temps-ci, sont celles qui donnent à voir une pensée et, si possible, donnent à penser, peu importe qu'elles soient une bédé, un roman, une suite poétique ou un essai. Ce matin, je corrige des travaux pour un cours sur *Les Écrivains déambulateurs,* et je reste suspendu au-dessus d'une phrase : *Je marche et je suis du côté des désœuvrés, de ceux qui n'ont point d'œuvre, sinon le murmure de leur vie.* (Signé A. C. — une autre A. C.)

* * *

Matin d'ouïe fine, que les froissements de journaux, les lampées de café et même les accolades et embrassades se découpent sur le bruissement de fond. Je suis là, infime et mal éveillé aux choses qui m'entourent. À défaut d'y verser des notes de terrain, je compulse mes carnets et travaille à y sérier le divers. Ces notes ont en commun de faire partie de ce qui s'allège à être partagé.

* * *

Je repère un café inconnu de mon répertoire — faut dire que je ne cherche pas à tous les fréquenter. J'y entre, m'y installe et me sens aussitôt presque bouleversé par je ne sais quoi au juste. La serveuse, de derrière le comptoir, me lance un regard questionneur, avec une moue du bout du nez; je lui réponds en montrant du doigt le café au lait de mon voisin. Au bout de trois minutes, elle vient m'en servir un semblable sans dire un mot. Et alors je comprends que c'est ici un café sans mots, un café du matin où il faut aimer le commerce des silencieux, des épris de jonglerie, tiraillés entre le journal et leurs propres informations privées. Autour, les choses silencieuses du matin insistent donc. Je ne saurais expliquer comment cela se met en place, mais je ressens ce que j'appellerais une douce angoisse du lieu, qui fait tendre vers certains gestes pour en calmer les effets, comme d'enfouir son front dans sa main comme dans l'épaule d'une mère. Ce silence n'est pas en lui-même oppressant, mais on dirait qu'il ouvre à une des dispositions d'esprit les mieux partagées de la communauté humaine. Je la traduis ainsi : une vieille dame s'inquiète pour son vieux, qui s'inquiète pour son fils, qui lui s'inquiète pour sa conjointe et elle pour ses enfants et eux pour leur grand-mère, et ainsi de suite. Et ça s'inquiète aussi transversalement, la conjointe pour son patron et lui pour son associé martiniquais, et lui pour sa relation d'affaires en Inde, qui se tourmente pour sa cousine sud-africaine, et ainsi jusqu'à l'autre bout de la terre. La chaîne mondiale des inquiets est sans limites, puisqu'elle revient sans cesse et sans repos sur les mêmes anneaux entrelacés en paquet; c'est d'ailleurs ce que veut dire le mot *inquiétude* : sans repos. Sans quiétude, sans vie tranquille.

On pourrait difficilement croire qu'à cette heure achalandée du matin, dans un café comme celui-ci, semblable à tous les cafés, il n'y ait personne qui ne soit agité soit par une inquiétude de fond, soit par de petits désarrois imperceptibles qui chatouillent la croûte de l'âme ; de même parmi les passants ou chez ceux qui flânent dans le parc d'en face. Y a de l'inquiétude partout, le monde est le siège de l'inquiétude. Et les espaces publics de flânerie n'y échappent pas, et peut-être même ceux-là moins que les autres. Parce que ça jongle, comme on dit, dans les cafés, ça jongle avec les idées, et avec les inquiétudes.

✳   ✳   ✳

Voilà ce qui existe soi-disant, dans les cafés, le matin.

Au café, le midi

Il y a l'heure que les déjeuneurs n'y pensent plus et les luncheurs pas encore. Puis, vers onze heures trente, midi moins le quart, se manifestent les premières odeurs de la cuisine du midi, si tant est que le mot *cuisine* convienne quand il s'agit de sandwiches et de salades réfrigérées de la veille. Sur cette question, je me rencontre avec Georges Haldas, qui s'insurge contre le développement des snacks qui servent des assiettes froides dans lesquelles tout a le même goût et la même inconsistance. Il est en effet bien des cafés où le duo goût-odorat, qu'on appelle la flaveur, ne coopère pas en faveur des plats servis. Heureusement qu'il y a l'esprit des cafés pour faire oublier cela. Alors personne ou presque ne se plaint vraiment. Et pourtant, il y aurait bien lieu.

Un midi rassasié de lumière, donc, que les fleurs des terrasses éclatent de couleurs et les herbes en pot, de parfums. C'est le moment de ceux qui viennent pour la marmitée du midi, dont certains qui ont plus à faire que de manger. Cette maman et son fils, par exemple, qui tiennent un colloque sur l'acclimatation du jeune homme à la ville ; je ne sais trop si cela m'étonne ou me scandalise, mais bien qu'il ait largement passé la vingtaine, elle le traite encore comme un enfant qui attend sa becquée… Et ces fils de familles bourgeoises en rêve de rupture qui s'inventent des aventures de la veille pour se rendre intéressants les uns aux autres ; se raconter des histoires, pour eux, c'est comme aller au cinéma et s'identifier au héros durant une heure et demie… Et ce gros type qui, comme l'oiseau migrateur, se suralimente de graisse avant le départ, jusqu'à doubler son poids normal, sauf qu'il ne part jamais, c'est un spécialiste du sur-place, qui jure qu'il s'embarquera un jour vers un pays de rêve, mais qui tombe aussitôt endormi sur ses guides de voyage…

Tandis qu'on mange côte à côte, un voisin de tabouret me demande si ce café me plaît. Je dois donc avouer que, sauf à être pressé, je n'accorde pas ma faveur à ces cafés où il faut manger au comptoir en équilibre instable sur un tabouret, où les garçons courent comme des athlètes du cent dix mètres haies, où le préposé aux sandwiches répond à son cellulaire en dépliant le jambon pressé, où l'on sert des roulés de poulet qui sentent la fumée pire que la morue fumée, avec des chips plus salées qu'une morue salée, où l'on propose des accès à Internet impraticables, à cause de trop de pub, ces cafés à la mode, fréquentés par des gens qui rient fort en bande, où l'on ne s'entend pas parler sous la musique *latino-dance! Tu dis? — Trop extrême pour moi! — Quoi?*

Il y avait longtemps que je n'avais vu cela dans un établissement où l'on sert des repas : deux femmes en face à face, mains jointes sur le giron et yeux clos, se recueillent le temps de murmurer un bénédicité avant le gros sandwich.

*　*　*

On dit des gens de ce quartier du nord de la ville qu'ils ont le quart de rien, mais qu'ils en donnent la moitié au moindre appel. Ils ont la main sur le cœur et le cœur sur la main. Je parle d'un quartier à majorité haïtienne qu'on me dit au bord de la crise ; son peu de moyens, son faible afflux de sang neuf, son souffle saccadé en témoigneraient. *Nos ventres mous, nos bras comme des allumettes,* dit mon interlocuteur en se pétrissant les biceps, *nos faces blêmes,* s'exclame-t-il sous les rires de sa petite famille, *en disent long sur notre fatigue.* Cette paroisse crie à l'aide dans la bousculade de la mondialisation en jetant des soupirs d'épouvante, dirais-je pour résumer le portrait.

Cet infirmier entouré des siens, qu'il emmène au café le dimanche midi après l'office religieux, explique que l'horizon est bouché de tous bords pour ses enfants, que ça sent la catastrophe à l'échelle de la planète, à cause des intégristes du néolibéralisme, dit-il, qui édifient ce qu'ils appellent leur chance contre les autres, et dont le gain se mesure à ce qu'ils leur arrachent — ça, c'est moi qui l'ajoute. *Si le progrès est contre nous,* lance-t-il, citant un cousin dont l'évocation met l'épouse et les enfants en joie, *alors faisons reculer ce progrès, qui à ce compte-là n'est pas un progrès pour tous, mais un profit pour quelques-uns seulement...* Dans l'entrée, des jeunes célèbrent, à coups de gueule et de déhanchements, le temps nouveau qu'ils incarnent, non sans une certaine arrogance, temps nouveau qu'ils identifient au courant musical du jour... Mon nouvel ami l'infirmier s'apprête à soutenir qu'à notre époque de marchandisation de la pensée, au moment où le réel et le virtuel courent à leur point de rencontre, surgissent de partout des signes de la dégradation de la civilisation ; mais il n'ose s'engager plus avant dans un pronostic déprimant, de toute évidence à cause de la présence de ses enfants, le fiston enjoué et la si touchante fillette au regard d'espoir.

* * *

Un autre dimanche. Une petite famille, à une grande table, chante *Bonne fête grand-mère*, puis *Ma chère grand-mère, c'est à ton tour* et d'autres airs que les bonnes familles fredonnent ou gueulent pour souligner dans la joie la circonstance d'un anniversaire. Grand-mère, jusque-là très digne, dépose dans des assiettes la part de gâteau afférente à chacun, puis lèche ostensiblement le couteau, provoquant des cris et des rires dans la famille, chez les enfants surtout, dont une petite goulue qui crie *Moi aussi! Moi aussi!* Elle n'est pas très jolie, la fillette, elle montre une bouille de footballeur, avec un nez écrasé et des yeux cernés. Soudain, son papa propose de faire une photo du groupe et vient me demander si je ne voudrais pas les cadrer et *peser sur le piton, là*... Mais la petite goulue, à qui on a refusé de lécher le couteau, se rebiffe et refuse d'être dans la photo, elle sort du cadre et vient même bouder derrière moi. Le papa d'abord, puis la maman, puis la grand-maman, puis le grand frère exaspéré de voir qu'on passe tous ses caprices à cette petite, tout le monde tente de la convaincre de réintégrer le cadre, mais rien n'y fait. Je suggère donc qu'elle prenne la photo avec moi. Alors elle monte debout sur une chaise et met l'œil dans le viseur… et aussitôt, plus moyen de la sortir de là! La photo prise, elle garde l'appareil et mitraille un par un les membres de la famille et la serveuse et d'autres personnes qu'elle va chercher dans leur bulle. Et elle revient périodiquement me demander de faire paraître les photos sur l'écran de l'appareil, et son petit index me désigne les personnes qu'elle a photographiées… *Pas grave,* dit le papa, *c'est un appareil numérique, y aura qu'à tout effacer.* Et la petite de serrer l'appareil sur son cœur. J'en tremble encore en le racontant!

*　*　*

Des fois, c'est jour de sons poudreux; ces jours-ci, plutôt granulaires. Temps couvert qui ternit les façades. Je me mets à l'abri dans un café de six tables où l'on mange, le midi, de bons plats apprêtés par une grosse dame noire au souffle court et servis par sa jeune copie souriante en quart de format. Malgré Aznavour qui tourne en boucle, une conversation provient de la table près de la porte, des employés des services sociaux, un homme et une femme, qui tracent la liste de leurs relations communes, ici, là-bas et ailleurs, *Connais-tu Untel? As-tu rencontré Chose, là?* Ils sont de la même argile. Soudain, au moment de l'expresso, un nom est prononcé avec désinvolture et, en une fraction de seconde, on sent le garçon à moitié étouffé par un émoi qui ne peut être qu'amoureux, une déception, une désillusion… Dehors, le vent mouillé rabat ses sillons sur les parapluies.

Une semaine plus tard, même sale temps, même café, je capte des extraits d'une conversation venant d'un couple de la même table. Cette fois se font face : un jeune homme extrêmement ordinaire, dans un veston trop ample, toupet en pinceau, qui me semble cultiver sa conformité au modèle de l'employé qui attend sa première promotion ; et son équivalent féminin, une fille en tailleur, jambes croisées et mine replète, qui en dévoile beaucoup au niveau des cuisses et du poitrail et qui fait sa difficile quant aux calories. Apparemment bien informés sur la politique et sur les faits de société, ces jeunes loups comprennent et tout à la fois se démarquent des gagnants comme des perdants du système ; ce qui me semble expliquer qu'ils déroulent des opinions médianes sur tous les sujets. Sauf sur la France. Comme ils sont agacés par la France, si intelligente et si consciente de son intelligence, et son cinéma verbeux et sa politique étrangère et son accent français ! Moi qui aime la France comme une amante, je me sens intimement visé et blessé. Après la première lampée d'allongé, ils profitent d'un creux dans la conversation pour fredonner, avec Aznavour, dont la cassette tourne toujours, *Elle va mourir la mamma / Ils sont venus / Ils sont tous là*, en imitant l'accent de l'Hexagone sans s'en rendre compte. C'est vrai qu'on les imagine mal chantant *À va mourir la môman / Y sont tout' là*…

Dans la rue, les pneus flaquent sur l'asphalte. Ça tonitrue dans la cage d'entrée, sans doute des gamins qui n'ont pas fini d'apprendre à gérer leurs rapports de force. Je res sens profondément que je ne peux pas laisser échapper des minutes si importantes, mais sans savoir en quoi elles le sont — si tant est qu'elles le soient. La signification du moment n'est jamais la même pour les uns et pour les autres ; et si ça se trouve, il n'existe peut-être pas de moments communs, mais seulement des moments pour soi.

*   *   *

Attiré par les effets lumineux qu'un café-bar-resto déverse jusque sur le trottoir, j'y pénètre, non sans crainte, et me retrouve dans une géométrie éclairée par des ampoules halogènes dont des jeux de miroirs et de chromes projettent les éclats jusque dans la blondeur chatoyante des serveuses. Derrière le comptoir, des escarbilles éclatent dans la verroterie et sur les shakers en inox et sur d'autres récipients en alu poli. Tout y est conçu pour luire et reluire et pour étinceler au possible. Même les breloques des serveuses en jettent drôlement ! Je ne suis certes pas à mon aise dans cette pacotille, mais je ne peux pas ne pas penser que je pourrais m'intéresser aux gens qui s'y laissent prendre, qui portent de grandes marques de montres et de bijoux, ou des imitations, pour faire rebondir la lumière vers ceux qui les approchent. Ces hommes d'affaires aux épingles à cravate, boutons de manchette et stylos rutilants dépassant de la pochette ; ces filles aux paupières pailletées, qui se ressemblent comme des gouttes d'or ; ce bellâtre chaîné et bagué qui ne perd pas de vue la BMW aux chromes coruscants qu'il a garée juste en face ; cette jeune femme qui porte un haut-de-forme chatoyant et qui croit par ce moyen se faire remarquer, alors qu'on ne voit que le chapeau; elle l'ôterait qu'on ne la reconnaîtrait plus!

Le lendemain midi, près du palais de justice, dans un café-bar où la langue de la loi et les lois de la langue se cherchent des crosses, je retrouve le même chaos d'halogènes et d'ors et de cuivres et de miroirs et de coutellerie et d'émail et de brocarts d'argent et de souliers vernis et de gel coiffant, qui conservent et condensent les éclats d'une bonne société, qui se mesure, dirait-on, à son coefficient de luminance! Mais qui peut-être, aussi, proteste contre les temps sombres que nous traversons. Il y a de tout temps des temps obscurs à éclairer.

* * *

Tombe l'heure où les êtres se superposent à leurs ombres, comme les aiguilles au sommet du cadran. La vie lente du café tout à coup s'ébranle, comme si quelqu'un avait pesé sur le bouton Fast. Centre-ville, au moment de l'assaut des tables par les luncheurs, dans le bas de gamme clinquant des cafés, où, comme partout ailleurs, chacun cherche à être davantage que le désordre qui le secoue et le brouille. Me voilà assis trop près de trois cravatés aux manches de chemise élimées, que j'hésite à considérer comme des employés agités ou des gens d'affaires pressés. Je lis mal leur sincérité, surtout chez les deux qui jouent à trôner du côté de la grande prospérité. Ils n'affichent d'intérêt que pour ce qu'ils appellent la croissance de l'entreprise. *La gestion quotidienne,* suggère l'un, *y a des syndiqués pour ça!* Et le troisième de rentrer ses manches de chemise en fixant la paire sel et poivre.

Des jeunes gens aux yeux mi-clos, qui, pour survivre, poussent des incursions sur les flancs de leur réalité de commis ou de manutentionnaires, arrivent chargés de leurs péchés de la veille et se jettent sur le menu avec l'espoir bûcheron que le spécial Cabane à sucre les requinquera et que ça rehaussera leur capacité d'esprit. Au pire, ça les fera vesser et rigoler en bande tout l'après-midi. J'accueille l'autre dans son espace, dit à peu près Levinas, qui ne manque pas d'exposer que la chose n'est pas si facile! Et cet accueil me définit comme sujet, dit-il aussi.

Partout autour, des scènes se délitent, des images s'émiettent et retombent en poussière dans l'agitation du midi.

∗　∗　∗

La marmaille a passé l'avant-midi à la pataugeoire publique, à ce que je comprends, jusqu'à ce que quelqu'un crie: *J'ai faim!* Alors ils ont été amenés au café du coin manger des paninis. Fallait les voir surgir comme un ouragan, piailler, galoper, se chamailler, s'empiffrer et décamper aussi sec. Ils sont repartis depuis un quart d'heure et ils n'en appartiennent toujours pas moins pathétiquement au monde de ce café. Quelque chose est resté derrière eux, dans l'oreille et dans le système nerveux, certes, mais aussi dans un espace mental qui n'est pas exactement la mémoire — qui aligne les faits et nos états —, mais dans un espace ouvert qui réverbère leur présence, comme si, à tout moment de la vie, l'enfance de chacun, comme dans sa conque, était disposée à reconnaître son chant dans sa chambre d'écho.

✳   ✳   ✳

Midi de vieux beaux. J'en attends un, j'en aperçois deux autres. Il s'agit parfois de nommer la chose pour la voir partout.

D'abord celui-ci. En plein milieu du café, on dirait sous un éclairage de scène, un homme et une fille, lui de beaucoup plus âgé qu'elle, sont engagés dans une dispute. Sur le coup, il me paraît un peu excessif en caractère, qui pointe le doigt vers elle, qui rugit entre ses dents, porté par une colère qui semble puiser au plus profond des forces telluriques. Elle, en jeune stoïque aux lèvres sèches, montre des traits tirés et le blanc des yeux veinulé, comme au lendemain de boire et de veille. Elle écoute son vieux en maintenant un air buté, on la devine braquée d'avance contre tout argument. De mon poste d'observation, on dirait une gamine en phase négative. En fait, elle ne l'écoute plus, tout ce qu'il dit vient se pulvériser sur sa froideur. Tantôt elle suit de son index les craquelures du bois comme si elle cherchait le prolongement de sa ligne de vie ; tantôt elle lève les yeux au ciel pour fuir le domaine terrestre. Le type n'en peut plus de ne rien pouvoir faire, il part. Je ne saurai pas si c'était le père ou le vieil amant.

Ensuite cet autre vieux beau. Sur une banquette, un homme qui a bien passé l'âge de prendre sa retraite gaufre son visage d'un très fin sourire de citoyen pas mécontent de sa vie et peut-être même ayant toujours bon espoir d'arracher au sort sa part de faveurs. Il tient serrée contre sa poitrine la gerbe des bons moments de sa vie. Il s'agit d'un album de photos qu'il s'apprête à tendre à deux fillettes, dont il est manifestement le grand-père. Mais les petites, qui trépignent d'impatience, doivent d'abord tendre l'oreille à tout un sermon qui n'en finit pas. On aurait envie d'aller dire au grand-père que c'est assez torturé les sœurettes ou les cousines, qu'on a hâte de voir leur réaction au condensé photographique de toute une vie! *Merdre!* S'il ne se décide pas, elles vont le zapper, le pépère! Ce que c'est que d'être né aux temps des grands cérémonials!

Puis survient l'ami attendu, pas le genre à se momifier dans la retraite, celui-là, qui s'envase plutôt en écrivain heureux dans des projets qui ne sont que pour lui-même et pour ses enfants et petits-fils. Il y a chez lui cette contenance singulière, qui est de l'ordre d'une délicatesse un peu brute, d'une vigilance distraite, et qui le traduit en homme plein de ses appétits. Ses propos coulent comme les phrases détachées d'une sonate, mais disons bafouillées par un gamin qui cherche ses notes. Durant tout le repas, il semble acharné à unifier la conversation et son vœu ascétique de célébrer la raison, ce qui ne l'empêche pas de jouer au frivole cultivé. Le tête-à-tête ne met pas de temps à basculer dans un joyeux vortex de griefs et de doléances où se spiralisent des anecdotes, des portraits, des jugements intraitables, mais fondés. L'ami maintient bien éveillés son sens de l'émerveillement et son pouvoir d'indignation. Qui nous rapprochent à jamais, nous savons tous les deux que cela perdu, vaut mieux la mort.

* * *

À l'heure des miettes pour un café, dans un débit indexé sur son quartier et sur la rue commerciale où il a pignon. Une criarde pancarte avertit qu'il est *Interdit de fumer dans ce café*. Et pourtant, une nuée bleue, qu'une percée diagonale de lumière accentue, brouille un peu l'atmosphère; c'est que des relents de tabac et de pot intriguent l'odorat à chaque respiration — et il paraît que nous respirons de quinze à dix-sept fois par minute! On devine que des clients ou des employés ont fumé dans l'arrière-boutique qui donne sur la ruelle.

Je me concentre sur le menu santé, qui annonce : café décaféiné, thé sans théine, lait sans lactose, tofu sans calories, yaourt sans gélatine, sorbet sans gluten, crème glacée *cholesterol-free*, biscottes sans gras trans, céréales sans agent de conservation, confiture sans pectine, jus sans sucre, beurre sans sel, bière sans alcool... Ça donne envie de fumer !

* * *

Après un repas oriental, on se dirige à quelques-uns vers un café près de l'université, à l'heure que le soleil, surgissant par-dessus les immeubles, éclabousse la vitrine et inonde les tables de ses éclairs. Le café résonne de ses derniers pas du midi, la poussière retombe, les banquettes reprennent leur forme, le comptoir reluit déjà, les chaises et les habitués retrouvent leurs marques. Je suis servi le premier, sans doute au bénéfice de l'âge ; à moins que la serveuse ne donne la priorité à celui dont elle pense qu'il pourrait bien régler l'addition. Mais ça tombe mal, l'allongé est amer. Au moment de payer, faisant preuve de hardiesse, j'avise le patron que l'aigreur de son café m'a déçu ; il me répond : *Mais alors, il fallait demander un bon café !* Et aussitôt de me préparer un court de bon goût ! Des fois, on aimerait avoir des points d'exclamation dans ses poches et se les accrocher sur la tête avec du velcro pour signifier aux gens qu'on ne les comprend pas !

Au café, l'après-midi 1

Le café de l'après-midi… mon reposoir! Cette période du milieu du jour consacrée au délassement, les Turcs l'appellent le *kief,* les Arabes disent le *kif.* On y occupe son temps à ne rien faire, sinon s'apaiser. Dans une telle circonstance, tout regard a sa position assignée, son angle par lequel je m'amuse à surprendre des regards, à capter des scènes presque vides. En bref… Le spectacle des moineaux en quête de miettes. Le sourire d'un ado commuté par une grimace. À gauche, un groupe de jeunes dans leurs turlupinades. À droite, où des tables ont été groupées, une huitaine de jeunes trônent, chacun devant sa tasse, sauf un ; il en est souvent un, dans un groupe, qui ne prend rien pour épargner la dépense. Au comptoir, un frisé, aussi polyglotte qu'un pape, converse au cellulaire dans quatre langues en s'empiffrant de baklavas. Une femme qu'on dirait prise d'alcool, qui vient camoufler son haleine à coups de cafés noirs, jette des regards perçants sur tout nouvel arrivant. Une autre passe tout près à répétition, je ne sais pourquoi, qui répand un parfum insistant. Plus loin, un garçon est penché sur une fille, je vois bien qu'il lui dit tout le tendre de son cœur, bien qu'il doive parler d'un match, d'un rêve de char. Un type bien mis, le coude sur la table et l'expresso à la hauteur du menton, reste figé comme s'il figurait dans une toile intitulée *Le Buveur à la tasse...* Évidemment, il s'en faut de beaucoup que le tableau ne soit complet.

* * *

Un de ces jours que je mets trois secondes à reconnaître ce que je croise, comme si j'étais à un kilomètre des détonations que la réalité me sert. Je le sais d'expérience, ces jours-là, les tables, les chaises, les cadres de portes ont ensemble un parti pris qui m'est défavorable. Je choisis donc de m'installer, comme parmi mes reliquats, dans l'épaississement d'un café sépia où j'ai mes habitudes. Or, à peine après mon arrivée, une silhouette brisée se pointe à contre-jour dans l'entrée et aussitôt les humeurs se désordonnent, surtout au sein du personnel. Cet arrivant, on dirait une ortie croissant parmi les décombres, puant l'ivresse et la sueur et s'exprimant comme une poubelle chassée du pied. Le type fait une apparition remarquée, un verre en carton à la main, en demandant ici et là des pièces en trop, *Pour un café*, précise-t-il, mais nul ne met la main dans sa poche. *Alors pour une bière*, insiste-t-il. Un petit malin lui lance : *Y a pas de bière ici !* Et l'Ortie de rétorquer : *Je suis pas obligé de la boire icitte !* Un garçon en a assez, qui joue le dur avec ses poings sur les hanches ; il enjoint à l'Ortie, qu'il appelle mon Hostie, de quitter le café. Mais soudain quelqu'un, du fond de la salle, crie : *Sers-lui donc un café avec un muffin…* Le geste est élégant, et le donateur en est conscient. Le garçon demande : *Et je le sers à ta table ?* Et l'autre, pris de court : *Au comptoir, ça ira…* Le garçon reste un moment tendu, comme un calibre 12 toujours fumant de sa décharge, tandis que le donateur reste coi devant l'obstacle infranchi de son regard ; ça ne va pas s'arranger tout seul entre les deux.

La suite de l'heure s'avère paisible au milieu du murmure habituel, bien que je ne me sente pas très à l'aise, même une fois l'épisode de l'Ortie oublié. Que mon malaise résulte d'une accumulation de vexations fuyantes, cela aussi je le sais d'expérience, mais je mets un temps à saisir que la dernière en lice est ce mur dénudé qui me surplombe et qui jette sur moi sa détresse de plâtrage tavelé. C'est qu'on a décroché l'exposition de photos, à l'ombre de laquelle, dans l'insu, j'étais venu me blottir, et que ce mur vide, en attente de rehauts d'arcanes et de couleurs, m'est un arrachement de plus. Je sors donc sans savoir où aller, le premier passant sera l'aiguille de ma boussole. Mais je me fourvoie aussitôt contre les uns et les autres…

* * *

Dans un café de quatorze heures, qui se présente comme s'il était dépourvu de centre. Je ne parle pas du milieu géométrique, mais d'un noyau d'attraction. La serveuse est effacée, les tablées sont d'égal intérêt, bien que par le peu. Soudain, entre un trio de vétérans mal assurés sur leurs jambes, au sein duquel figure un ancien serveur

74

de bar-terrasse, à qui, à une certaine époque qui remonte à loin, j'ai dû donner l'équivalent de quelques semaines de salaire en pourboires, qui a l'âge d'avoir fatigué tous ses désirs, sauf celui d'un expresso bien tassé! Le patron sort de son arrière-boutique et le reconnaît au milieu du trio. Il annonce aussitôt que l'addition est pour lui et ajoute : *À l'avenir, préviens-moi de ta venue! Et l'autre : Que la vie est bonne pour moi, voilà que j'ai de nouveau un avenir!* Et le patron : *Toi, oui, mais tes copains, ils devront payer comme tout le monde, et tout de suite à part ça!* Et ça gronde dans tout le café d'un grand rire de 747 qui décolle. Sauf dans un coin, où sont attablés quatre hommes que je n'avais pas remarqués. On dirait les joueurs de cartes de Cézanne, version Rolling Stones vieillissants, les cheveux plus courts que la barbe, qui se grattent le nombril dans une gestuelle de joueur de *base*. Quelque chose de chacun attire l'attention, le cubage de l'un, les parures de son vis-à-vis ; l'ombre projetée par un autre, la pâleur de son partenaire. À mon avis, ils n'attendent rien ni personne, ils sont là à être eux-mêmes dans l'instant, ça leur suffit. Ils ne demandent rien de plus que ce qui existe là entre eux et autour d'eux. Ils figurent pleinement en jouisseurs d'existence, qui, jour après jour, n'ont d'autre pensée consolante que de croire que l'existence existe.

* * *

Après-midi satiné de brumes. Dans un café qui baigne dans une ondée de sueurs chaudes, je m'installe sur une banquette latérale où je ne gênerai personne, les joueurs de dominos, les lecteurs de journaux, les ressasseurs de passé, les brasseurs de politique. J'aime ces angles d'où l'on peut tout voir d'un café, dans son ensemble comme dans ses détails, grignoter les schizos, se taquiner les serveuses, entrer les désenchantés, déguerpir les pressés... Soudain entre une fille aux yeux de colombe, ainsi qu'on dit dans le Cantique des cantiques, sans faire de bruit, comme dans une église, une habituée de toute évidence, qui adresse des gestes abrégés à des fidèles soufflant des haleines de café. Elle commande un court et presque immédiatement ferme les paupières. Sitôt s'assoupit-elle que sa tête vacille pire qu'une bouée, et on la voit entraînée dans un rêve qu'elle mâchouille tel un chewing-gum. Elle a pourtant bientôt ce geste : elle agrippe sa tasse par l'anse et la porte à ses lèvres ! Je ne jurerais pas qu'elle avale une gorgée, mais on dirait... Puis elle dépose un peu bruyamment la tasse dans la soucoupe. Alors elle rouvre les yeux avec l'air de demander autour ce qui l'a réveillée.

Sur ces entrefaites entre une autre fille, celle-là décorée d'une spectaculaire chevelure roussâtre, on dirait une base d'arc-en-ciel saillant du sol. L'arrivante lance un regard courbe par-dessus la salle, qui va se ficher dans la mâcheuse de rêves à l'autre pied de l'arc-en-ciel. (Je sais que c'est ma perception qui dessine cette irisation, mais elle n'en est pas moins réelle !) Alors l'arrivante va retrouver sa copine et l'embrasse sans dissimuler la passion qui l'anime. Puis les deux d'enchaîner des confidences ainsi que des heures et de faire de leur intimité leur bonheur du moment.

Dans un avant-poste discret de la culture libanaise, à l'heure la plus immobile de l'après-midi, un 2 avril que des croyants, désemparés par la mort de Jean-Paul II, ne parlent que de ça, mais sans vraiment rien dire. L'éclairage et le chauffage sont défaillants, me prévient-on ; le café en est mangé d'ombres froides. Me dirigeant vers celle qui, le temps d'un bol et d'un survol de titres, deviendra ma table, je passe derrière une fille penchée sur une tablette, qui dessine au Prismacolor ce que j'interprète comme un autoportrait en fillette, à cause de la photo froissée sur la table. On dirait qu'elle met en œuvre le mot d'ordre de Gauguin : exalter la couleur et simplifier la forme. J'y vois un personnage à la peau d'ampoule sur fond de robe bleue, de tresses roses et d'un pourtour de verdure. Que d'éclats ! Comme nous le rappelle le philosophe au gai savoir : depuis que la terre a été arrachée au soleil, la vie n'a de cesse qu'elle n'en retrouve la lumière.

Mais si j'ai le peintre des Marquises à l'esprit, c'est peut-être à cause d'un gars et d'une fille, voisins de table et côte à côte sur la banquette, des granos désenchantés qui me semblent fascinés sans le savoir par le rêve de s'enfuir sur une île afin de vivre dans la quiétude et l'extase. Je comprends qu'ils se reconnaissent sans se replacer, ils mettent un certain temps à préciser les lieux où ils ont pu se croiser, une épicerie fine, une boulangerie, une librairie ésotérique. Elle a posé sur la table le livre qu'elle lisait, sur lequel figure le mot *cosmique*. Ils cherchent un temps un point d'ancrage à leur conversation, jusqu'au moment où, désignant le livre, il dit : *J'ai lu ça…* Et les voilà qui s'échappent par cette aire de lancement, aussitôt leurs cosmos intérieurs se connectent, ils s'engagent dans un vol habité, laissent travailler la gravitation, frôlent leurs planètes, on les dirait seuls au monde. C'est que le tout du grand tout est parfois bien petit ! Et les abîmes de l'infini temporel, bien courts. Il lui faut en effet déjà partir, elle est elle-même en retard. Ils doivent s'y connaître en numérologie, mais n'échangent pas leurs coordonnées. Ils repartent chacun vers son monde d'habitudes. Hubble avait raison, il arrive toujours un moment que les étoiles s'éloignent les unes des autres.

* * *

Milieu d'après-midi de gros automne venteux, un arrêt d'une demi-heure pour rembobiner la journée, dans un établissement où la commande de café et de pâtisserie tourne au quiz, à cause d'un menu trop élaboré. Le garçon vient se planter devant moi, jambes ouvertes en compas, pour prendre ma commande, mais je n'ai pas encore fait mon choix. Pour me punir de cette indécision, il pivote sur une jambe et part vers d'autres tables. Il ne reviendra pas avant toute la clientèle servie.

Je me fourre le nez dans un chapitre qui me rejette aussitôt, puis plonge un peu plus loin pour voir s'il n'y aurait pas là quelque chose pour moi, mais c'est peine perdue, je laisse tomber. Dans le fond du café, sous un entrecroisement de poutres, une lumière abrasive d'ampoules jaunasses écrase les buveurs, leur rabaisse les épaules, leur verdit le teint. Sur la banquette, côté mur de briques, un rêveur s'ébroue en se réveillant et reste un temps dans la confusion de sensations obtuses. À côté, une liseuse portant un foulard délavé, tenu par une grosse broche dessertie de la moitié de ses pierres, joue de l'ongle dans les alvéoles du bijou. Un peu à l'écart, un type inquiète par son allure de mécréant ; que le sort lui ait dévolu une plus sale gueule qu'aux autres, c'est certain, mais qu'il rase pour une fois sa barbe d'épines et discipline sa tignasse d'orties, qu'il cesse d'outrer ses laideurs, se défripe la face et se pare de couleurs, on verra s'il n'aura pas l'air d'un juge ou d'un acteur. Au centre de la salle, un gars griffonne en obsédé dans un agenda et froisse en boule des bouts de papier. Des jeunes Haïtiens, par assuétude climatologique ou par fanfaronnade, sortent tête nue dans un vent glacial sous le regard de jeunes filles partagées entre la moquerie et l'affection. Trois jeunes dans l'expectative d'un emploi trinquent à la santé des employés du bureau de chômage auxquels ils rendront visite… demain. Sur l'autre banquette, un tassement de vieilles festineuses, les épaules emboîtées, au point qu'elles peinent à lever le coude, portent en synchronie le thé et le baba aux lèvres.

Après avoir finalement transpiré au-dessus d'une écuelle de soupe trop salée, je décide de ne pas étirer ma halte et profite de ce que c'est une journée où je reconnais aisément le chemin à suivre dans des traces qui ne sont pas les miennes. Je repars donc vers un parc, seul, *ma non troppo*.

* * *

Dans un café aux murs pléthoriques, porteurs de photos laminées et d'objets exotiques. J'essaie de lire dans mon coin, mais ma concentration est dérangée par un pinçon dans le gras du pouce, résultat d'un classeur refermé à la hâte. Certes, comme les quelques-uns éparpillés là, j'ai entendu, dans les minutes précédentes, des grondements venus du lointain. Puis plus rien, sinon le bruissement habituel de la circulation sur le mouillé. Soudain, dans un moment sombre et tranquille, un coup de tonnerre éclate dans la caisse de résonance des rues en s'accompagnant d'une décharge fulgurante, si bien que la jeune serveuse à moitié endormie s'en trouve démontée de son tabouret et chute presque par terre. Elle garde son équilibre en s'accrochant au comptoir, mais le tabouret, lui, comme s'il suppléait l'écho manquant, tombe derrière elle en produisant un second bang. Et la voilà, après un moment, le souffle coupé, qui demande : *Tout le monde va bien?* Mais personne n'est dupe de cette réaction, tout le monde comprend qu'elle est mal. Son cœur bat trop vite, dit-elle, *Et si fort!* Elle perçoit les pulsations jusque dans sa tête! Elle doit s'asseoir et calmer sa respiration oppressée en s'aidant d'une pompe pour asthmatiques. Sa collègue, on dirait craignant le pire, téléphone au patron, qui renvoie la jeune serveuse chez elle. *Jusqu'à demain ou à jamais?* telle est la question que se pose la collègue.

* * *

Émergeant d'un parc herbageux, où des gamins gymnastiquent, sous le regard de leur mère, dans une enclave de jeux présentant des structures de tuyaux et d'échelles aux couleurs vives, je me dirige vers le café d'en face pour un encas, afin de calmer la fringale qui est sur le point de me dévorer. Je constate, dès l'entrée, que certains ont le crayon à la main, qui gribouillant sur des feuilles volantes pour avancer son travail de session, qui traçant des poèmes de cafés sur des pages recto de cahiers ou y tenant recto verso son journal — ces fameux cahiers qui figurent comme autant de voix obliques pour épancher ses blessures, ses fragilités, ses désarrois. Près de la vitrine, une belle Africaine, finissant d'écrire une lettre, en fait presque une œuvre d'origami avant de la glisser dans une enveloppe tapissée de timbres, ça doit partir pour l'autre bout du monde. Difficile à dire si le destinataire en retirera un caribou dépliant son panache ou un rhinocéros, sa corne, si la lettre est porteuse d'espoir ou de rupture.

Il arrive parfois qu'un figurant de café apparaisse, par ses travers, aussi attrayant que repoussant, comme ce personnage, près du comptoir, un capricieux, prétentieux, vaniteux, ainsi décrit par souci d'ordre alphabétique, qui illustre à l'excès qu'au fond étymologique du mot *vanité*, il y a *vide*. Il s'agit d'un type à la mine d'engorgé, le genre à faire son infarctus à cinquante ans, qui sort malaisément d'un somme, on dirait un bébé qui aurait perdu sa sucette durant son sommeil. *J'ai demandé un expresso*, rugit-il, *j'ai pas que ça à faire, attendre mon café, j'ai une business à* runner, *moi…* Et soudain de s'apercevoir que l'expresso est posé devant lui sur la table, froid mais bien là. *Faut me réveiller quand on me le sert!* Et aussitôt de s'étouffer en avalant de travers. Je tourne alors mon attention vers une autre table, où sévit un vendeur qui se présente de biais à son client et qui paraît tout occupé à montrer son merveilleux d'individu simple, heureux dans sa dégaine d'homme qui aime la vie, sa femme, les enfants qu'ils auront peut-être, n'importe quoi pour vendre… je ne sais quoi.

Tout semble aller de travers dans la petite foule d'alentour, ça se toise ici et là se chamaille. Deux femmes en face à face se querellent à mi-volume, on dirait le duel aux chants de gorge des femmes inuites ; entre elles pleurniche une enfant avec une chevelure bouleversante de blondeur, qui lance des ustensiles par terre sans que personne la retienne ni lui fasse de remontrances. Sur la terrasse, des garçons de quatorze ans peut-être se troublent la cervelle à dévisager des passantes qui ne souhaiteraient pas autre chose que d'être leurs mères.

* * *

Toujours pareil et jamais le même, j'entre m'abriter d'une ondée dans un café réputé tranquille. Pas âme qui vive ! Il y a bien quelques individus, mais on les dirait éteints, chacun dans son ampoule. Ainsi le café semble-t-il mort, comme on dit, par manque de vie à la surface. D'un coup me devient sensible l'aspect désertique de ce café encombré de dunes de tables et de chaises mobiles qui redessinent le paysage tous les quarts d'heure. M'est d'ailleurs très reposante l'inventive conformité du mobilier des cafés, qui communique, quand on y regarde de près, la double sensation de banalité et d'originalité, tout autant que, fugitivement, les sensations d'immuabilité et de chaos. Et cet aspect de puzzle remanié qui se manifeste quand on ne s'y attend pas.

Moment fragile, vers quinze heures, où certains sont apaisés par leur désœuvrement et d'autres mobilisés par leur affairisme. Pas de danger de prendre les uns pour les autres. Bien que, par attraction des genres, il puisse arriver, des apaisés s'animant et des affairés se détendant, que se crée une foule bien liée qui masque sa diversité. Ces jours-là, chacun est soit à rêvasser, soit à jouter en mêlée pour ses convictions. À l'occasion y débarquent quelques individus qui à eux seuls désaccordent la clientèle, et la foule aussitôt de se rallumer d'une autre couleur. Car le café est un espace variable qui tend à se recomposer ; en fait, un espace dans sa qualité de présent qui se constitue sans cesse en un nouvel événement ; un territoire de diversité apparaissant dans sa logique de pleine continuité. Suffit, pour s'en convaincre, de s'asseoir à une table et de noter la mutation des occupants : le mal rasé et celle aux paupières tombantes, remplacés par le Noir à casquette et la décolletée aux grandes palettes ; puis par le chauve à tête de volatile, le néo-soixante-dix et le type à la gestuelle de chimpanzé ; eux-mêmes par la crinière ramassée sur le côté et le grand fendant qui dépose son sac à dos sur la table ; ceux-là par l'Asiatique aux pics, les yeux pâles dans le toupet blond et la chemise blanche cintrée ; et elles, brièvement, par le policier qui parle à son épaule en ouvrant son muffin comme une orange.

Soudain, un éclat de soleil contracte mes pupilles. Je

repars profiter du beau temps en me glissant entre des tables de terrasse déjà asséchées et des encore ruisselantes, bien conscient qu'il aurait suffi que l'épisode se déroule à une heure différente pour que le puzzle dessine autrement ces mouillures.

Au café, l'après-midi 2

Par un après-midi des plus soleilleux que, dans un café plutôt sombre, j'attends quelqu'un en jouant du bout des ongles dans les craquelures de la porcelaine. Je stagne presque une heure, fasciné par la faune du jour, n'ayant rien à lire ni rien à ruminer, avant de réaliser, en consultant mon agenda, que la personne ne viendra pas pour la raison que je me suis trompé de jour.

Qui me font face, deux filles saisies dans leur vie de couple, et à côté, un type qui touille son café, manifestement mû par un pur souci d'élégance. Sur la droite, deux gamines à la frimousse exquise, avec une maman presque aussi belle qu'elles, c'est ce que leur dit l'homme de la table voisine ; une maman ne se rebute jamais d'un tel compliment, sauf si, comme ici, elle décode la stratégie qui la vise. Sur la gauche, trois garçons, qui ont échoué à séduire la serveuse, quittent le café au ralenti ; camisole et t-shirt en batik, jeans délavés, bretelles d'armée, casquette tournée sur le côté, verres fumés sur le dessus de la tête, bras tatoués, ici et là des *piercings* et des breloques, Nike troués aux pieds, écouteurs et mégots aux oreilles, des sacoches en tissu indien en bandoulière et une démarche que je dirais afférente; on ne marche pas comme tout le monde attifé de cette manière; en fait, n'est-ce pas pour ça qu'on se pare ainsi, pour marcher autrement?

Mais on dirait que j'observe tout le monde, sauf celui que je devrais voir. Au comptoir, en effet, bien plantée sur son tabouret, une vieille connaissance s'agite dans une conversation à sens unique avec quelqu'un que je perçois de trois quarts arrière. Soudain, nos regards se croisent. Faisant trêve de ses affaires, je dirais une seconde à peine, il me salue en me lançant une façon d'œillade. Il s'agit de quelqu'un que je vois peu mais que je connais depuis longtemps, qui, comme chacun, est l'incarnation de ses éventualités, et qui, tout autant que quiconque, habite un asile retiré dans un lieu inaccessible de l'être. Le savoir théoriquement est une chose, le surprendre de loin en est une autre.

Il est des traits, chez certains individus, qui sont indissociables de la perception qu'on a d'eux, un aspect du physique ou du caractère, un accent ou un tic langagier. Chez cet ami, il y a toujours eu, à mes yeux, ses doigts précieux et ses ongles lumineux, on dirait quelqu'un qui utilise le vocabulaire des mains, qu'en Inde on appelle les *hastas*, dans lesquels les gestes comportent des significations devenant intelligibles en s'accompagnant de l'expression appropriée du corps ou du visage, et qui permettent d'évoquer des états émotionnels. J'observe ses mains aériennes comme on fixe un interlocuteur dans les yeux. Je n'entends rien des exaltations que décrivent ses paroles, mais capte les cris de détresse que trahissent ses mains.

* * *

Un après-midi dans le réseau de mes refuites. Une collation accidentée par l'arrivée en trombe d'un retraité des plus volubiles parmi des compères jusque-là plutôt silencieux, qui gagne aussitôt leur attention en échafaudant un souvenir qu'il s'engage à partager comme une leçon de vie. Et comme il se sent à l'aise au centre des regards et de l'écoute qu'on lui accorde, il en rajoute, plonge dans les détails, déborde vers d'autres joies et chagrins assignables. Mais étant donné que ses amis ne sont ni muets ni sans défense, qu'ils affectionnent le monologue autant que lui, il est aussitôt un autre anecdotier, puis un autre encore pour rouvrir l'almanach des faits d'autrefois. Et ainsi va l'après-midi, de récit de soi en presque vérité, et ça se relance et ça rigole les coudes sur les accotoirs. Évidemment, cela n'est presque rien au milieu de la vie qui pulse partout, et pourtant, c'est tout pour eux, parce qu'ils sont eux et qu'ils sont entre eux et qu'ils sont eux seuls.

Ici et là, dans cette salle encaissée entre un mur de briques et un haut comptoir d'où les regards des serveurs tombent comme de meurtrières, sont disséminés des solitaires, qui ne semblent pas prêts à fusionner avec cette cohue de causeurs avides, bien qu'ils se tiennent à leur portée. Outre les têtes vides et les timides, il en est parmi ceux-là que j'appelle les parcimonieux. Je parle ici d'individus qui gardent pour eux le fonds de leur sagesse. À côté de ceux qui ne cherchent qu'à discutailler, ils font figure d'êtres réservés, qui ne dispensent leurs idées qu'avec parcimonie, comme s'ils allaient démériter à communiquer pour ne rien dire, ou pire, à verser leurs bons jugements dans des cruches. Ils attendent le moment qu'il s'agira que quelqu'un formule une opinion déterminante. Ils n'ont pas perdu de vue qu'*Homo sapiens* signifie « homme sage ». Bien sûr, il faut une présence patiente sur le terrain pour les distinguer des têtes vides.

* * *

Dans un quartier sur lequel il y aurait beaucoup à dire, un après-midi de nuées fines. J'opte pour un café qui s'offre d'abord à l'oreille, avant que ses masses et ses teintes ne frappent l'œil. Les soupirs de machine à café, les grésillements de pages tournées, les tapotements d'ongles sur la marqueterie des tables, les pas de serveuses, les lapements de buveurs, les respirations de dormeurs, les grincement de porte, le chuintement de la rue, la clameur des mauvaises nouvelles, le glouglou de la tuyauterie, le pétillement des lampes, tout se fond en un tout familier aussi bien que se détache si on y prête attention. On imagine le poids des silences au milieu de cette profusion sonore.

Une fille chargée de chairs et macérée par des parfums insupportables vient s'asseoir si près de moi que je dois me déplacer ; je choisis une table qui met entre nous les effluves de la machine à café. Mais une fois à l'écart, mon attention est attirée par cette même fille aux cheveux dressés en pics. Soudain, au bord d'elle, un sachet tombé au sol, portant la marque Trojan, capte son rayon de soleil de manière à exciter les regards. Chacun a vu, mais la plupart regardent ailleurs. Faut dire qu'autour d'ici on n'est jamais tout à fait certain que les filles soient des filles. Le garçon me chuchote, en levant les yeux au ciel, qui est ici un tressage d'halogènes et de tuyaux, qu'elle pratique le plus vieux métier du monde, mais je ne sais pourquoi, je l'imagine mal en cueilleuse de fruits ; le garçon ne la trouve pas drôle. Je lis un peu, mais sans intérêt, lorgne un temps du côté des passants, je jongle, comme on dit — cette expression, dans notre façon régionale de la langue, signifiant qu'on lance des idées en l'air et qu'on essaie de les rattraper. Soudain, je constate que la fille aux pics est une spécialiste du lancer du préservatif, qui encore une fois se penche pour reprendre son bien, que, par ce manège, elle offre à partager, la répétition rend la chose évidente — n'est-ce pas la fonction de la répétition que de constituer des évidences ? Quand elle repart seule voir s'il n'y aurait pas mieux à faire sur le trottoir, le garçon adresse des mimiques à ceux et celles que ce genre de personnage met en rogne. Puis il fait tinter la pièce de deux dollars laissée par la fille dans une boîte de tôle au nom des Œuvres de l'Oratoire, question de faire sonner sa bonne conscience. Dehors, des ados d'au plus quinze ans se passent un sac en papier brun et boivent à tour de rôle au goulot d'une bouteille d'alcool, ça se voit aux grimaces qu'ils ne peuvent réprimer ; le garçon sort les chasser en alléguant qu'ils font une mauvaise réputation au quartier. Il veut évidemment dire du tort à son café.

Le vent s'infiltre puissamment dans les rues, puis rampe vers le fleuve et va faire lever des vagues. Le ciel s'assombrit, l'orage se déchaîne. Les gars au sac et la fille aux pics vont se faire laver !

* * *

Il arrive que des drames se déroulent, bien qu'on ait l'impression que rien ne se passe; et l'inverse, qu'il ne se passe rien, bien que certains se donnent en spectacle. Comme dans ce café fréquenté par des groupes ethniques qui s'y retrouvent sans trop se mêler... Un garçon qui devrait être à l'école ou au boulot y regarde un match de foot le menton sur les poings; son copain, qui s'éveille et qui travaille fort à conserver la matière poignante d'un rêve qui s'efface à mesure qu'il tente de le retenir. Ma voisine fouine dans un livre intitulé *Cent Mots pour ne pas aller de mal en psy*. Un gamin analyse les ruses d'un jeu sur son portable, tandis que papa et maman dessinent à la craie de cire sur la nappe en papier. Il doit y en avoir dix qui ont leur cellulaire à la main, qui envoient des messages textes ou jouent à des jeux, qui visionnent des photos, lisent leurs courriels ou naviguent sur Internet, y en a même un qui parle au téléphone! Des amis festinent de bouts de conversations aussitôt amorcées que désamorcées; des amuse-gueule, rien de consistant, mais chacun finit par tromper sa faim, ça sert à ça, les anecdotes, les cocasseries et les petites polémiques.

* * *

Un jour que je suis disparu des radars de la tâche, que je flotte dans des rues inconnues, en état de quasi-apesanteur. Ayant traîné une partie de l'après-midi le long des voies ferrées et dans des ruelles de Parc-Extension, j'entre de confiance dans un café entasser quelques ajouts dans le carnet. Je me retrouve au sein d'une affluence d'habitués à cent pour cent venus d'autres méridiens et d'autres parallèles, affluence au sein de laquelle je fais exception, si ce n'est tache, tache pâle, il va sans dire. Je parle ici d'un désassorti de retraités, d'oisifs et de salariés en fugue, évidemment de tous âges et de toutes couleurs, qui parlent toutes les langues en même temps, mais qui ont trois choses en commun : d'être des hommes, de se morphiner de matches de foot joués aux quatre coins du monde et d'être prêts à tout pour les voir en direct à la télé, y compris à boire un café infect.

Le lendemain, jour que seul le désir de pure présence me tient debout, je retourne dans le même café où se croisent des représentants d'une douzaine de nations, dans la même agora de tables cernée de téléviseurs, un formidable lieu d'immixtion étrangère où j'aurais préféré ne pas susciter l'attention de quelques individus dont la pathologie est d'être allergique à la différence que je représente. Première fois que cela m'arrive, sans doute a-t-on repéré en moi le fureteur. Je m'accoude quand même au bar et feins de suivre un match en expert ; le sport étant le sport, on apprend vite à donner des signes d'appréciation ou d'impatience aux bons moments. Puis, à force de laisser venir, il arrive que des habitués se tournent vers moi et lient conversation. Il en est même un qui m'avoue aimer la poutine et maintenant préférer le hockey au foot ! *Et moi le football américain au hockey,* lui dis-je en exagérant un peu. Aveu après lequel la curiosité à mon égard tourne au rejet, comme si on avait reniflé sur moi une mauvaise odeur. Et je me retrouve assez vite seul avec mon café infect. Le mot *américain*, sans doute. Ou encore la dérogation à la figure du Québécois en dévot du hockey. Qu'est-ce que ça aurait été si je lui avais confié n'avoir jamais mangé une poutine?

* * *

Dans l'attente de l'heure de la dentiste, je me mouille le gosier d'une eau minérale et me rafraîchis les coudes sur le faux marbre d'un café, non sans constater que presque tout faille autour de moi, le mobilier, la décoration, les affiches, l'humeur du personnel, le déca, tout sauf un certain rassemblement de tables que des habitués occupent avec l'air entendu de ceux qui sont à leur place, qui tournent pensivement les pages du journal, qui répondent par des *hum* aux anecdotes et aux arguments qu'on leur sert pour la ixième fois.

Au fond reculé du café, un vieil homme, tête renversée, yeux fermés, se flatte nonchalamment la peau des avant-bras, je dirais en partie pour lui-même, en raison du bien que lui procurent ces effleurements, mais aussi pour les autres, car la peau, qui marque la limite de l'être, expose au-dehors le fait qu'il y a là un individu à part. Soudain lui est arraché à l'intimité un cri interrogatif, *Pourquoi?* qui l'expulse de sa rêverie. Aux regards qui se tournent vers lui, il oppose aussitôt une mimique offensante. Il va de soi qu'il conserve, dans le secret de sa chair, la bouillie d'images, de récits et de questions, qui sont les indices d'une vie vécue de l'intérieur profond de l'être.

*   *   *

Dans le renfoncement où je dois me résoudre à m'attabler en attendant que se libère une place près de la terrasse, deux jeunes gars regardent un dessin animé à la télé. L'un se prête à un sourire continu, tandis que l'autre s'adonne par secousses à des fous rires convulsifs ; il doit en avoir marre de son train-train ou avoir une sacrée appréhension du malheur pour se mettre dans un tel état de surexcitation. Entre eux et moi, mon voisin immédiat finit de manger une pomme verte qu'il est allé cueillir sur le comptoir et il récure de sa langue les moindres recoins de sa cavité buccale en s'aidant de torsions de la mâchoire. On sait ce que c'est quand on sent la présence d'un intrus sans pouvoir s'en délivrer ni même le localiser. Mon voisin se gargarise à l'eau gazéifiée et tout à coup repère le gêneur, le capture et le crachouille d'un souffle.

Au carcan dans un coin, derrière un empilement de sacs et de vêtements, figure une retranchée du monde à qui le serveur va une première fois demander si elle ne voudrait pas commander quelque chose d'autre, *parce qu'à cette heure y a du monde qui,* dit-il en montrant du doigt les clients qui envahissent le café. Et la seconde fois, dix minutes plus tard, réitérant le propos et le geste, il ajoute, grimace à l'appui : *À part ça que le monde commence à trouver que.* Et la retranchée de prestement se

93

lever : *Alors là, si y a du monde qui, pis qui commence à trouver que*… Et de remballer son barda et de quitter cette escale du collectif assoiffée de bienséance et de rentrer chez elle, là où, j'imagine, il n'y a pas à se tenir droit parmi les autres… Aussitôt la fille partie, un gars slalome entre les tables en habitué, lance son sac au lieu propice à sa disparition et s'avachit derrière une bière. Si ça se trouve, y en a qui commencent déjà à trouver que.

*   *   *

Début d'après-midi battu de bruine. À cette heure que les parures des cafés n'éveillent que des sensations fades, je m'arrête avec un ami dans un débit où la couleur dominante est l'ivoire grisâtre des sourires dans les miroirs. Ça sourit beaucoup, dans ce café, et à toute heure du jour et du soir. Dès entrant, je remarque, calée dans un fauteuil, une jeune femme en apparence repliée sur son silence, qui écoute son interlocutrice en produisant des têtes : navrée, surprise, affligée, stupéfaite. La conteuse a l'air de maîtriser ses effets. L'application de l'une et l'impatience de l'autre demeurent un long moment en contrepoids, jusqu'à un certain point de l'histoire, parce que *Là*, dit celle qui écoutait, *là, ça dépasse les bornes!* Elle frappe du poing sur la table, renverse son fauteuil et, piétinant le sol, demande qu'on la retienne, sinon elle va faire un malheur. *La salope!* crie-t-elle. *La salope!*… De qui est-il question ? D'une amante, d'une patronne, d'une supposée amie, d'une sœur, d'une mère ? *God knows*, dit l'ami avec qui je prends le café, qui a assez de ses problèmes, dit-il, pour occuper ses insomnies. Et aussitôt l'ami de diffracter l'anxiété que je lui connais en blagues délirantes sur la vie de couple, puis de me tenir un discours parfaitement au niveau et à l'équerre sur le bien-fondé de se mêler de ses affaires. Cela énoncé d'une manière qui semble ne concerner que lui, mais toujours est-il que je le reçois mal. Et alors je diffracte à mon tour ma vexation en une charge contre la coterie de la bienséance, dont les pires représentants sont comme ceux des sectes schismatiques, rigides et paranos, tous *preachers* incassables dans le for de leurs vérités ! Bon, ça, je le garde pour moi, mais n'en pense pas moins.

*   *   *

Dans l'un de ces cafés de sombres rutilances, où l'on dirait que l'ombre éclaire, un après-midi que j'attends des amis qui sont des proches — j'appelle « proches » ceux que l'on connaît d'assez près pour les considérer comme des totalités uniques. Du côté des banquettes s'éveillent deux beaux personnages… Normal, car il se rencontre ici, dans les cafés, peut-être plus à l'évidence qu'ailleurs, de ces personnages comme les romans croient les inventer, mais qu'ils décalquent seulement sans le savoir.

Don Quichotte l'enseigne : il est des hommes nés pour combattre, d'autres pour dormir ; les premiers sont des héros, les autres, disons des Sancho Pança. Voilà celui qui se présente en premier, affalé sur une table de bois, ses bras courts peinant à cercler son bol de café au lait : un Sancho, parangon du fainéant, qui prétend que le travail tue. *Vous avez vu tous ces travailleurs qui meurent!* dit-il en pointant le nez vers la une du journal, qui rapporte la mort accidentelle d'un ouvrier. Et derrière lui, c'était inévitable, une façon de don Quichotte y va d'exposés absurdes et multiplie les dégâts dans la tête des imbéciles ; malgré ses prétentions, il ne parvient pas à se constituer en héros positif.

Un peu après, l'hidalgo et le Sancho du Plateau partis chacun de son côté, une fois rejoint par mes amis, il arrive, malgré le plaisir d'être avec eux, que je n'aie d'attention que pour les gens autour : une vingtaine d'individus de part et d'autre de tasses vides et de conversations épuisées, qui semblent n'avoir plus que des soupirs et des mimiques pour communiquer, et des attitudes corporelles : des mains dormantes, des relâchements d'épaules, des têtes chues. Tous des gens de cafés tournés vers la lumière du jour, suivant une forme de tropisme, qui, vus du fond du café où nous avons nos rires et nos réparties, donnent à voir une variété de têtes, des blondes, des rousses, des chauves, des chevelures vaguées, dressées, lissées, des épaules rentrées, pointues, des têtes hautes, des cous forts... Un catalogue de silhouettes et de personnages, des Ferdinand Bardamu, des Oliver Twist, des Tinamer de Portanqueu, des Mrs. Dalloway, des Charlus, des Albertine, des Survenant, des Sophie de choix ou de malheurs, des Étienne Lantier, des José Arcadio Buendía, des Anna Karénine, des Frédéric Moreau, des grosses femmes d'à côté, des Tristram Shandy, des Oskar Matzerath, des Madame Bovary, le monde, quoi ! considéré à la pièce, qui est partout pareil, des personnages qui défendent les mêmes rôles, qui portent les mêmes drames intérieurs, ce sont les acteurs et les décors qui varient.

Mais c'est le moment de fin août que les collégiens font leur entrée, le café s'emplit d'anecdotes lancées à la ronde et de secrets transmis à un copain à la fois, et le tumulte, dirait-on, abolit les singularités, les personnages reprennent leur molle identité, ne laissant qu'un tas grouillant d'âmes interdépendantes, c'est ce qu'on appelle la foule, avec son nez de chien qui flaire les odeurs, son bruit de papier froissé, sa beauté de marécage.

Au café, l'après-midi 3

Par une fin d'après-midi de soleillée tiède, un jour que le fugitif pèse lourd dans ma balance, je m'arrête, au cœur d'une rue qu'on souhaiterait plus verte, dans un café anglophone, je crois le meilleur endroit en ville pour écouter Joni Mitchell, Neil Young, Leonard Cohen ou Peter, Paul and Mary. Il est des fois que j'entre dans un café pour la tranquillité, pour le presque vide, le presque rien, le presque zen, et d'autres fois que je recherche le culbutis de visages et de voix. C'est ce que je trouve ici.

Au comptoir, un énergumène perd ses nerfs à cause d'une matière d'opinion politique et se met soudain à refouler à coups de taloches, jusqu'au trottoir, un hilare plié en deux qu'il traite de *gonzo*. Et le rieur, bien au fait de la valeur du mot, qui renvoie au journalisme à la manière de Hunter S. Thompson, d'objecter à son juge que ses reproches sont pour lui des compliments — cela prononcé avec une affectation de je-m'en-foutisme qui le met à l'abri des attaques. Alors l'énergumène de rentrer chiffonner des sections du journal et de ressortir feindre les lui lancer à la face. Et l'autre, le genre qui sème la discorde et qui repart les mains dans les poches, de se fendre la pêche avec une assurance nonpareille, ce qui, bien sûr, met les rieurs de son côté.

Le journalisme *gonzo* propose une méthode d'investigation axée sur la subjectivité du journaliste; il incite à ne pas relater l'événement de façon objective, mais à se mettre soi-même en scène : le journaliste *gonzo* s'engage dans le sujet qu'il couvre, comme Thompson chez les Hells Angels, mais au final, il traite de ce qui lui est arrivé pendant la couverture de l'événement. Du travail d'écrivain qui consigne sur le motif bougé des faits, quoi! Et en toile de fond, le jeu des identités successives.

Autour, des habitués tiennent à leurs coutumes de bavardage ou d'introspection. Il y a ici, comme dans tout lieu de flânerie, un système de routines qui répondent aux besoins d'une communauté inoccupée et qui en régissent la vie sociale. En déroger serait en altérer le tissu. Alors, je ne remue presque pas, je veux dire pas différemment des autres, à peine pour tourner les pages du *Hour*, pour lever ma chope de café équitable, pour épier un visage qui jaillit de la foule comme une lumière. J'observe, à me concentrer sur un individu parmi ses amis, durant peut-être une demi-heure, que celui-ci présente plusieurs visages. Comme si nul, ou presque, n'échappait à ses identités successives. On y revient… Je laisse sur la table des traces de mon passage, miettes, empreintes, gouttes sèches, et la monnaie de trois dollars.

* * *

Lundi d'un gris de pierre. Jus de carotte-céleri-pomme dans un café grano aux murs lambrissés de boiseries vert lime et surmontés de quelques chromos — mais ai-je seulement regardé ça de près? Un grand café presque vide, sur la porte duquel, le mois dernier, une affichette annonçait la fermeture deux semaines plus tard, mais cela n'a pas eu lieu. J'y suis plongé dans un concert de pensées dissonantes, lorsque soudain un *Chut!* autoritaire me ramène à la réalité du café; et pourtant, il n'est personne autour. Après un temps à tournicoter, je reprends mes ruminations, cette fois sur un mode plutôt atonal, et revoilà aussitôt le *Chut!* cassant! C'est ce qui arrive quand on n'a pas le minimum de présence pour reconnaître le relâchement de vapeur de la machine à expresso: les parades de la conscience sont bientôt déjouées. Il est des jours qu'on n'a pas besoin du journal pour s'occuper, les recès de la mémoire suffisent; les archives de l'enfance s'ouvrent toutes seules. Sans doute parce que je suis né sous l'autorité des autorités (sociale, religieuse, scolaire, familiale), on dirait que ce genre de *Chut!* a pris en moi figure d'injonction permanente. Je pars d'un rire qui saccade mes épaules.

Dans la petite cour arrière qui fait terrasse, le vent brise le pépiement des oiseaux. Par la porte, j'aperçois soudain une main qui se déracine du vide, va caresser une autre main qui vient à sa rencontre, puis les deux retournent à leur vide respectif. Il y avait donc bien quelqu'un quelque part pour boire ces deux expressos.

Un lourd après-midi de clarté crayeuse et d'habitués blêmissants, je m'ancre dans un café pétré : trois murs de pierres nues, un sol de pierres plates, avec des tables, des banquettes, des miroirs profonds et un comptoir rehaussé d'halogènes qui lavent les pierres de leur lumière d'un blanc presque bleu. Un lieu un peu grave, je dirais. Quelques individus épars, chacun seul à seul avec sa solitude, comme une grappe de petits touts distincts, y lisent et sirotent, chacun dans sa bulle. Ah non ! tiens, dans un coin, un couple d'amoureux aussi seuls à deux que les autres en eux-mêmes, lisent en simultanéité le même article de journal, osent parfois des airs synchrones et à la fin s'adressent une brève grimace. C'est que l'amour est fédérateur et l'actualité, brutale.

Je flotte un long moment à fleur de conscience, un peu engourdi dans un rêve éveillé, à peine présent à la réalité pétrifiée du lieu. Par moments, quelque chose de moi semble traverser la pensée de gens dont le regard croise le mien. On ne peut pas toujours être dans l'angle mort des autres ! Puis je transhume vers le café d'en face, dans une salle ayant pour entours une exposition de croûtes toutes plus laides les unes que les autres, j'en ressens dès l'entrée une certaine gêne aux entournures. Je vais donc me caler dans un coin et me tiens aux aguets comme un chasseur, non sans savoir qu'il ne sortira rien de cet épiage.

Il y a certes en chacun un sens du monde et un sens de soi, les deux servis par des millions de neurotransmetteurs, mais il est des jours que le regard ne trouve tout simplement pas à s'ouvrir vers l'extérieur. Ce n'est pas que ce café de l'après-midi ne remplisse pas la mission d'apaisement dont il est chargé, au contraire, même le névrosé de travail y acquiert un peu de nonchalance. Chacun s'y trouve alourdi par ses bons ou mauvais temps de maintenant ou d'autrefois, selon son tempérament. Certes, il y a une certaine douceur à traînasser au milieu de cette foule morose. D'ailleurs, je suis toujours frappé par la convenance de certains établissements au besoin de me poser parfois une heure ou deux pour vivre ça. Cette tranquillité se prolonge jusqu'à ce que débarquent les après-cours et leurs joyeuses postillonnades, surtout ces temps-ci que la politique déplie son rebondissement par jour. Mon plaisir pâlit, à cause de la politicaillerie, bien sûr, alors je vais me jeter dans le ressac de dix-sept heures trente. S'il y a un ordre dans tout ça, je dois bien y avoir ma place.

* * *

Je me sentais de le consigner depuis longtemps, mais n'osais pas. Moi qui voyage par désir de l'ailleurs, je dis qu'il est des périodes où, sans être en perte de vitalité ou de courage, on ne ressent pas la nécessité d'aller oublier son quotidien sur des continents d'une autre lumière. Alors, au lieu de voguer par le vaste monde, on divague par ses jardins secrets et dans son ordinaire. Or, souvent, comme cet après-midi, l'engagement dans une telle démarche échoit au café, lieu propice pour se brancher sur la banalité. Je parle ici d'un après-midi qu'un transfini serré de faits, de choses et d'individus s'interpénètrent, et dont on pourrait bien ne pas remarquer les composantes. Un de ces jours où laisser sonner son cellulaire semble le fait d'une incontestable jouissance, outre l'indice d'un ras-le-bol. Je voudrais bien me livrer à une telle expérience, mais personne n'a le numéro du cellulaire éteint dans la poche à briquet de mon jeans !

Sous une apparence statique, une multitude de choses se produisent en même temps, cela dans la double dimension de la partie et de l'ensemble. Un jeune homme vient chercher des cafés pour des employés de bureau, qui renouent ainsi sans le savoir avec la tradition des premiers cafés moyen-orientaux, des installations rudimentaires dans des marchés, des bazars, qui se donnaient pour mission de servir les marchands et leurs clients... Quelques jeunes d'autour de vingt ans ont la bouche avide et la conversation pleine de railleries, tandis que de vieux couples ont la bouche pleine et la conversation vide... Des voisins de tables échangent des regards crispés de rhumatisants...

Au moment que je suis enfoncé dans mon carnet, un bruissement de vie se déclare, une voix insistante me somme de sortir de ma distraction : *Allez-vous prendre quelque chose?* Deux gars s'installent à une table, l'un bombe le torse dans un journal ouvert à largeur de bras, l'autre se penche pour inscrire des chiffres sur un calepin... Une serveuse voit le sucrier lui échapper des mains et le reprend avant l'impact au sol, ce qui amuse la clientèle, moi y compris... Un jeune Haïtien, plutôt sympathique dans son genre, explique à ses copains pliés en deux qu'il a décidé de laisser l'école parce que ça lui fatigue la tête… Deux jeunes femmes prennent le thé, lorsque l'une, soudain, qui s'accompagne de son bambin de peut-être deux ans, l'attrape par le fond de culotte au moment où il renverse sa chaise, et elle le gronde en lui pinçant la joue, l'épaule, le torse, et le petit rit et pleure à la fois en faisant le constat que la marge est mince entre les chatouilles et les pincements ; le petit mignon à peine remis sur sa chaise, les deux jeunes femmes reprennent leur conversation, on dirait au point exact de suspension… Alternent dans les vitrines le rampement des évadés du boulot et les bondissements des retours d'école, paradoxe pour qui sait lire la banalité dans ses grandes lignes… Les buveurs de proche dix-sept heures se massifient. Un groupe d'étudiants entrent réparer leurs forces à coups de rires et d'anecdotes ; l'anecdote, c'est la vie !

Ma tasse bue toute, je la dépose bruyamment sur la table, ce qui laisse une fêlure oblique dans la soucoupe. Je sors en douce.

* * *

Un de ces jours qu'il n'est rien de mieux à faire que de chercher ce qu'on ne trouvera pas, une vérité sur la vie, une certitude sur soi, ou de trouver ce qu'on ne cherche pas, un livre, un disque, un moment d'apaisement. Je plonge dans un café plutôt classe, éclairé par les reflets de sa patine, où je gobe, pour une somme plutôt ronde, un baba au goût de carton que la pointe d'acidité du café ne parvient pas à faire passer. Puis il arrive qu'une dame d'un certain âge entre avec la précision de gestes qu'on reconnaît aux solitaires. Elle porte un ensemble vaporeux qui laisse derrière une traînée de soie, mais un ensemble décent, comme il sied à une grand-mère de bonne famille. On voit tout de suite que la dame a conscience de son allure et qu'elle se préoccupe d'être bien visible aux yeux de la salle, tout en témoigne, sa démarche, sa gestuelle, la place qu'elle choisit au centre des siens.

La dame s'installe donc au pivot d'une famille de gens bien. On ne voit plus trop, aujourd'hui, dans les cafés, de ces personnes préoccupées de préserver les apparences du bon milieu dont elles sont issues ; sauf dans ce genre de lieu au chic suranné où, à l'occasion, tombent du passé quelques personnages bien mis et aux bonnes manières, qui, par leur seule façon d'être présents aux autres, incarnent la possibilité d'un monde courtois. Parmi eux, face à la dame, il y a ce vieux conteur qui déboutonne sa mémoire encombrée de faits des plus ordinaires, qu'il tente de faire passer pour cocasses. Il lui en est arrivé, des choses, au patriarche, des choses plates, mais pour tous les âges, qu'un grand-père peut raconter devant ses enfants et ses petits-enfants sans que les uns pâlissent ou que les autres rougissent. Seule la dame, qui connaît ces histoires par cœur, se laisse distraire, surtout par les regards tendus vers elle, qu'elle interprète comme une invitation à prendre le relais. Elle profite donc d'un entracte entre deux anecdotes pour s'emparer du *bâton de parole* et se met à raconter une péripétie avec application. Or, ce qui frappe immédiatement, c'est la file de phrases qu'on devine en attente derrière celle qu'elle prononce avec soin. Sa bouche, comme l'étranglement d'un sablier, laisse passer les mots grain par grain. Quand on a entendu cette femme parler, on ne peut plus l'imaginer que parlant. J'en aurai deux fois la preuve en quelques minutes. D'abord la famille repartie, quand elle persistera à causer tandis que son mari lira le journal ; puis celui-ci parti chercher l'auto, quand elle continuera à agiter les lèvres, comme si le flux intérieur exigeait une issue. Une solitaire, disais-je.

*   *   *

Une presque fin d'après-midi que, dans un café en sous-sol, je médite de ne pas aller donner mon séminaire du lundi soir. Debout dans l'entrée depuis une minute, un homme au regard canalisé par des lunettes épaisses, dont l'aspect mélancolique semble hurler que toute vérité est trompeuse, s'agite, secoue les jambes, marmonne à part lui des pensées qui, dirait-on, l'exaspèrent, mais soudain, il s'illumine devant quelque chose qu'il semble apercevoir à travers moi, alors il passe tout près et va s'entretenir joyeusement avec une serveuse assise à une table du fond et s'allume une cigarette et rit amoureusement, comme un homme qui la voit mieux que quiconque à travers ses loupes et qui confirme à chaque seconde son choix, et cela le rend de plus en plus blagueur, et elle pouffe et glousse et fume aussi et se masse les mollets et s'esclaffe encore parce que c'est lui et qu'il la fait rire, pour elle, ça vaut plus que la beauté, surtout à cette heure que l'éphémère du boulot n'en finit pas.

À une table, une jeune femme applique son esprit à lire

un gros roman. Trois petits spermatozoïdes genre *winners* rivalisent de fantaisie sous la table, remontant parfois siroter leur jus de fruits, puis retournant au plancher, domaine de la matière stable, s'il en est. Et ça criaille à tout va, et ça brasse de tous bords, tous côtés, mais la liseuse semble garder sa concentration et ne perdre ni une phrase ni un mot. Elle sourit parfois pour elle-même, d'un coin de la lèvre. On la dirait dans un moment de retraite aussi parfait que serait un bonheur. On ne verra cependant pas, si on néglige d'y faire attention, qu'elle reste occupée à la surveillance des petits. Par moments, elle remplit un verre sans se détourner de sa lecture ou pose la main sous un coin de la table pour éviter qu'un diablotin ne s'ouvre le crâne en remontant de son terrain de jeu. Je vois par ailleurs qu'autour les lecteurs de bédés peinent à rester concentrés sur leur case et les amoureux ne se souviennent plus des serments qu'ils allaient échanger.

Au bout d'un temps, la liseuse referme son livre en absorbant un grand bol d'air, rassemble et nettoie la face et les mains des petits, dont rien ne dit qu'ils sont à elle, et donne le signal du départ. Je la rapporte en une phrase, mais l'opération s'étire sur presque un quart d'heure. Il faut voir, sur le trottoir, une fois passée la laborieuse opération de remontée vers la rue, ces bambins se dandiner sur les talons, qui ramassant un caillou, qui se laissant captiver par un chat, chacun à la fois seul et suivant le groupe... Ce sont des petits êtres comme tous les autres, en train de devenir ce qu'ils sont en caracolant.

Dès après un moment, leur absence du café jette un dur silence sur les épures du mobilier. Même l'espace, dépouillé des voix enfantines, gagne en transparence. Il suffirait de peu pour que la sensation de paix se propage parmi les attablés de tout le café. Mais ce n'est là que l'expérience d'un instant, car il va de soi que cela ne dure pas, le brouhaha habituel reprenant aussitôt le dessus. Je parle ici d'une totalité bruissante, dont chaque fraction bruite, mais n'a de sens que dans la mesure où elle participe au bourdonnement d'ensemble et le construit. Peu importe que ça crisse ou froufroute, stridule ou craquette, clapote ou crépite, il suffit que la rumeur du café bruisse à bas bruit.

Ce café, c'est le genre qui vous harponne en presque fin d'après-midi, quand vous êtes mentalement prêt à fuir les responsabilités, et qui ne vous lâche pas tant que vous n'avez pas fait le plein de vous-même à travers le spectacle des autres, puis il vous restitue à la vie courante, juste à temps pour le séminaire.

* * *

Question de mettre d'accord ma soif et ma fatigue, je me glisse, non loin de l'université, dans une buvette crado, dont je dirais que ce n'est pas le lieu où se trouver lavé des odeurs de gras et de café bouilli! À cette heure d'achalandage, on se fait vite une idée des forces en présence, les attroupés, les solitaires, les éparpillés… Ainsi, je dois faire le constat que toutes les tables sont prises et que, le long du mur, cinq gars plus ou moins ensemble contrôlent chacun une table et une tasse vide. L'un d'eux, un beau parleur étendu de trois quarts sur une seule fesse, crayonne sur un napperon en semblant faire une leçon de choses à ses amis. Voyant que je fais tourner mon périscope en quête d'une place, il m'invite à m'asseoir avec eux, *en attendant que quelqu'un s'en aille,* lance-t-il, et aussitôt d'ajouter : *Mais soyez prévenu : ces gars-là sont des caves!* Et pour preuve, il me lance, en barbouillant par-dessus ses gribouillis : *Vous saviez, vous, que le canard colvert et le malard, c'est la même chose?* Je feins de savoir, mais en fait, peut-être même que je sais... *Eh ben, eux, ils ont jamais entendu parler de ça! Je suis en train de leur expliquer que c'est le mâle qui a la tête vert foncé, le bec jaune et la poitrine violacée, tandis que la femelle est brune, avec un bec brun, mais ça ne les intéresse pas!* Et sur un ton un peu insistant : *Les canards leur passent par-dessus la tête!* Et il me lorgne avec son rictus de farceur, et ses copains, aussi bêtes qu'admiratifs, lâchent des rires et des couacs, et à eux cinq ils cancanent comme une volée de canards. Mon empire pour une table à moi seul!

Presque aussitôt, des places se libèrent près de la vitrine ouverte. Mais je suis à peine assis à l'écart du blabla qu'un type étrange fait son entrée et que son regard d'éclair de chaleur, qui passe en revue les clients, tombe sur moi; et sans hésiter, il vient droit sur moi. Je n'ai pas commencé de débattre si je vais nouer conversation ou pas que déjà il s'assoit, me prend en otage et m'assomme d'un condensé de ses idées sur la vie. Ce qui contrevient au droit du buveur à sa propre table! Parfois, il s'arrête et sa bouche attend ouverte des paroles de moi qui ne viennent pas. À tort ou à raison, je ne réplique à rien, comme je crois alors qu'il faut faire devant un gêneur qui ne demande qu'à être encouragé. J'attends que ça finisse. Derrière le comptoir, le café bout en laissant une odeur de goudron. Dans un coin, deux gamins se débilitent devant un jeu électronique. Plus loin, un gars et une fille mêlent leurs bras comme dans un combat à l'épée ; on sent venir la craqûre du couple. Une fille, assise devant une tasse vide, parle seule en faisant des moulinets avec ses mains. Dehors, des passants gravent leur agacement dans le vent mouillé. La circulation bouchonne, les assoiffés crient à boire, le gêneur est sans gêne. Le climat est tendu, on dirait de la nitroglycérine prête à détoner. Heureusement, qui me sort de là, le vent porte soudain la pluie jusque sur moi. J'en aurais des larmes de gratitude. Je vais au comptoir régler l'addition et sors en hâte sous la pluie. Mais voici que mon type m'attend et m'accompagne. Il n'y aura que l'addition de l'université et son flegme monumental de sphinx pour le décourager. Il s'arrête net et me regarde y entrer comme si je n'avais pu échapper à la gueule de l'ogre.

L'ombre morale que nous faisons porter sur les gens toujours nous juge. Une fois seul dans mon bureau, j'ai beau me raisonner, je ne suis pas très fier de moi. Je n'en ai pas jusqu'à du repentir, mais disons un petit remords. Non pas d'avoir refusé cette rencontre, cela je l'assume, on ne peut être l'ami de tout le monde, mais d'avoir filé me cacher dans mon bastion et d'avoir peut-être donné à ce refus de rencontre l'aspect d'un mépris. Ne sais-je donc pas que tout acteur a droit qu'on lui réplique, ne serait-ce que d'aller se faire soigner ! Depuis ce jour, je croise parfois mon gêneur dans la rue, accroché à son verre en carton ; je sais qu'il ne me reconnaît pas, mais chaque fois je lui donne une pièce. Sauf les jours de pluie où je passe en trombe.

* * *

Une de ces journées de touffeur où tout concourt à laisser retomber son esprit en friche. Un jour que les idiots sont anxieux, par crainte que leur cervelle ne fonde. *Fait chaud!* On entend partout : *Fait chaud!* Merleau-Ponty a raison, cet après-midi : je ne suis pas un esprit *et* un corps, mais un esprit *avec* un corps! La chaleur m'abat, je ne parviens ni à penser ni à marcher, ni même à penser que je pourrais marcher! Je me faufile donc dans un café tempéré par un système de climatisation, un établissement au décor pondéré par des affiches d'un post-impressionnisme évanoui. Je reste là sans rien chercher, sinon à combler le vide des heures les plus chaudes, me mouillant le gosier d'une eau minérale et laissant glisser mon attention d'une curiosité à l'autre. D'une employée aux gestes de robot, qui prépare des sandwiches derrière le comptoir, à un père penché sur son fils, qui lui parle si lentement, détachant chaque mot et appuyant si bien sur chaque syllabe, qu'on croirait qu'il donne une dictée. D'un trio de filles qu'on dirait malades, avec leurs yeux de maïs soufflé, à une ado à la beauté très moyenne, mais qui me semble du type charitable avec les garçons, qui est d'ailleurs accompagnée d'un jeune gars au regard affolé. Un type sort sur la terrasse, un autre vient prendre sa place, des minutes s'écoulent, qu'on dirait toutes pareilles, puis des demi-heures entre elles ressemblantes.

Un peu en retrait, sans cesse à tournoyer la tête de droite et de gauche pour épier l'entrée, une mitan de l'âge lit un livre propice pour lui ouvrir les chakras, si je décode bien la couverture. Au bout d'un quart d'heure surgit un homme du genre à tout lui refermer, un type à grandes jambes de cow-boy, avec une face calleuse de boxeur. Je suis sur le point de noter qu'elle croise les jambes et se referme comme une huître, mais c'est tout le contraire, elle le tire plutôt au plus près de sa perle. Y a des jours de moiteur comme celui-ci où j'ai tout faux au premier coup d'œil. À se demander si j'ai bien lu les personnages précédents... Je note quand même la scène de trois jolies filles agitées par le désir de plaire, qui font ce qui s'appelle une entrée spectaculaire, avec leurs couleurs au visage et leurs attifements de chanteuses pop. Mais aussitôt qu'elles sont assises, on perçoit en elles des gamines qui ne grignotent que ce qui ressemble aux sandwiches aux tomates toastés de maman et qui se tracent une bouche de clown avec l'orangeade. De toute évidence, des préados qui ont dû mal lire la date de péremption sur l'étiquette de leur enfance...

Un autre café avec ses scènes et personnages imprenables!

À la terrasse, le jour

Sous juin, aux premières vraies terrasses. Un matin de temps couvert que ça pue le petit-déj' de bacon à l'intérieur d'un de mes cafés, je choisis de plutôt m'isoler dans le frais de la cour arrière, sur une terrasse d'attenance enclavée entre des garages et des hangars, et m'installe près d'un amélanchier qui ébroue ses clairs-obscurs dans la brise. Il s'agit d'une terrasse plaisante aux abords d'une ruelle à première vue déserte, mais qui propose une échappée sur une cour de garderie, avec son revêtement de sol vert gazon, ses installations de jeux aux couleurs vives et ses bambins presque tenus au silence par une collation. Des moineaux picorent les miettes de la veille et visent les reliefs de ma table. Après à peine un quart d'heure, une éclaircie dilatant le quartier, un serveur sort en courant essuyer les tables que convoitent des demandeurs de bols d'air et de café. Ce n'est pas long que la terrasse est débarrassée de ses miettes et qu'il ne reste plus rien pour les moineaux, qui s'en vont à d'autres restes.

Cette terrasse du matin, j'en apprécie moins le menu que la faune du jour, ses empressés de fainéantise, ses cœurs blasés, ses pas traînants, qui en constituent la clientèle de base et que le jour levant dépoussière de leurs ombres... Un vieux monsieur tout à lui-même, sans doute retourné à la profondeur de son ancienne vie. Deux amis qui disputent dans un coin, dont un qui, à chaque argument de l'autre, laisse tomber les bras sur la table dans un fracas de couverts. Un trio de baby-boomers non pratiquants, mais fiers de leurs péchés véniels. Un poète surtout connu pour sa notoriété, qui se presse auprès d'une intervieweuse. Une jeune vendeuse habillée en star du porno, qui sort aussitôt son allongé avalé. Un homme bien mis, dont les manières gracieuses laissent une impression d'apesanteur. Une jeune femme aussi difficile à lire qu'un puzzle désordonné sans sa boîte, les lèvres rousses, les cheveux mouillés, les paupières poudrées, les joues battantes, et qui, croyant avoir un assez bon fonds de santé, s'envoie trois cafés coup sur coup. Un type qui nettoie du revers de la main les raclures de rêves du vieux monsieur qui l'a précédé à sa table. Une serveuse d'une patience qui vous prend à la gorge; c'est que dans ce métier-là, on n'est jamais très loin de la porte... Finalement, je sors girer dans le quartier, question d'attraper un peu du soleil que les terrasses arrière ne peuvent retenir.

* * *

Un jour de printemps que les terrasses débordent d'assoiffés de lumière et d'air chaud. J'en ai choisi une singulière, pour un rendez-vous, agrémentée de bancs fusionnés avec des boîtes à fleurs, évidemment peu fournies en ce temps-ci de l'année, une terrasse qui fabrique ses images sans souci d'évidence. Pas toujours facile, en effet, d'y saisir l'exactitude des choses… Par exemple, est-ce que je me trompe en pensant que ce sont là, dans un coin, de vrais garçons qui se donnent de faux coups de poing devant de vraies filles faussement distraites ? Ou si je dis que des buveurs déboulent en nombre, tombent la veste et le panache et sourient au soleil, mais que quelques-uns à peine prennent le temps de s'ajuster à ce qui fonde en eux l'être du moment ?

De l'autre côté de la rue, un massif d'ombre avale peu à peu une terrasse et son bazar de tables et de chaises, tandis que de ce côté-ci, on est matraqué par le soleil et aveuglé à seulement vouloir feuilleter son magazine, comme si on avait perdu l'habitude de cette lumière. Tout le monde s'entasse de ce côté-ci, car chacun réclame sa pinte de soleil pour brunir son teint laiteux.

Près de l'entrée, un golden retriever âgé se déplace d'une longueur de retriever chaque fois que l'ombre le rattrape ; pour le reste, le jour est à la jeunesse. Une demi-douzaine d'avortons, en disciples de l'été, débarquent pomper un Coke à la bouteille, comme s'il s'agissait d'égayer le lieu commun. Des chuchoteurs s'emploient à leurs chuchoteries, des rêveurs à leurs rêveries, des menteurs à leur biographie… Les arbres du quartier, en phase de pochade préparatoire, amorcent leur feuillaison, les rues en tous sens offrent de l'échappée sur un monde possible. L'écriture hiératique des passants trace des vers libres, des collégiennes passent, les unes accrochées aux autres, qui ne semblent pas décidées à séparer le tien du mien, comme si cet engagement allait les faire vieillir trop vite. J'observe un moment, en contre-haut, sur un balcon, des fillettes penchées sur une balustrade, jouant à imiter les filles d'en bas qui croisent les jambes sur la terrasse.

La rue, d'un côté, s'étire jusqu'au point de fuite du regard, de l'autre, s'interrompt tout près. J'ai l'impression d'être au début de quelque chose. Après une demi-heure, je repars côté long.

* * *

Un de ces après-midi empruntés à Virginia Woolf que le simple fait de se sentir vivant est une volupté. Le monde des terrasses va son allure dans la continuité des jours, un soleil intermittent illumine la fuite susurrante des passants, les massifs exhalent leurs effluves odorants. Des corps occupent l'espace, des visages affichent des identités, des mains manipulent des objets, des regards se cherchent ou se fuient. La serveuse, qui remplit joliment ses contours, âpre à exiger son dû, dépose d'abord le coupon de caisse sur la table, à la française, puis la soucoupe et la tasse par-dessus — que le coupon n'aille pas partir au vent! Un habitué utilise un système de numération concrète, qui exige qu'on laisse sur la table ses bouteilles bues de jus d'orange, c'est à savoir si sa soif s'apaisera jamais. Une jeune femme met tout en œuvre pour faire une entrée remarquée en tortillant son corps levretté. Un solitaire parmi les solitaires, surtout solidaire de lui-même, s'anime toutes les cinq minutes et trace des lignes dans un cahier, on dirait étagées comme dans un poème, une liste ou une addition. Personne ne parle, même pas ceux qui sont réunis par deux ou trois; on ne peut pas toujours être en train de dire les dix mille choses du monde. Chacun semble indifférent au voisinage, mais en réalité, cette petite foule vit en symbiose.

Tournant le dos à la rue, je vois que les passants se reflètent dans les vitrines. À l'écart, des fumeurs s'abîment dans leurs rejets de fumée. Certains se trémoussent sur leur chaise, car, à compter de demain, 31 mai 2006, Journée mondiale sans tabac, il sera interdit de fumer dans les bars, les restos, les cafés. On est loin de ce que le Paris du XIXᵉ siècle appelait des *divans,* ces cafés où des canapés étaient disposés tout le tour de la pièce, de manière que chacun puisse s'y allonger à son aise, et où il était permis de fumer la cigarette ou le cigare.

* * *

Journée d'intensité chromatique. À l'heure de l'après-midi que les ombres d'immeubles étirent leurs losanges, que des individus arrivent et repartent dans la profondeur de destins secrets, je reste un long moment au plus près d'une clôture doublée de panneaux en fibre de verre, aux confins d'une terrasse arrière, sans donc rien voir de ce lieu que j'ai hanté durant des années par prédilection, je veux parler du petit monde des ruelles, qui est à la fois des côtés cour et jardin de mon théâtre personnel. Or, il est des sons qui, surgissant de cet espace hors de portée visuelle, ne se détachent pas facilement, surtout lorsqu'ils se superposent; on se demande s'il s'agit d'une corde à linge qui cornemuse ou de chats qui règlent leurs comptes, d'un bébé qui pleure des épines ou d'oiseaux qui s'avertissent de l'arrivée de gamins en vélo, de ceux-là qui font chanter le velcro de leurs blousons techniques ou de coups de boutoir du vent dans les panneaux de fibre de verre, qui annoncent comme par sémaphore la proche venue de l'orage. Je me boule dans mon coin, comme l'araignée durant la bourrasque. Je capte aussi des voix venant de l'autre côté de la haute clôture, que les images ne traversent ni ne contournent. L'oreille est pleine, mais il n'y a rien à comprendre, les mots se déchiquettent sur l'obstacle, les sucs du langage ne passent pas la rampe. Devant ce fouillis sonore inassignable, comme devant la musique, chacun est ce qu'il éprouve, quoi d'autre?

Contre mon habitude, j'ajoute un nuage de lait à mon thé, de manière à combattre les effets du tanin, puis ajoute quelque chose de sucré, mais ça, c'est pour moi, pour m'apaiser. En fait, je jette un morceau de chocolat dans ma tasse — le chocolat, autre aliment paradoxal, qui à la fois calme et excite!

* * *

Assis à une terrasse, un Marcel ou un Gérard, le genre que les néo-*peace and love* du cru jugent spontanément antipathique, attend sa femme entrée faire des courses à l'épicerie fine d'à côté, tout en tenant à l'œil sa fourgonnette parquée devant le café. Le chauffeur, c'est ce que Marcel ou Gérard fait de mieux depuis qu'il s'est mis à la retraite. Il lit le journal du matin en écoutant, sur une radio portative, une tribune téléphonique où sévissent des démagogues et des acharnés de provocation. Il sait tous les crimes en ville par le détail, surtout les plus dégoûtants, mais ne les raconte pas à sa femme, qui en serait bouleversée, mais on devine qu'en vérité il ne sait plus parler qu'avec ses chums de gars. Avec elle, il grogne. Au moment qu'on la voit revenir, les bras tendus par de lourds sacs d'épicerie, il laisse aller un retentissant *Déjà elle!* pour que toute la terrasse l'entende. Et chacun de comprendre qu'elle aussi a entendu, bien qu'elle simule le contraire, j'imagine pour ne pas exposer en public la profondeur de son exaspération. *L'écœurant!* beugle une douce jeune femme au chemisier fleuri, *Si Vincent me faisait ça, je lui arracherais les yeux!* C'est que la cruauté appelle la cruauté, qui ne se tient jamais d'un seul bord des choses. *Vous, ça vous révolte pas?* me lance-t-elle, sans doute parce que je suis le plus près de la génération de Gérard. Tout ce que je trouve à répondre, c'est *Oui, mais je ne veux pas lui donner ce plaisir.* Ni attraper sa rage froide, devrais-je ajouter, qui ne peut être le fait que d'une creuse désespérance! Je ne peux formuler cela ouvertement dans la circonstance, mais je plains autant que j'exècre ces insensibles mal à l'aise depuis toujours dans leur sac de peau.

Mais un événement ne vient jamais seul; il y a toujours, à côté, d'autres faits qui se manifestent et qui forcent l'esprit à faire des sauts quantiques. Ainsi je prends conscience de ce que la sensation de toucher s'exerce par toutes les parties du corps: le dos dans les barreaux de chaise, les fesses sur le treillis, les cuisses sur le rebord écorché du siège; les coudes sur la table; les pieds dans la bardane; les lèvres sur la tasse ébréchée; et l'épiderme qui reconnaît le vent et la pluie. Nous sommes en effet quelques-uns qui devons nous réfugier dans le café, à cause de volutes d'ondée qui aspergent nos tables. Il fait bon, ensuite, à l'intérieur, écouter tambouriner la pluie sur l'avant-toit de tôle, rythmée par les pneus qui flaquent dans les nids-de-poule.

* * *

Ce que j'appellerais une fin d'après-midi de gars! C'est d'abord l'heure des écoles : des ados passent, qui débattent, négocient, se bousculent ou font circuler entre eux un ballon de foot. Puis l'heure des bureaux : des employés s'infiltrent sur les terrasses par deux ou trois, portés par des débats moitié boulot, moitié vie de couple, avec des *Elle m'a dit que* et des *Je lui ai répondu que,* et tout devient anecdote. Sous un parasol, un athlète connu, qu'on dirait frappé dans sa médaille, offre sa bonne mine aux passants qui le reconnaissent, et même que certains lui quémandent un autographe, qu'obligeamment il trace sur n'importe quoi qu'on lui tend. *C'est pour mon fils Matt… Ma fille Caro… Mon beauf Djépi…* À un bout de la terrasse, le patron est dans tous ses états à cause d'odeurs délétères qui montent d'une bouche d'égout. À l'autre bout, des branches d'érable tombées de vétusté déparent un buisson d'aubépines des plus ramifiés, avec des épines proéminentes; la discussion va bon train, à une certaine table, sur l'ébranchoir ou l'élagueur qu'il faudra pour les en retirer. Une fin d'après-midi de gars, disais-je…

Les cimiers de parasols brillent à l'heure de presque midi que Parc-Extension affleure à son exotisme, avec son brassage ethnique, ses plats de partout, ses nouvelles d'ailleurs à la tribune de journaux illisibles. Les premiers dîneurs élancent leurs litanies et les cuisines, leurs parfums épicés. À la table voisine, un gars raconte à des amis une anecdote dont la refaçon ne manque pas de piquant; on dirait une histoire de pêche transposée dans une discothèque, une chronique cousue de câble blanc, avec des jeunes gens qui dansent en ligne la java des karmas! Au bord de la terrasse, des collègues renforcent leur sociabilité en secouant illégalement des cigarettes au-dessus du trottoir. À une table retirée où deux couples sont réunis, un gars remet un cadeau à son copain de l'autre couple, dont c'est l'anniversaire, et ça semble lui coûter. Mais n'est-ce pas justement cela, un vrai cadeau, quand on donne à son ami ce qu'on aurait voulu pour soi et que par le fait même de le donner on ne peut plus se l'offrir? D'ailleurs ça serait ridicule qu'ils portent le même t-shirt! En catimini, les deux amis s'adressent des œillades avec l'air de se dire, l'un : *As-tu vu la belle fille avec laquelle je suis?* et l'autre : *Et toi la plus belle encore avec laquelle je sors!* Cela me rappelle qu'il est des beautés face auxquelles on ne trouve pas facilement les mots qui conviennent; les mots pour boucher les silences, ça, on trouve toujours : magnifique, troublante, bouleversante… Mais que dire de la beauté qui ne la trahisse ni ne la banalise? Comment dire ce petit air, cette mine ou cela qui irradie et qui ne se perçoit que dans le secret de son émotion?

Soudain, je suis jeté à bas de mes pensées par une fille qui vient par surprise me mettre la main sur l'épaule et qui me pose sans préambule la question existentielle : *Est-ce que c'est André ?* Et qui aussitôt, aussi sûre d'elle que de moi, renchérit : *Ben oui !* Cette fille, je la connais donc, mais peut-on connaître sans reconnaître ? Je chancelle un moment sans que le moindre indice ne m'éveille à l'identité de cette personne, qui me semble pourtant familière, jusqu'à ce que, ah oui ! ça me revient. C'est curieux comme le souvenir qu'on garde de certaines personnes avec lesquelles on a à peine frayé est parfois lié à un détail, un parcours en camping-car dont elle ne se souvient même pas, car elle porte d'autres images, des images à elle, qui me construisent dans son esprit ! C'est moi… et ça n'est pas moi, bien sûr. Et tous ceux-là autour, jour après jour, ce sont eux, et ce ne sont pas eux.

*   *   *

À la terrasse d'un café-brasserie voisin d'un collège privé. Après un bang d'accident et l'altercation afférente arrivent des policiers qui tentent d'éclaircir les circonstances de ce froissement de tôle entre une Mercedes et un taxi. Les trois quarts du témoignage de la Mercedes tiennent de la vérité, mais l'ensemble constitue un gros mensonge. Le taxi raconte trois quarts de menteries, mais le tout forme une vérité, peut-être pas plus exacte, mais disons plus sympathique. Les témoins de la terrasse, qui regardaient ailleurs et pensaient à autre chose au moment du choc, corroborent la version du taxi. Chez ces gens-là, ça semble un principe : les limousines ont tort contre les bagnoles, les bagnoles contre les motos, les motos contre les vélos, les vélos contre les bottines, les bottines contre les fauteuils roulants et tous contre les poussettes, les cannes et les déambulateurs, qui sont les zones les plus défavorisées de la planète mobile.

Un peu après, je me retrouve coincé par le débarquement de retours de l'école, une bande qui, au lieu de déplier des chroniques distrayantes, parle à petits coups, avec des *fa que* et des *you know what*... Ils ont pour la plupart la bouche mouillée de colère et de jurons, ils crachent sur ce que la société prétend avoir de plus sacré, ce sont des jeunes gens qui ont plein de révolte dans le cœur et toute une vie d'adulte qui s'ouvre en eux comme une trappe. Rien ne semble vouloir se mettre en marche assez rapidement ni comme dans leurs rêves. Et ils fréquentent un des collèges les mieux cotés en ville ! Je les aurais crus différents.

À une table jouxtant le trottoir, trois garçons, distraits de leur travail de math, critiquent par le détail et à vive voix les attributs physiques d'un quatuor d'épaisses écolières comme on en voit partout dans notre société consommatrice. Mais eux-mêmes, qui exigent moins de taille et plus de poitrine, moins de culotte de cheval et davantage de jambes, qu'ont-ils à offrir, qui ont chacun dix, douze kilos en trop, des comédons plein la face, les cheveux gras et qui sentent leurs *running shoes* ? Ces représentants de la tendance Photoshop, qui jargonnent un charabia emprunté à l'informatique, fantasment devant leur *laptop*. Ce sont des adeptes de la pensée magique qui, d'un glissement de doigts, pourraient justement, s'ils osaient, modifier la silhouette des passantes qu'ils photographieraient à leur insu avec leur cellulaire plus polyvalent que jamais. Un glissement de doigts et hop! voilà que ce qui agaçait disparaîtrait de la pensée au profit d'un monde meilleur calqué sur le triple X. Mais une des grosses filles les montre méchamment du doigt, *Don't you dare take a picture of me with your little thing!* et les gars d'aussitôt remettre leur petite chose dans la poche et de retourner à leurs équations.

* * *

Des sportifs s'installent les uns sur les autres autour d'une table de la terrasse, faut voir leurs ombres empâtées se contorsionner pour trouver chacune sa place sur le carrelage. *Des bocks de bière*, demandent en chœur ces quadragénaires en culottes courtes, *on est déshydratés!* Une élégante vient près de tomber de sa hauteur après s'être pris les pieds dans les virevoltes d'un tuyau d'arrosage laissé près des bacs à fleurs, et elle crie au scandale à cause d'un talon presque cassé, ou qui aurait pu se démettre et sa cheville se tordre ou son genou, les angoissés ne manquent jamais d'imagination… J'ai un contact visuel déplaisant avec un gars assis au coin de la terrasse, qui a la main lourde sur son chien et dont la copine est enfoncée dans sa chaise.

Côté trottoir, on dirait que les passants ont décidé d'empêcher les buveurs de s'étirer en paix, qui les frôlent de si près qu'ils se prennent parfois un dossier de chaise dans la hanche, quand ce n'est pas l'arrière d'une tête dans le coude! Ah! tous ces passants, frégates, wagons et trottinettes, qui vont chacun en tête de sa cordée et qui tracent, dans l'éphémère de la cité, des parcours aussi ésotériques que les vols d'hirondelles; qui, aux carrefours, multiplient à l'infini les choix improbables, défiler tout droit, disparaître à gauche, régresser dans leurs empreintes de pas, jusqu'à tresser, par leur dispersion, les lignes de vie de leur errance; qui s'immobilisent ici et là, comme pour respirer mieux que l'éther des cages de travail, et qui respirent à fond le grand air des corridors de la cité. D'où leur vient donc, ceux-là, d'être toujours en chemin, et avec d'autres piétons dans le même confinement éternel? Croiraient-ils à une forme de destin qui les attendrait quelque part sur le chemin de croix de tous les jours? Et à quoi leur sert-il de mettre ce café sur leur parcours s'ils ne s'y arrêtent pas de temps en temps pour jouer la scène d'un rendez-vous? Préjugeraient-ils qu'il n'y a pas de rencontre à simplement s'aligner les uns auprès des autres?

✶   ✶   ✶

Octobre en septembre. La fraîche raidit les épaules, les terrasses répandent leur clientèle à l'intérieur. Je traverse en arpenteur deux paliers intérieurs pour aboutir à une terrasse, à l'arrière, réduite à une courette, un courtil disait-on autrefois, le long d'une draperie de brique et sous une ramée d'érable où les éclats de soleil viennent se casser, une terrasse à cette heure si vide que les moineaux volent à ras de terre en quête de miettes. Le bourdonnement de gros fils électriques couvre les *Sonates et Partitas* de Bach, honteusement tenues à la fonction de musique d'ambiance. Une jolie fille, seule et close en ce jardin, rêvasse au-dessus d'un gros livre fermé, son regard dérivant vers des boîtes à fleurs encombrées de mauvaise herbe, on dirait que des visions défilent dans ses yeux tendus de gaze. Je m'installe à distance, un gars s'approche à la recherche d'un coin où collationner au soleil, le serveur rapporte une bière que je n'ai pas commandée. Des chats, sur le ressaut d'un balcon, sans doute déçus par des chasses infructueuses, se lèchent le poitrail et regardent ailleurs. Le patron veut fermer la terrasse, faut le voir, qui se piète dans la porte et avertit les arrivants qu'il n'y servira plus ; mais la mesure est reçue comme vexatoire par un groupe de gens qui se disent des habitués, mais qui sont en fait des vieux fumeurs dont la cour favorise la délinquance. Je reste là une demi-heure à attendre que ça se produise, sans savoir de quoi il s'agit. Puis je repars, le carnet léger, n'ayant noté que cela, et n'ayant qu'à peine goûté un jus trop sucré.

L'heure joyeuse

Fin de vendredi après-midi que la pollution s'empile sur la pollution, nous sommes des milliers, par toute la ville, soit à trop bien savoir que nous crèverons tous dans nos rues par le mauvais air, soit à feindre que la fraîcheur d'une bière permettra d'y surseoir. Je suis à peine assis que le café s'ébranle : un paysage de piétons se forme dans la vitrine. On serait tenté de croire au lieu commun de piétons de dix-sept heures marchant tête basse, mais c'est tout le contraire, la plupart ont le nez en l'air, respirent profondément, avant d'aller se jeter dans *le grand avaloir des fatigués* — ainsi Louis-Ferdinand Céline désignait-il le métro. Bientôt les moyens de la technologie se conjurent pour effacer les ombres ; où que l'on soit, l'espace humain se voûte de lampadaires et de néons.

Mais tous ne rentrent pas chez eux. Certains, après avoir suivi des roulées de foule, viennent, tout haletants, s'étirer sur des banquettes de cafés tels des lions après la chasse et y refoulent les dernières réverbérations de la journée, leurs déconvenues, leurs vexations, leurs indignations.

Le *happy hour* a pour préliminaire un arrachement à la

morosité, d'où qu'à cette heure une bière lumineuse soit un meilleur choix qu'un café noir.

On sait que l'établissement de café a cette double fonction de favoriser la solitude aussi bien que les rencontres. Ainsi les cafés du matin et de l'après-midi sont-ils surtout des lieux de solitude ; le midi, en fin d'après-midi et en début de soirée, plutôt de rencontre. Évidemment, c'est à l'heure dite joyeuse, quand la foule s'oublie, que les solitaires semblent les plus seuls. Et parmi ceux-là, il est une espèce qui m'attriste, celle des solitaires que cette image d'eux-mêmes déçoit ou agresse et qui, feignant d'attendre quelqu'un, scrutent les arrivants, vérifient leur montre, consultent leur agenda, puis repartent avec un air abattu parmi les trombes de passants qui animent fervemment le quartier.

On dirait, à l'heure joyeuse, que les rues, comme des vaisseaux afférents aux poumons, mènent chacun quelque part, au resto, au cinéma, dans un bar, sur une terrasse... La plupart, bien que vertébrés par le souci de plaisir, sont disciplinés à la cohésion de masse : ça parle fort, ça rigole, ça rencontre, comme on dit, mais sans troubler l'ordre public. Bien qu'il y en ait toujours pour agir à la manière de ferments de désordre, par exemple ce gaillard, assis à la terrasse, qui laisse traîner ses jambes croisées au milieu du trottoir. Va y avoir de la bagarre, c'est sûr ! Mais non... La jolie serveuse lui demande de libérer un corridor afin qu'elle puisse lui apporter sa bière. Je ne crois pas que le gaillard se souvienne d'avoir déjà si vite et si gentiment plié les genoux !

Sur une terrasse à l'évent, parmi des tonnes métriques de buveurs. À une table où s'entassent des collègues de travail, des apartés s'éclatent dans un froissement d'anecdotes et d'opinions. Il en est un, en particulier, qui est pleinement à sa tâche, qui pour l'heure est de séduire. Je parle d'un habile causeur qui tisse une argumentation autour de son objectif avoué, qui est de convaincre la fille qu'il enlace de le suivre chez lui. Il répète à la volée son amour, bien que sans préciser la compréhension que postule ce mot. Il s'y prend si bien que le visage de la fille se troue de fulgurances; elle fait mieux que pencher vers lui, elle se fond de volupté. Pendant ce temps, à la même table, un garçon se tord les doigts, se mord la lèvre et courbe l'échine au-dessus de sa chope. Il a beau tout faire pour la masquer, il ne peut empêcher son amertume de venir à la lumière. Il est trahi par des regards et des soupirs qui expriment le poids d'un informulable. Difficile, dans la circonstance, de ne pas se montrer sous l'aspect de son présent.

Peu à peu, je m'absorbe dans une vision mixte, qui, à la singularité des choses perçues, superpose le halo insistant des faits répétitifs de la vie. On surprend cela, chez certains écrivains flâneurs, une forme de regard éclairé par la dualité de l'instant de perception et de la persistance d'une brûlante expérience du monde. C'est ainsi qu'à travers la lumière de la foule ils aspirent à saisir le sombre des cœurs. Ces écrivains, je les dirais, à leurs heures de flânerie, tels des archéologues qui, pour découvrir le bâti de sites anciens, en dépoussièrent d'abord l'abandon.

Café de dix-sept heures, alors que fourmillent la faune nobiliaire des artistes et le gotha de l'université, ça suinte le beau savoir et l'intuition profonde des choses du monde. Une étudiante, au milieu d'une tablée, yeux mi-clos et bouche entrouverte à la Marilyn, fait lever les jeunes zobs sous le zinc des tables. Tout et chacun est à sa place et joue son rôle, les caisses encaissent, les serveuses servent, les passants passent, les habitués sont habitués.

Ici et là, des têtes flottent au-dessus des tables et du bougé des corps, avec leurs orifices et leur centre de synapses. Des filles serrées aux coutures sortent en léchant les chambranles, suivies de garçons avec des fourches de béton. Je ne crois pas rien inventer en suggérant que ces femmes seules, à la table voisine, plus seules à deux que seules, qui discutent en pizzicato, sans conviction aucune, sont des héroïnes de romans d'amour avortés, qui cherchent à rencontrer, comme on dit, à se faire la malle avec un jeune mâle, et zing-zing, boum-boum, à se jeter dans la neuvième symphonie des amours impossibles, avec des joies et des drames, mais en tout cas avec des événements à mettre dans leur vie. Y a pas que les responsabilités et la respectabilité, quand même! Et pourtant si, semble-t-il. Elles repartent les bras vides et les mains froides. Et avec *une de ces migraines*!

* * *

À l'heure des gens qui jouent à être heureux dans les bars, les bistrots, les cafés, me voilà posé dans un débit à la frénésie austère, visage béant au-dessus d'une tisane qui m'humecte le front, à la marge d'une grappe de jeunes gars occupés à ne rien faire ; en fait, ce qu'ils font sans le savoir est difficile, et parfaitement inutile aux yeux des autres : ils s'emploient strictement à être ce qu'ils sont. Du côté opposé se jouent les retrouvailles d'amis d'enfance qui ne se sont pas revus de longtemps, *Ça doit faire quinze ans!* dit l'un. *Plus!* fait l'autre. Au bout de dix minutes de mises à jour, on entend soudain ressurgir de vieux malentendus, qui poussent des rejetons. Mais preuve qu'ils ont progressé en maturité, ils font dévier la conversation vers le hockey, qui n'est plus ce qu'il était, le baseball, qui n'est plus, le foot qui prend la place. Il y a peut-être aussi cela que, sous la rouille de l'âge, certaines convictions ne sont plus ce qu'elles étaient, ou ne sont plus, ou ont fait place à d'autres. Mais toujours est-il qu'ils commandent des amuse-gueule, un bon vin et s'occupent à rendre cette rencontre agréable. *L'amitié est la combinaison des rencontres réussies,* écrit Francesco Alberoni.

Puis mon attention est attirée par les contorsions d'un solitaire, tout près, un assoiffé dont la pomme d'Adam roule comme un ascenseur, qui épie les filles assises les jambes croisées, laissant voir en abondance du nu de cuisse, qui elles-mêmes évaluent avec envie les jeunes gars qui viennent par deux ou trois prendre un verre. Je vois que tout le monde a l'œil voyeur, dans ce café.

* * *

Fin d'après-midi pluvieux que le vent courbe les houppiers. Dans une rue nord-sud, près d'arriver à une artère transversale, je longe une vitrine de café. À l'intérieur, des silhouettes s'animent, on dirait dans un silence d'aquarium. J'y entre chercher l'abri et la paix, mais y trouve une clameur humide de puisard, à cause d'une terrasse ouverte, à l'arrière, où la pluie fait sa boue. La vitrine avant offre un charmant vis-à-vis, sous la forme d'un petit square coincé entre de hauts immeubles. Je m'attable au plus près de la vitrine, de façon à observer le square et la rue. À cette heure que normalement *tout est danse*, comme dit Virginia Woolf, on ne voit tanguer, sur les trottoirs, que les revenants du travail, des sacs d'épicerie au bout des bras, et des retours de l'école, ralentis par de lourds sacs à dos sous l'imper, on dirait des tortues. L'heure n'est pas *happy* pour tout le monde.

Puis le soir tombe et le café s'éclaire. Entre les creux laissés par ceux qui sont partis, des pelotons de jaseurs s'étiolent, quelques usagers d'ordis que l'apéro a mis en appétit frétillent sur leur chaise, des esclaves du cellulaire se rapportent au QG. Qui passe sur le trottoir, un couple d'amoureux joue la dyade des premiers jours d'amour, se scrutant par tous les bords, se bécotant, se tâtant sous l'imper. Il suffit parfois d'un rien pour que l'écoulement des choses du monde me prenne à la gorge !

* * *

Les sautes de vent et les plaintes filées se sont combinées pour former des terrasses d'automne. Les tables et les parasols ont été entreposés, laissant un peu partout des creux de béton. La routine des cafés, dans son aspect de rituel, a retrouvé ses aires intérieures, on dirait parfois des chapelles. Sauf que vers seize heures, des essaims de pratiquants commencent de tailler leur passage vers les bonnes places à prendre. S'y accumule peu à peu une excitation qui entre en phase de masse vers dix-sept heures. La chapelle est alors envahie par des jaseurs, des remueurs, c'est l'heure des agités du couchant. Des amoureux se chamaillent, des jeunes jouent à qui rira le plus fort à la moindre niaiserie, des sourds font répéter.

Le café trépide donc dans une atmosphère cool rock de cinq à sept. On voit que l'heure joyeuse convie aussi bien les derniers clients du jour que les premiers du soir, ce qui favorise les rencontres. Or, il semble justement s'en jouer une, rencontre, entre des ex peu contents de cette coïncidence. On me dit qu'il y a eu entre eux de ces conflits qui souvent s'exaspèrent, dans les couples, faute d'être résolus, chacun restant sur ses positions. Sans doute parce qu'elle est la serveuse et lui le client, c'est elle qui risque les premiers mots. Et le gars a une réplique si cassante qu'elle lève aussitôt les yeux au ciel! Mais de ciel, il n'y a pas, dans les cafés. Les cafés ne sont pas faits pour regarder au ciel. Rien de plus bâclé, en effet, que les plafonds de cafés, généralement peints d'une couleur unique, souvent le noir, pour amalgamer les solives, les fils électriques, le système d'éclairage, la tuyauterie… En fait, elle ne répond pas à cette rebuffade, c'est le lieu et l'heure de taire ses vexations et de jouer le jeu du cinq à sept! Alors elle laisse tomber son regard sur le plancher, mais ce n'est pas mieux. Rien de plus usé que les parquets de cafés, où des millions de pas se sont croisés, pour entrer, sortir, se secouer les pieds, pour chercher une place, quérir le journal, aller au petit coin, pour s'approcher d'une fille, s'éloigner d'un garçon, où des tables ont été bougées pour être réunies, où des chaises ont été déplacées pour s'attrouper ou s'isoler, pour se rapprocher de son bol ou se reculer pour lire, pour aller fouiller dans le casier aux livres, des pas de clients, des pas de serveuses, ils en font, des pas, les employés de cafés, pardevant, de côté, mais rarement à reculons comme ici.

Il va sans dire que ces scènes de mes carnets, réduites au point obvie de l'anecdote, qui déplient des faits captés en secret, en réduisent les acteurs à quelques comportements perçus par le témoignage des sens, bien qu'éclairé par mon expérience de la vie. Sans préjuger de motifs existentiels, je pourrais me demander si cette serveuse n'avait pas d'autres raisons de faire cette reculade.

*　*　*

Une heure joyeuse du début décembre qui évoque le fond des temps géologiques. Le brouillard fait refluer les passants vers leur tanière; parmi ceux qui répugnent à retourner dès maintenant vers leur télé, certains se regroupent au café, auprès d'abandonnés de leur sorte. J'y peine à parcourir les chapitres d'une bluette bien de chez nous, un essai sur notre société que certains estiment intelligent, mais que je dirais plutôt acharné à le paraître. Je cherche autour ce qui pourrait m'en distraire…

Sur une banquette, près de la vitrine, derrière les reflets irisés d'une boisson énergisante d'un bleu fluo à moitié versée dans un verre, une fillette de dix ans peut-être, formant une unité avec ce qu'elle fait, enchaîne une série de gestes qu'elle semble faire dans un ordre planifié, comme dans une pantomime, sans aucune pause ni répit : elle ouvre son sac à dos, en sort un cartable, retire deux crayons d'un coffre, un jaune et un vert, consulte un livre mauve, s'applique à noter des choses ici et là en tournant frénétiquement les pages d'un cahier, prend une bouchée de sa tartine de goûter, adopte diverses postures, se contorsionne, consulte sa montre, replace sa mèche, d'un coude-pied se gratte l'arrière d'un mollet... L'agitation de l'heure des devoirs, quoi !

Le long du mur, au milieu d'un groupe de sept ou huit, il en est une qui épie un certain garçon en baissant parfois pudiquement les yeux sur les objets de la table, mais qui ne voit que lui et pas les autres. Elle est éprise, ça se voit, et ses copines, à qui elle a sans doute livré la confidence, l'observent en échangeant des sourires entendus. Le petit monde de cette table, diraient les copines, est divisé en deux : les filles qui savent et les garçons qui, décidément, ne comprendront jamais rien à rien.

Au fond de la salle, parmi un groupe d'éméchés, deux gars déclenchent en face à face des attaques brutales, des assauts dirigés contre des absents au début, puis contre des amis assis avec eux, et l'un contre l'autre vers la fin, et c'est là que ça se gâte, quand ils s'empoignent et que leurs amis doivent les séparer. Et ce n'est pas le damoiseau qui joue au serveur qui va rétablir l'ordre ! La scène frappe d'ailleurs l'arête de son regard hébété et rebondit vers la serveuse d'expérience, derrière le comptoir, qui réagit illico et pousse dehors cet attroupement, qui aussitôt se coalise en paroles contre elle, solidarité de voyous oblige. À peine rentrée de sa mission que la serveuse se trouve face à un couple tout aussi aviné et déjà lancé dans un match d'invectives. En un rien de temps, le grand type est dominé deux à quatorze, si ce n'est à vingt, par la rondelette qui le montre du doigt en lui adressant un phylactère de mille millions de mille kâlisses. Lui, plus il parle, plus ses phrases se démaillent, les sujets roulent par terre, les compléments se désagrègent, les verbes lui restent à l'infinitif au coin des lèvres. Déconcentrés par la présence de la serveuse, ils déguerpissent bras dessus bras dessous, le damoiseau n'en revient pas !

Puis arrive la mère de la fillette aux devoirs, qui aussitôt caresse joliment la tête de sa fille obéissante, qu'on imagine florissant dans une école privée, et la félicite de s'être comportée en grande petite fille. Puis elle se laisse choir sur la banquette et exhale un soupir, avant de commander *Un thé, et puis non, tiens, donnez-moi plutôt de cette boisson énergisante…* Et aussitôt la petite de hausser d'un cran son attitude de grande fille, jusqu'à devenir presque la maman de sa maman, *Tu vas voir, ça va te faire du bien…* Et elle-même d'en reprendre une gorgée en pinçant les lèvres, puis de retourner à ses devoirs, un peu plus sûre d'elle, comme rehaussée d'une saveur ajoutée.

*   *   *

Saison de la récession des couleurs. Dans un café-bar ni chic ni bien décrassé d'un quartier qui m'a vu naître et qu'on dit malfamé. Au moment que tout semble paisible sous le zozotement des néons, un couple de cuir commence de se quereller près du bar; en fait, c'est le crâne rasé qui entre peu à peu dans une fureur verbale, sans trop laisser à la platinée le temps de rétorquer. Il faut dire que le crâne rasé a ses copains au fond du café-bar, devant lesquels il ne saurait perdre la face. Je ne sais pas si c'est parce qu'elle pressent que leur liaison est terminée, mais toujours est-il que la platinée se met à riposter. Le crâne rasé reçoit ces répliques avec son cerveau reptilien, et il attaque la platinée comme le crocodile le museau du buffle! Au bout d'un temps de cette escarmouche grandit en lui le désir de la cogner, ça se voit à l'œil nu, il la moleste par des médisances. La source n'est peut-être pas très fiable, mais on apprend qu'elle est folle et molle et plate à mort! Puis il lui tient un discours serré, qu'il résume lui-même ainsi : *Je t'ai assez vue, crisse ton camp!* Heureusement, il y a une expression raboteuse à souhait, dans le fonds populaire de la langue d'ici, pour résumer l'émotion qui s'impose alors à la platinée, et elle ne s'en prive pas : *S'tie d'chien sale!* Et elle se lève, *S'tie d'chien sale!* et, plutôt que de sortir, comme le crâne rasé l'aurait souhaité, elle va s'asseoir au comptoir et commande un *café fort comme les italiens —* sic. Alors lui : *Je t'ai dit de crisser ton camp!* Et elle : *Le café est pas à toi!* Et ainsi de suite, jusqu'à sans doute bien après mon départ. Et il n'est pas dit qu'ils ne se soient pas rabibochés dans l'heure.

Cette scène, je l'affirme, est aussi vraie que pi égale trois virgule quatorze seize, c'est-à-dire que tout est conforme à la réalité, mais pas aussi précisément que possible. Il manque toujours des décimales aux récits de choses vues.

* * *

Sur l'angélus du vendredi soir, qui sonne à l'église d'à côté, à l'heure joyeuse que la ville serre — comme on dit serrer dans ses bras — des milliers de travailleurs et d'étudiants dans ses cafés, un gars d'une maigreur osseuse vient se pencher sur ma tablée et lance les mots *poète, édition, compte d'auteur*. On l'imagine facilement muant en vers ses pulsions d'enfermement et de ressassement. J'ai sur le coup une légère grimace en réaction à son haleine fétide, mais il l'attribue à un rejet de la poésie, et comme perdant soudain le jugement, il m'arrache aussi vite l'objet qu'il me tendait ; mais encore tout aussitôt, d'une suite de mimiques, qui ne le font cependant pas s'apercevoir de sa faute, il indique aux gens de ma table que tout va bien, qu'il n'y a pas lieu de s'inquiéter, qu'il n'y aura pas d'incident. Et de s'éloigner du café sans demander excuse ni évidemment vendre un seul exemplaire. Désolé pour lui. Puis la serveuse, sans doute navrée de ma consternation, de me lancer obtusément : *Vous en faites pas, il aurait essayé de vous vendre sa merde à prix d'or !*

Pour sortir de cette anecdote d'un mot, disons que, les amis repartis, je reste là un temps à ressentir, non pas une culpabilité, mais une petite lourdeur irrationnelle qui instille un peu d'infamie dans la douceur des jours. Je suis là, au milieu de gens occupés à donner un sens au week-end qui s'ouvre, à m'interloquer de mon propre malaise. Ce n'est pas le mot *merde* qui ne passe pas, ni ma grimace, bien que je la regrette, à cause du malentendu. Le mot responsable de ce vertige, je le retrouverai en relisant ma note dans le carnet, juste précédant le mot *poésie*.

Et ils appellent cela l'heure joyeuse !

Au café, le soir

Un milieu de soirée de milieu de semaine. Une émission de télé populaire, ou un match peut-être, fait des disparus dans les cafés, mais on dit qu'ils seront de retour demain soir. Pour l'heure, il y a toute la place pour s'étendre les jambes, pour tempérer sa fatigue et tutoyer ses vertiges s'il le faut.

Le lendemain, soir d'actualités politiques navrantes, même heure, même café, cette fois très animé. Un serveur, curieux de voir la tête de l'allié du politicien qui s'en serait mis dans les poches, allume une télé sur le comptoir. La salle se divise illico en trois clans : les passionnés qui vont se river à l'écran, les indifférents penchés sur leur bock, et entre les deux, un lot d'indécis qui continuent de jaser tout en gardant une oreille sur deux pour le reportage. Ils ne s'approcheront pour s'informer des développements que s'il y a des cris ou de la gesticulation autour de la télé.

Près du comptoir, une fille feint d'être attentive au baratin du type qui lui fait face, mais on sent qu'elle n'écoute pas, la télé l'hypnotise. Soudain, le type perd patience, *Tu m'écoutes ?* et se récrie sur son inattention, alors qu'il lui dit *des choses sérieuses !* C'est qu'il y a cette dualité, au sein des habitués de cafés : ceux qui n'ont que le sort du monde en tête et ceux qui ramènent tout à leurs tracas personnels. Les uns sont rarement les autres.

*　*　*

Début de soirée, alors que je me repose dans l'ombre d'un fond de café si paisible que, lorsque le bruit des appareils s'arrête, frigo, hotte d'aération, machine à expresso, on n'entend plus que le tournage des pages de journal, les grands formats chuintant plus longuement que les petits, le froissement des jambes qui se croisent, le craquement du plancher sous les pieds nerveux. Dans une pièce en surhaut de trois marches, une gamine s'est vrillée dans un coin pour téléphoner à toutes ses copines, elle doit avoir des choses graves à raconter. Ça semble si privé et si vital que personne n'ose monter s'introduire dans son espace verbal.

Je suis, dans ce fond de café, entouré de femmes qui apprécient l'éclairage flatteur des faibles lampes de plafond. Or, il est une période d'environ trois semaines où, par la vitrine de ce café, on peut voir le soleil tombant orangé au bout de la rue. Cet événement ne manque certes pas de beauté, mais du fond du café où je me trouve, j'en dirais au moins autant de cette lumière tombant jaune sur une grappe de collégiennes au teint feuille-morte — je dis bien —, assises près de la vitrine, joyeuses et réverbérantes, qui rient dans leurs mains en penchant vers des garçons qui s'approchent à pas de loup pour leur conter des fleurettes.

La noirceur tombant, les néons des enseignes commencent de pétiller. C'est l'heure que l'éclairage des cafés s'étrécit ou se durcit, selon les cas, et que partout les conversations se torsadent petitement. Par la vitrine, on voit que les rues sont plus incertaines. Soudain, surgissant du crépuscule, tout fuyant derrière lui, un individu que personne n'a vu s'approcher entre sans fracas et demande : *Un thé à la russe.* Nul ne sait rien de cet homme, de sa vie, de ses rêves, de ses fautes inavouées, il n'est que mystère, comme tout inconnu qu'on croise. Et pour comble, sa demande de thé à la russe en rajoute à l'énigme qu'il constitue. *On n'a que des sachets de Earl Grey,* dit la serveuse. L'homme consent au sachet en secouant la tête, comme s'il s'épouillait d'une bêtise : par quel phénomène de pensée magique a-t-il pu croire que, dans ce café d'une chaîne au nom hollandais, en plein Montréal francophone, on allait le rebrancher sur son passé en lui servant un thé à la russe — cette façon de concentré allongé d'eau chaude ! Durant que la serveuse demande autour, discrètement, ce que c'est qu'un thé à la russe, l'homme laisse longuement infuser le thé, puis jette plusieurs morceaux de sucre non raffiné dans la tasse. À la fin de ce qui a toutes les allures d'un cérémonial, il verse un peu de thé dans la sous-tasse, de manière à le laisser refroidir et à mieux en apprécier le parfum avant de le boire par à-coups. *Ma grand-mère faisait ça,* dit la serveuse, *pis elle était pas russe !* Dix minutes plus tard, l'homme laisse quelques pièces sur le comptoir avant de repartir. *En russe,* prononce-t-il d'un fort accent, *le mot* pourboire *signifie « pour le thé ».* Ceux d'entre nous qui allaient partir restent un moment sur place à échanger des regards d'ignorants. Un trio d'éméchés débarquent, le temps d'un boire de café noir, puis repartent presque aussitôt, chacun dans sa direction, s'étamper dans le mur de la nuit tombée à leur insu.

✳   ✳   ✳

Soirée d'anniversaire, à ce que j'entends. Une heure avant le spectacle d'un humoriste se retrouvent au café d'en face, le temps d'une gâterie et d'un *Chère Priscilla, c'est à ton tour,* des filles aux décolletés opalins, mises comme des paravents chinois, qui activent des cils en éventail. Il est en fait un aspect des cafés, qui est de servir de point de rendez-vous. Aussitôt arrivées la demi-douzaine de filles, une à une, qu'elles se lancent dans des bouts de jasette ressemblant davantage à des flots de conscience qu'à des dialogues. On dirait des monologues hachurés, des *one-liners,* comme disent les *stand-ups* américains. Rien ne pourrait mieux les prédisposer à un spectacle d'humoriste.

Une fois le sandwich et le thé choisis au comptoir, comme je m'apprête à monter à l'étage par un escalier d'accès en pente gravement déclive, un quatuor de filles de peut-être quinze, seize ans, en jupettes et juchées sur des hauts talons, portant des cartables et des sacoches et des petits bouquets de fleurs, en redescendent acrobatiquement, et ce qui devait arriver arrivant, elles dévalent l'escalier sans encombre. La jeunesse est comme ça, qui, à tout moment, nous fait craindre le pire pour rien.

À l'étage, je tombe sur une scène qui laisse une impression de déjà-vu. Deux jeunes femmes sont attablées, l'une à la merci de sa névrose d'abandon, qui se récrie contre les hommes, *Il n'y a plus d'hommes capables de s'engager !* dit-elle, tandis que sa vis-à-vis, enrobée dans un châle, écoute patiemment les plaintes de sa copine, bien que fuyant du regard à la moindre occasion…

Un peu après, revenant du petit lieu où tous les hommes sont égaux face au mur, j'assiste à la scène d'un gars et d'une fille qui se sont reconnus dans la rue et qui viennent s'attabler, ma foi, parce qu'ils n'arrivent déjà plus à s'éloigner l'un de l'autre. La fille, pour meubler l'instant, fait le décompte de ses emplettes de disques, rappelle les faits d'armes d'un groupe rock, repère des dates d'enregistrement dans un livret ; le gars, dans le secret de sa réserve, prend un intérêt des plus tendres à tout ce qu'elle dit, à tout ce qu'elle est. Ces deux-là, ils me semblent partis pour l'aventure, mais à la vitesse de l'escargot ; ça m'étonnerait qu'ils aillent bientôt chez l'un ou l'autre s'empiler dans un grand lit !

Devant de telles scènes, qui ne sont que des tableaux dans leur fixité de musée, je respire à fond, comme le photographe qui, au moment du clic, ne craindrait pas les effets de flou.

* * *

Soir de grande fraîcheur. Je stationne dans un établissement au mobilier bancal et aux couches de peinture cloquées. Un parfum pointu intrigue le café du seuil au fond ; contrariante fusion d'après-rasage, de fragrance bas de gamme et de petit sapin parfumé accroché à la ventilation. Ça parle fort politique à la table voisine, trop fort pour que je sois tenté d'écouter. J'entends juste que ça ne manque pas de pions ni de fous sur l'échiquier du parti, et que certains cavaliers et même la reine veulent devenir roi. Durant la demi-heure que j'ai ces trois pastiches d'hommes d'affaires près de moi, il ne se passe pas une seconde où il n'en est pas au moins un, si ce n'est deux qui conversent dans leur cellulaire, et pourtant la discussion ne se rompt jamais. Il en faut des habiletés pour vivre en concordance avec son époque !

À une table, un employé, penché comme un écolier sur son cahier, s'attarde à la besogne d'un devoir comptable qui ne lui donne pas bonne mine. Puis il se produit qu'une fille corvéable se met à déterger le comptoir, elle frottaille si ardemment qu'elle ne capte pas les appels du doigt que lui lancent des clients, mais sans doute ne veut-elle pas y répondre. Le moins que l'on puisse dire, c'est que cette costaude s'y prend mal pour dignifier la tâche de serveuse ! Au moment que ça commence à sentir le détersif, elle passe de table en table faire assavoir que le café ferme dans dix minutes. Elle renverse des chaises sur les tables inoccupées, commence de balayer et s'apprête à laver le plancher.

Certes, rien ne résiste au pouvoir d'appropriation de celui qui occupe une table de café et qui en fait son lieu, sa bulle, rien, sinon la fermeture du café. Alors les clients, de proche en proche, échangent des regards et semblent murmurer en chœur : *Quoi ! Déjà !* Puis ils se lèvent et, renchérissant sur le synchronisme, sortent d'un seul mouvement, moi y compris. Pas le choix !

Je repars par la nuit élémentaire, faite de sens, de rythmes et de textures englouties, à l'heure que les commerces n'éclairent plus les trottoirs, que la rue se laisse dévorer par l'opacité des érables. Des paumés aux doigts nerveux demandent de quoi se payer *something to bite* ou un café ou une cigarette…

* * *

Aux deux semaines dans divers cafés avec des jeunes flâneurs d'exception, pérégrins joyeux qui éclairent la pénombre, en vue d'organiser un atelier de week-end en ruelles montréalaises pour les membres de l'Atelier québécois de géopoétique. Souhaitant m'apaiser avant la réunion, je me présente une heure à l'avance, mais aussitôt assis que je suis accosté par un type à l'amabilité grande ouverte, qui me reçoit comme s'il s'agissait de son propre café, alors qu'il n'est que le locataire de la table voisine. Du coup, il m'adresse une diatribe à propos d'un scandale politique qui pointe à l'horizon, sujet facile s'il en est, mais commode. Et le bonhomme de soutenir qu'il est toujours des membres du parti des poches ouvertes pour recevoir, je ne sais trop s'il dit les pommes ou les sommes qui tombent de l'arbre gouvernemental. *Suffit de brasser un peu le pommier et d'ouvrir la poche,* dit-il. Je coopère à son analyse en précisant que ce qui nous choque, ici, c'est de réaliser que ce que nous savions d'instinct était vrai. Et le voilà enchanté par cette banale répartie, je veux dire enchanté que s'ouvre une discussion avec un inconnu.

Les cafés débordent de tels causeurs tourmentés par le silence, qui se coalisent et s'euphorisent dans des roulements de mots. Aussi le bonhomme, devant mon peu d'empressement à poursuivre le dialogue, se ligue-t-il plutôt à d'autres voisins déjà engagés dans un échange d'opinions dans lequel il trouve son plaisir.

Puis arrivent mes jeunes amis géopoéticiens, qui aussitôt se tiennent en équilibre sur les pattes arrière de leurs chaises, et dans un cas, jusqu'à fracasser le piètement et à s'écraser au sol.

*　*　*

Au fond d'un café, dans une salle mi-close, je tombe sur un groupe de consommateurs de barres tendres et d'eau plate, qui ne sauraient être mieux dépeints que par leur crédulité à l'égard de tout ce qui s'écrit sous la bannière occulte. Plus c'est ésotérique et cabalistique et démesurément incroyable, plus ils y plongent tête première. Leur credo, par travers de caractère, ne peut s'appliquer qu'à ce que la majorité récuse, parce que *les gens ne savent pas...* Le succès de certaines spéculations trouve peut-être sa source dans cette conception réactive du monde. Et ils se rassemblent entre disciples pour partager leur ferveur, bien sûr sous la férule d'un guide. Le monde fourmille de petits maîtres improvisés. Nous en savons tous quelque chose. Qui n'a pas reçu les enseignements d'au moins cent petits maîtres de toutes sortes ? Des gourous de la mode, des mentors du rajeunissement, des cicérones du loisir et autres amphitryons du savoir-faire et du savoir-vivre. Facile à dire que de congédier les gourous des autres !

Un adhérent aux manières de laquais s'enquiert si je ne suis pas là pour la leçon du maître. Et il me tend un programme ressemblant à un menu de restaurant. Or, comme je refuse ce charabia, je suis prié de quitter la salle. Impossible d'y être sans en être.

* * *

Je me remets d'un cours de trois heures dans un de ces cafés qu'il m'arrive d'aimer plus que les autres, où l'éclairage du soir insère à peine quelques plissures dans le satiné des visages et des mains. Ce café en demi-sous-sol affecte l'aspect d'une tanière abandonnée, y règne une jolie tranquillité où rien ne semble vouloir s'interrompre, une forme de silence nuancé de ses odeurs et poussières, et en cela toujours incomparable aux autres silences. J'aime ces cafés en creux, presque sans vitrines, qui confinent à un type de rapport au bruit qui semble décompter la rue. Mais je me rends vite compte que cette bulle est percée de battements dans son armature, qu'elle laisse affleurer la basse profonde du quartier. Partout, de l'être s'égrappe par bribes sonores, car il n'est part de la vie qui ne soit bruissante ni part du monde qui n'en porte la résonance. Il arrive aussi, à l'occasion, dans certains cafés, que le bruit de personnes et de choses surgisse tout autant du silence primordial qui brasse la ferraille intérieure de chacun que du monde dit ambiant et de son affairement.

Que le silence porte de l'imperceptible, du non ouï ou du ouï laissé pour compte dans les failles de la réception, pas de doute là-dessus. Certes, parfois, je néglige ce qui transparaît sous la musique d'atmosphère : une respiration voisine, des pages tournées, des bruits de déglutition, des assortiments de craquements, tout ce qui, s'additionnant, contribue à ce fredonnement de fond qui est le souffle du café. Il m'arrive aussi d'oublier, bien qu'en principe ce soit mon objet même, de chercher à déborder l'écoute, à ressentir, chez l'un, les harmonies de peines réprimées ou de joies retenues ; aussi les dissonances de pensées qui fusionnent chez un autre qui défaut de lui-même ; ou l'esprit qui se heurte au non-sens chez un autre encore ; ou les soupirs de néant où tout s'effondre — sur fond de quoi se mène l'expérience de vivre.

Plusieurs mois plus tard, dans le même café...

Mi-septembre, à l'heure transitoire de la tombée du jour, dans un café au sous-sol d'une maison aux fondations de pierres érigées pour résister aux siècles, aux modes, aux générations. Une cave telle qu'on l'imagine sous les bombardements, où des gens viennent se blottir en fixant le vide ou en simulant le bien-être pour oublier les bombes de la réalité, le boulot, la famille, le manque de l'un ou de l'autre, les amours mal assorties. L'usure.

Le décorateur a coordonné la pierre, la brique peinte, les miroirs, l'ancien soupirail. Des tableaux au mur ajoutent de la couleur. Une sono passe des CD de chanteuses de jazz. Le menu offre des crêpes et la crêpière, un joli spectacle de dextérité. Des serveuses aux souliers plats rapportent des piles de couverts de la terrasse en fixant le vide ; paraît qu'elles ne doivent pas regarder ce qu'elles tiennent en équilibre. Des amis se relatent le week-end passé et planifient le suivant. Des passants se croisent en surplomb. Un cycliste en retard sur sa tournée de distribution demande à coller une affiche dans le corridor menant aux toilettes.

Ce café est installé dans le sous-sol d'une ancienne maison bourgeoise francophone. Ont dû y être élevés des enfants sages à l'allure disciplinée qui, quand même, à l'occasion, devaient lancer des cris et s'agiter en raison d'une joie ou d'une peine. On devine qu'il y avait là-haut un salon lambrissé, une salle à manger, lieu de rencontre de la bonne société montréalaise, un escalier ouvragé montant vers les chambres d'où les enfants écoutaient en secret les conversations d'en bas.

Un couple de parents discute en face à face, faisant peu de cas de la présence d'un fils de trois, quatre ans, qui ne sait quoi faire pour substituer un plaisir à son ennui ; ou peut-être devrais-je dire que pour effacer ce rejet, il cherche une occupation ludique dans laquelle se jeter avec son imaginaire d'enfant. Il tape sur la table en maintenant bien le rythme d'une chanson entraînante, mais il chante d'une voix de flûte trouée aux mauvais endroits ; aussitôt le père, d'une main ferme, d'entraver ses petits bras en lui jetant un regard conciliant nuancé de reproches. Certains parents ont le don de ces doubles sens. L'enfant pose la tête sur la table comme sur un oreiller et, tout heureux, fait marcher ses doigts dans les restes de table ; la mère le corrige et d'un seul geste lui nettoie et caresse un instant les cheveux. Certains parents ont le génie de ces doubles gestes. Je n'entends pas la conversation du père et de la mère, mais on voit qu'ils dialoguent avec émotion, on devine aussi qu'ils mesurent l'importance de ce dont ils discutent.

Je fais alterner l'observation du trio avec des moments de lecture et de distraction nourrie par les clairs-obscurs de la rue ; la serveuse distribue une resucée de son café avec un tel sourire que nul ne peut refuser. Heureusement que je suis à la tisane. Un peu après, j'aperçois que, pendant que père et mère continuent leur colloque en ingérant des restes de biscottes avec beaucoup de distinction, l'enfant a entrepris d'ériger un muret de sacs de sable avec des sachets de sucre. Rien là pour réduire le chaos des instants !

*   *   *

Dans un café, à l'heure rose. Je suis seul, cherchant à désoccuper ma pensée, à la périphérie de visages semblables à des visages connus, mais tous distincts et à peu près uniques, comme autant de variations sur une structure commune, avec peau, nez, yeux, bouche, front, menton, rides, pommettes... Étonnant ce que peut produire l'arrangement de quelques éléments variables ! Les visages, dit-on, se dévoilent à leur insu ; mais est-on si certain de les lire justement et pleinement ? Car tout visage a le don de diversité, qui exprime ceci ou cela ou tout autre chose. Comment interpréter les mines composées de l'autre ?

Est-il si certain que ce haut lieu du corps qu'est son visage condense à coup sûr une identité précise ? Et que chacun adresse sa face à l'autre comme sa signature ? Ça me rappelle ces mots de Birgitta Trotzig, écrivaine kierkegaardienne et tragique : *Le visage est l'enveloppe du langage, communique et tait, communique en se taisant.* Et Trotzig de demander : *Que vois-je, que je ne vois pas ?* Que vois-je donc, que je ne vois pas chez ceux que j'observe ? Et que voient-ils donc qu'ils ne voient pas, ceux qui me regardent ?

Il est des scènes et des types humains qu'on a vus des centaines de fois dans sa vie et même davantage, mais qu'on n'a jamais saisis au-delà de la sensation première, je veux dire sur quoi ou sur qui on ne s'est jamais risqué à mettre des mots. La solution commode, c'est d'étouffer le sens sous un paradoxe ; certains individus incitent d'ailleurs au paradoxe, comme cette jeune femme au beau visage encadré d'une tuque verte, très beau visage, mais des plus troublés, dont le côté lumineux, dirait-on, est assombri par la lumière, et la face obscure, éclairée par les ombres. Ça ne veut rien dire et ça veut tout dire.

Puis le jour tombe, les fauteuils se vident, on dirait l'entracte. Après un temps de lecture, il se produit qu'au-dessus de mon livre j'aperçois une géométrie de figures issues d'un coin sombre ; ce sont des visages sous les carreaux de verre d'une Tiffany qu'on vient d'allumer, qui réfractent des rayonnements de couleurs. En fait, c'est le moment que le café s'éclaire graduellement. Il se produit alors qu'en phase d'accommodation de l'œil des formes abstraites surgissent, comme à part du décor ; ces formes résistent encore à l'interprétation : ici une croix, une cloche, là une poire, une pyramide, plus loin, quoi? un croissant, une couronne, ailleurs un serpent, un œuf... Puis, à mesure que s'amplifie l'éclairage, le tout du café se recompose dans la pensée; les cloches, pyramides et serpents redeviennent lampes, sucriers, torchons; les parements de stuc et de moulures se rehaussent, la chaudronnerie regagne sa brillance, le miroir, derrière la machine à café, étale ses éclaboussures. Les choses remontent vers leur sens premier, les visages se reconstruisent un mystère.

Ainsi va le soir au café.

À la terrasse, le soir

Sur une terrasse surmontée d'un toit en auvent. Un soir maussade, dans un quartier plutôt revêche, à l'heure qu'il reste à peine de soleil à l'orée de la nuit. Près du trottoir, deux rescapés du travail, à califourchon sur un banc, tiennent des propos décousus sur le sport, les filles, le boss. Adossé à la vitrine, un Black décharné sursaute à chaque entrée et se terre dans son col ; et ça n'a pas l'air d'un tic pour se rendre intéressant. Plus loin, un gars semble écouter un sermon sur son cellulaire. Soudain, des voies fluent entre les assis, la terrasse est en rumeur à cause d'une fille aux traits en lambeaux prise de violents malaises, des nausées, une pesanteur de tête qui la renverse, un mal-être qui lui retire ses appuis. Je le dis avec les mots de Michaux, pour qui les drogues modifient les appuis que l'individu prend sur ses sens, sur le monde, sur la sensation générale d'être. Ce n'est pas un café qui va faire passer la saleté qu'elle a avalée par la saignée ! Puis vient une ambulance qui emporte la fille tel un paquet.

Adossé à un bac à fleurs, il est un type d'une espèce rare qui n'a pas bougé d'un iota devant cette agitation. Le genre reclus sous le panache de sa capuche, qui n'a pas

154

besoin de bâtir son intégration au monde en feignant de se soucier de ce qui se passe autour de lui, qui reste là à ne rien faire, sinon jongler, sans chercher à marquer sa présence. Il s'emploie à être et ça semble lui suffire. Je ne sais ce qu'il faut en penser, mais je note qu'une heure plus tard, dès l'affluence se déformant, il quitte le café avec l'air de croire que ça ne change rien de s'y trouver ou pas.

*   *   *

Notes rapportées de trois débuts de soirées de suite sur la même terrasse, en raison d'une épidémie de réunions et du réflexe de désinfection à l'alcool auquel je cède à la sortie.

Un quintette de filles, venues ajouter un dessert et un café brésilien à leur souper de nouilles — ce qu'elles appellent joliment *mettre le bouchon sur le thaï* —, célèbrent un anniversaire en chantonnant et en s'esclaffant à pleins poumons. Je fuis ces vociférations en passant à l'intérieur et trouve au lieu un havre de silence à peine gêné par le tranquillisant musical, mais climatisé pour cent personnes, alors que la salle est presque vide. Je me frigorifie en un rien de temps et dois ressortir aussitôt.

Une étudiante aux formes lumineuses se lève et, sans hésitation, va se pencher vers un chargé de cours de ma connaissance, seul et exténué comme après trois heures d'enseignement magistral, et lui demande, je crois, des précisions sur le travail de session. On voit tout de suite que le jeune prof est ému comme quand un homme est touché dans son imaginaire par la beauté d'une passante. À moins que, dans l'esprit du Dom Juan de Molière, la beauté ne le ravisse partout et à tout moment qu'il la trouve. Mais toujours est-il qu'il s'anime soudain, je dirais même qu'il s'allume et formule une réponse officielle, suivie de nuances officieuses, avec un sourire qui projette des étincelles. Cela rappelle qu'en physique on nomme « corps lumineux » l'objet qui offre sa lumière primitive et qui la communique aux autres corps.

Un type distingué, portant moustache fine et cravate rayée, le genre qui prononce toutes les voyelles de toutes les syllabes, incluant les muet*tes* fina*les*, résiste à se laisser dévoyer par une fille des trottoirs à la conduite licencieuse, toute en grouillements fessiers, que je dirais nue pardessus son peu de bustier et de jupette. On assiste, comme dans un dictionnaire, à l'illustration des deux sens de l'expression *cul-de-poule*.

Trois hommes mal chemisés, un soûl, un bourré et un éméché, sont poussés par un quatrième qui les fait asseoir au vent de la terrasse, un type trop sobre pour parler sensément aux trois autres, qui ne comprennent d'ailleurs rien à ce qu'il raconte; ses histoires d'épouses et de jobs leur passent loin par-dessus la tête, qu'ils ont d'ailleurs si pleine qu'il n'y a plus de place pour un seul mot issu d'une autre raison que celle de la soif éternelle. La pluie se met à tomber comme les cafés noirs leur sont servis. Pendant que des employés, à l'intérieur, commencent de balayer les mots de la journée, de décaper les images à l'eau de Javel, le quatuor se tasse sous un parasol pour ne rien manquer du spectacle de la pluie, et bientôt il tombe des cordes; le ruissellement pluvial se canalise en filets qui descendent par le trottoir jusque vers la rue dans un joli concert qu'on entend même de l'intérieur.

⁕ ⁕ ⁕

Soir lumineux et encore chaud de sa journée. Sur les terrasses, des jeunes gens dévorent les heures en boissons et bavardages. Ici et là, des amoureux en face à face font l'expérience d'une seconde d'éternité. Devant moi, une artiste, penchée sur une tablette, capte au crayon gras un angle de la rue où toute chose, à ses yeux, est fortement délimitée par d'épaisses cernures. Elle ne paraît pas se rendre compte qu'il vient près d'y avoir de la cogne et de la casse sur la terrasse, à cause d'un agitateur ! Ce n'est pas parce qu'on regarde ce qu'on voit qu'on voit ce qu'on regarde.

⁕ ⁕ ⁕

Un soir de juillet qu'un vent doux câline la brique et le béton, je choisis au hasard un lieu propice où m'asseoir dans les effluves de plusieurs générations. Je m'installe à la terrasse, près de la vitrine, d'où je peux apercevoir les passants qui rôdent entre les murs du siècle précédent. À la table voisine, une fille raconte à la serveuse, avec laquelle elle chemine vers une certaine familiarité, ses vacances dans son arrière-pays natal. Son récit, qui ne manque pas d'inspiration quant aux plaisirs de la nature, révèle des relations complexes avec une mère manipulatrice qui joue expertement de la peine qu'on lui fait et des joies dont on la prive. *C'est l'effet mère!* articule la serveuse, contente de sa réplique. Alors la conteuse, se voyant sans doute banalisée par cette remarque qui la met au rang de toutes les filles qui ont des mères, secoue vivement la tête comme pour s'épouiller de son enfance et ouvre tout grand le *Voir* de la semaine sur la table et se jette dans ces faits de culture urbaine qui semblent aujourd'hui organiser sa vie. Elle encercle des spectacles à voir, des films à louer, des livres à lire. Mais, à tort ou à raison, je ne perçois, dans son maintien, dans sa pantomime, que des signes d'une crise d'anxiété, et dans ses traits, un immense chagrin.

À d'autres tables, des idylles s'ébauchent à demi-mot, des ados discutent d'équipement sportif, des baby-boomers rechutent dans leurs turlutaines des années soixante-dix. Plus loin, sa jupe retombant périodiquement sur ses chevilles, une fille la retrousse de manière à bien faire voir l'astucieux croisement de ses jambes. Le long du mur, un vieux monsieur, l'air paisible, laisse la somnolence embrouiller ses tracas.

* * *

Dans un quartier de salles de spectacles, passé des commerces de pacotille qui en sont le porche. Le jour plonge derrière le monde, la noirceur attrape les passants. Des têtes avides s'embusquent dans la déchirure des bars et des restos de malbouffe en attendant l'heure des salles de danse.

D'autres se réfugient dans la lueur de terrasses qui débordent sur le trottoir, et aussitôt disparaissent derrière leurs conversations. On devine l'autre pente de la nuit dans le plissé de leurs yeux. Des amoureux, sur la partie sans toit de la terrasse, s'absorbent sous un ciel clouté d'étoiles, au milieu duquel un crochet de lune saillit comme un *piercing* à la lèvre. Un vacillant du soir s'arrête à toutes les terrasses et jure que, contre un don de cinquante cents, il ne boira plus jamais que du café. À une table, des filles se laissent affrioler par des gars qui passent et repassent en cortège sur leurs échasses, tandis qu'à une table voisine des garçons sont échauffés par des passantes qu'ils n'appellent pour l'instant que de leurs vœux; et ces deux tables restent étrangères l'une à l'autre, comme s'il importait davantage de jouer à chercher que de trouver. Des ricaneux se désaltèrent à des blondes en rêvant à celles qu'ils n'ont pas. Et ça dure ainsi, de scènes en tableaux, jusqu'à ce que la nuit se mêle aux terrasses, et je ne parle pas du soir et de sa noirceur scintillante, mais de la nuit aux rues désertes et aux fenêtres noires, aux tables empilées et cadenassées et aux chaises rentrées, nuit de chats errants, de grincements du dedans des choses.

* * *

Un automne dont chacun parle comme d'un cadeau. Il fait si beau temps qu'on pourrait se méprendre sur la date d'arrivée de l'hiver. L'éclairage des rues étant en panne, le jour tombant jette ses ombres sur les vitrines, qui se transforment en trous noirs ou en phosphorescences.

Devant une salle de spectacle, des couples font sagement la file, comme des chiffons sur la corde à linge. Dans un établissement plutôt clinquant, des baby-boomers se laissent émouvoir par une vieille version de *Take Five*, du Dave Brubeck Quartet, qui leur rappelle le temps de leurs premiers cafés, dès après le milieu des années soixante. Et ma foi, j'en suis! Tout serait dans l'ordre de ce lieu propice aux rencontres si l'atmosphère n'était pas rabattue par un couple qui sort étirer une engueulade sur la terrasse démeublée. Lui : le genre de gars qui est ma bête d'aversion, un intimidant qui cherche à faire de sa carrure un pouvoir. Elle : je dirais une ex-épouse revenue de tout. Tandis qu'il frappe du pied sur une boîte à fleurs, on l'entend, elle, malgré la musique, répéter en boucle, avec une rage de couteau entre les dents : *T'es plus mon mari, je fais ce que je veux!* Une cliente irritée par l'insistance de l'ex-mari se met le nez dans l'embrasure de la porte et lui adresse sa façon de penser : *Laissez-la donc tranquille, si c'est plus votre femme!* Et alors une gueulée de s'engager… Certains habitués viennent de se trouver un événement à commenter, et qui sait s'ils n'en reparleront pas durant des jours? Le café est aussi cela, un lieu social qui génère ses événements et qui en diffuse les retombées.

* * *

J'en ai fréquenté, des cafés, avant d'y prendre des notes sur le motif : cafés lustrés, cafés mats ; cafés tapageurs, cafés murmurants ; cafés poudreux, cafés translucides ; cafés jupes paysannes, cafés jupettes; cafés ruineux, cafés équitables; cafés de gauche, cafés-restos-bars; cafés d'intellos, cafés de gros bras; cafés spacieux, cafés intimes; mais un café-lounge en sous-sol, c'est la première fois. On y consomme du narguilé en écoutant du swing de petites formations, de type *easy listening*, du jazz apaisant connotant la joie et l'élégance dans une cavité humide.

Je l'aperçois, elle, en premier, qui descend sur la terrasse avec précaution : une gamine de tout au plus seize ans portant un nourrisson à peine venu à la lumière du monde; puis l'homme qui l'accompagne, un bien pansu à la langue bien pendue, avec la mollesse ordinaire aux chats, qui lui parle de si près, sur un ton si déférent, qu'on dirait qu'il va mettre un genou par terre. Elle s'enfonce dans un fauteuil, lui s'assoit sur le bord, comme un skieur en position de recherche de vitesse. Difficile à dire s'il s'agit du père de la gamine ou du bébé. Fragile et résistante fleur d'edelweiss, la jeune mère renifle ses sanglots sans jamais répondre aux arguments de l'autre. Tout ce que je vois, c'est que sa silhouette, son regard, tout en elle pose la question : est-ce bien cela qu'il faut faire? Lui, donnant peu à peu accès à un visage de plus en plus vrai, je vois qu'il souffre comme un animal la patte au piège. Puis le bébé, petite faille entrouverte sur un grand souci, se met à pleurer! L'être humain est ainsi fait que dès sa bouche percée, il crie aux quatre vents pour qu'on écoute sa volonté; mais il arrive qu'il s'exprime de sa voix fêlée pour matérialiser la peine qu'il perçoit autour de lui.

La scène, malgré le tourment qu'elle porte, est illuminée de sa beauté intérieure, comme on en voit parfois aux choses qu'on ne comprend pas, mais qui nous bouleversent.

*　*　*

Au registre des anecdotes et béatilles. Début de soirée de symphonie pour silence et ramages d'oiseaux, sur la terrasse arrière d'un café de quartier qu'encastrent des hangars et des palissades, avec de la vigne grimpante en fond visuel. Règne ici cette solitude particulière, quand, à huit ou dix dans un lieu refermé sur lui-même — on se croirait presque à l'intérieur —, on est les uns pour les autres exclus par le principe du *chacun dans sa bulle*. À un certain moment, je suis le seul qui parvient à survivre sans gadget électronique, ordinateur, iPod, téléphone, à part un couple, tout au fond, qui discute en se cherchant les mains. Les autres sont seuls, certains en attente, mais pas tous, je crois.

Puis vient l'heure qu'en août les gens des terrasses se vêtissent d'un coupe-vent — oui, je sais, *vêtissent* est difficile à défendre, comme le dit Gide, et *coupe-vent* est le calque de *windbreaker,* mais il arrive que ça ne puisse se dire autrement, que *vêtissent d'un coupe-vent* soit plus juste parce que plus près de la langue des gens qui se vêtent d'un blouson sans le savoir. Le mot correct est parfois impossible, disait Sainte-Beuve. Qu'on demande aux Québécois ce qu'ils pensent du mot *congère,* ils répondront que chez eux, il y a plutôt des bancs de neige, qu'on gère certes à la pelle, mais ça c'est autre chose…

Une petite affluence bien vêtue s'ajoute donc pour le repas, à commencer par un rougeaud qui s'installe à la table voisine, qu'on dirait plutôt sympa, et qui, aussitôt assis, pianote des ongles sur la table de tôle au rythme d'une musique qu'il est le seul à entendre dans ses écouteurs. Quelque chose, un profond chagrin, sans doute, semble avoir imprégné son visage vultueux, on le dirait empêtré dans le barbelé de mauvaises pensées, mais pas au point d'en faire une douleur. Il a ce petit sourire des gens à qui la musique rend la vie supportable.

Puis débarquent une maman et deux fillettes de peut-être trois ans, sa propre fille et sa meilleure amie de la garderie, il n'est pas long que toute la terrasse le sait, la propre fille étant une véritable pie à la voix flûtée. Je ne sais si c'est pour échapper au caquètement des fillettes qui devraient être couchées à cette heure, mais toujours est-il que la maman multiplie les appels sur son cellulaire. La serveuse, pour couvrir le tapage des fillettes, met en marche un CD de musique du monde, qui aussitôt se mêle au grognement ambiant des conversations. Ce fond sonore est par secousses déchiré par des stridulations de cigales, qui remplacent les chants d'oiseaux, des éclats de rire de la mère au téléphone, le pépiement gouleyant des fillettes occupées à jouer à la madame et au restaurant. Une vibration d'air vient de la gauche, un homme tente d'entrer en communication avec les cigales en imitant leurs stridulations. Je ferme les yeux pour capter en aveugle l'animation de la terrasse, puis tente l'expérience de plutôt me boucher les oreilles et constate que sans les voix et les bruits usuels, l'activité humaine paraît absurde, et burlesque !

*   *   *

À l'heure de fin d'été que les ombres fraîches commencent de nous rattraper, je cherche à m'alanguir sur une terrasse à l'allure de frigidaire la porte ouverte, avec sa petite lumière et ses plats de la veille. Un ruban de passants de toutes les formes défile au plus près, sur le trottoir. Les quarts d'heure se tirent et retirent, se poussent et repoussent. La pleine lune passe derrière le houppier d'un érable se défoliant, puis tombe dans un trou noir ! *T'en fais pas*, dit le serveur à l'ami qui en fait la remarque, *elle va revenir demain soir.* Et d'ajouter, d'un faux air savant : *On y pense jamais à ça, mais elle est toujours là, la lune, même quand ça n'y paraît pas.* Puis de se péter métaphoriquement les bretelles. *Clic ! clic !* fait-il avec la langue. *Tu devrais donner des cours du soir*, lui lance l'autre. *Qu'est-ce que tu penses que je fais ?* de répondre le serveur. Il y a parfois quelque chose de troublant dans la complicité de gars riant entre eux, et pour eux seuls, dans l'intimité d'une amitié qui ne cherche même pas à se reconnaître.

De l'autre côté de la rue, la silhouette d'un passant perce l'ombre d'un immeuble, disparaît trois longues secondes, puis en ressort comme si de rien n'était.

Au café, l'hiver

Au voisinage de l'hiver, en ce temps froid de juste avant la Noël que certains renouent avec le sentiment que leurs proches comptent autant qu'eux-mêmes. Dans une rue de petits commerces, sous le surplombement d'enseignes et de marquises, trottinent à l'étourdie des magasineuses en retard sur leur quota d'achats. Ça galope dans tous les sens à la recherche d'un petit quelque chose de sympa pour témoigner d'une bonne pensée. Premiers flocons fouettés par le vent, dit la météo, qui, perçus du vestibule d'un café, composent un joli tableau paysager.

Sur les banquettes latérales, assis en solitaires à côté de leur manteau en boule, des hommes et des femmes occupent toutes les tables. Je les connais assez pour savoir qu'ils n'attendent pas que quelqu'un arrive ni même que quelque chose se produise. Ils attendent au sens le plus absolu, assistant et participant au passage du temps, cramponnés à des vagues d'images, de pensées, de souvenirs… Cela rappelle Nietzsche en villégiature à Sils-Maria : *Ici j'étais assis, attendant, attendant, n'attendant rien.*

Je suis à peine établi au beau milieu du café que deux mamans chargées de paquets et suivies de deux fillettes font une entrée remarquée, se secouent les bottillons et commandent des baguettes grillées, des œufs, des jus *et deux grands cafés!* L'une des petites, à peine sortie de sa combinaison d'hiver, à peine décapuchonnée, se voyant refuser d'ouvrir les paquets, hésite un moment entre se rouler par terre de colère et crayonner avec sa copine. Finalement, elle choisit de dessiner et, après dix minutes, exhibe le portrait d'une maman sans bras et maculée de confiture. *J'ai bien peur que ça ne fasse que commencer,* dit la mère à son amie, qui hoche d'abord de doute, puis dans le sens positif. J'imagine qu'elles savent que les blessures d'enfance continuent de réclamer réparation à l'âge adulte. La mère se couvre les épaules, ses bras disparaissent sous le manteau.

Les haut-parleurs versent des harmonies de musique nouvel âge, c'est rose et sucré et volatil et lénifiant, on dirait la pilule du bonheur en version CD. Dehors, le temps sort de plus en plus de ses gonds. Je m'abandonne au plaisir d'une bédé empruntée au casier aux livres et m'enlise dans une aventure policière.

* * *

Comme je me glisse dans l'indolence sédative d'un café tombé endormi en milieu de journée, la radio annonce que, compte tenu du facteur éolien, on ressent le froid, cet après-midi, à la hauteur de moins 24 °C. *Plutôt moins 26 °C,* renchérit le garçon qui m'accueille et qui m'a l'air du genre capable de discuter les choses jusqu'au niveau de la pincée de sel! Il s'agit ici d'un café chic où l'on cultive le charme discret de la courtoisie, un espace exaltant la gamme des gris, avec des murs de pierres et des carreaux d'ardoise, un comptoir anthracite, des miroirs, des banquettes cendrées, un décor dans lequel se fondent des serveurs poivre et sel, le grisaillé de leurs habits et leurs visages blafards de février, et jusqu'aux lueurs acier de l'hiver dans les fenêtres. Là où les clients sont absents, des halogènes écument des ombres rases au-dessus de tables design dans le ton de tout le reste.

Mais je me heurte à cette idée que la première impression d'un café n'est pas toujours la bonne. Je me souviens qu'avant sa restauration la chapelle Sixtine exigeait une accommodation de dix minutes avant que le chef-d'œuvre ne se mette à l'œuvre. Soudain, donc, dans ce café gris, une femme capée de rouge, chapeautée et bottée dans des colorations assorties, fait son entrée. Elle s'attable vers le milieu du café dans une posture en arêtes et agence son corps en à-plats de couleurs dans le demi-jour. Cette femme de la proche quarantaine a le don de ranimer les lumières abandonnées aux ténèbres : la tôle des machines à expresso balance soudain des reflets éclatants, les tableaux se bombent sur les murs et bavent des couleurs vives, même le serveur s'allume. Il suffit parfois d'une étincelle pour attiser le brasier.

Un peu après la femme servie, un homme entre résolument, se dirige vers elle, qui aussitôt partage avec lui son assiette de nachos. Il commande une bière en claquant des doigts, et ils se mettent à discuter sans retenue, comme si la courtoisie n'était plus d'usage entre eux. J'ai toujours été gêné par ces gens qui, dans le déclin du rapport amoureux, se jettent des réparties à la face sur un ton blasé ou indélicat. Mais bientôt ils se lèvent d'un bond et sortent bras dessus bras dessous dans la poudrerie, traversent la rue et s'engouffrent dans l'immeuble d'en face pour faire couler des lotions apaisantes, c'est sûr. L'indélicatesse n'abolit donc pas tout.

Au fond de la salle, une jeune empressée commence de retirer les nappes et de les jeter en tas dans un sac-poubelle, tandis que sa patronne en étend de nouvelles, on dirait une sacristine. Elle déplisse le tissu du tranchant de la main, ajuste le débordement par rapport à la traverse médiate des chaises, puis y dépose la salière et la poivrière et fait de la serviette un ouvrage d'origami. Une opération machinale, mais aussi un cérémonial.

* * *

Un café relié à un bar et tout à la fois séparé de lui par un seuil. Du bar, on tombe d'une marche dans le café, et je suis prêt à soutenir qu'on change de monde. Un jour de début janvier que le vent et le froid ont établi leur suprématie, mon attention y est captée par une femme qui porte un très joli fond de beauté, malgré les signes d'une certaine tristesse, un je-ne-sais-quoi d'émouvant qui, en soi, est plus séduisant que la beauté juvénile de son ado, déjà fringuée et fardée en femme. On entend d'ailleurs la maman qui s'inquiète pour sa fille en phase de passion pour les vogues et les griffes, ce qui présage un tout-à-l'égout des valeurs, dit-elle en ses mots. Elle s'alarme pour cette gamine qui clopine d'une vilaine démarche, à cause de bottes mal conçues qu'elle porte pour se donner une allure de star. *Comment peux-tu ne pas tomber de ces échasses!* Elle s'épouvante pour sa colonne vertébrale contrainte à des contorsions d'équilibriste! Oublie-t-elle qu'à cet âge elle n'a fait ni mieux ni pire et qu'elle y a sur-vécu? À moins qu'à travers des détails de mise et de mode elle ne parle d'autre chose... Comme quand elle dit *Le maudit temps qu'il fait!* et qu'il me semble entendre *Le maudit temps qui fuit!*

Il est des jours que je n'ai pas envie de me laisser prendre par les abysses de telles scènes, alors je quitte ma place et me dirige vers le bar, où deux gars au parfum de laine mouillée accostent une blonde au teint de skieuse. Je me fais aussitôt l'observation que, côté bar, les voix fusent davantage comme des instruments de musique qui accor-déonent des dialogues, saxophonent des débats, percus-sionnent des jurons... J'ai perdu l'habitude.

*   *   *

Une neige mouillée verglace les pare-brise dans la lumière d'un matin jaune. Des passants empaquetés dans de grands manteaux, cinglés dru par ce quasi-grésil, vont de gauche à droite ou de droite à gauche, on dirait les mêmes cherchant une issue. Là où je petit-déjeune, des mots zézayés s'égrènent entre les temps forts de toux d'ar-rivants et d'aboiements de rieuses. Tous frissonnent, sauf les deux qui s'embrassent et se frottent.

C'est ici un de mes cafés préférés, qui porte le souvenir évanouissant d'une boutique de vêtements féminins. Des fantômes de magasineuses d'autrefois fusent des fissures du temps qui les a absorbés et furètent parmi les tables et les déjeuneurs, tandis que les clients du matin creusent leur place parmi les comptoirs et les présentoirs de gaines et de robes de nuit aux fines passementeries. Ça me rappelle Giono qui, au début de *Noé*, imagine ses personnages d'*Un roi sans divertissement* se déplaçant dans son bureau. *Monsieur V. est venu vers moi, il a traversé ma table; ou, plus exactement, sa forme vaporeuse a été traversée par ma table.* Les spectres de magasineuses sont ainsi traversés par les buveurs stationnaires et leurs piles de manteaux, par les tournoiements de pages et les levées de bols de café. Ça sert parfois à ça, les cafés, se reconnecter aux temps qui se croisent en nous.

J'apprécie particulièrement qu'on puisse, dans celui-ci, s'installer dans un nimbe d'arabica et de chansonnette et, sourire imperceptible aux lèvres, tandis que derrière roulent des babils, regarder tourbillonner la neige dans le vent, se débattre les piétons que la circulation exaspère et se laisser engourdir par la chaleur tombant des bouches de soufflage d'air. Ça sert aussi à ça, les cafés, se pencher sur ce à quoi on échappe.

* * *

Je croyais maîtriser les entours de l'université, mais je ne connaissais pas ce nouveau café d'une chaîne à la mode où l'on mange des sandwiches épais comme des annuaires téléphoniques. En fait, ce local commercial, j'aurais continué de le croire inoccupé, n'eussent été certains éclats perçus un soir d'hiver que je passais devant sa vitrine. Des visages de jeunes femmes rieuses en étaient la source, dont la joie m'a happé au moment que je peinais contre le vent pour me rendre à mon parking. Il arrive parfois, quand on se sent comprimé dans sa torpeur, que la joie des autres nous tombe dessus comme un ravissement. J'y suis entré le soir suivant, dans ce café, et m'y voilà à me décrocher la mâchoire et à me sucer les doigts pleins de sauce piquante.

Sur ma gauche, une discussion de couple semble tourner à la brouille. Je n'entends pas ce que dit le garçon, mais je vois à ses dénégations de la tête que la fille reste d'une autre opinion que lui. On sent chez eux le désarroi des couples où alternent les crêtes et les creux de vagues. Elle remonte sans cesse son manteau sur ses épaules et le laisse peu après tomber. Soudain, sans doute jugeant qu'elle cherche à lui en faire accroire, il lui demande d'en rabattre d'un vibrant *Kâlisse! ça va faire!* qui casse d'un coup l'effet lénifiant du jazz d'ambiance. Elle se recouvre les épaules. Des clients se dirigent vers la sortie, d'autres font une entrée discrète et vont se jeter dans un coin, les amoureux n'aiment rien tant que les recoins. À un certain moment, on dirait que c'est elle qui cherche à le convaincre d'une vision des choses qu'il refuse obstinément. Elle voudrait se recouvrir les épaules, mais elles sont déjà sous le manteau. Cela dure un long temps, disons jusqu'à tout bien mâché le gros sandwich. En fait, jusqu'à ce qu'ils se touchent, je crois d'abord par mégarde, puis qu'ils se prennent carrément les mains. Et alors les deux de cesser d'un coup de récuser les allégations de l'autre, comme si une impérieuse force amoureuse leur dictait de se raccorder. Le plus grand espoir des hommes et des femmes n'est-il pas d'amour? Elle a chaud, elle se découvre; on la sent proche de tomber le chemisier!

Sur ma droite, sous un éclairage plutôt fade, un type qui a gardé son manteau d'hiver respire si fort qu'on dirait qu'il ronfle. De quel sommeil éveillé dort-il donc? Le garçon finit son quart de travail et on sent qu'il en a assez. Comme je passe à la caisse, il jase avec son collègue du comptoir, tout aussi démotivé que lui, l'un arguant de l'hiver qui n'en finit pas, l'autre de ses travaux d'université qu'il n'arrive pas à compléter. Le soir se referme, la nuit se tient d'aplomb dans le froid.

* * *

Une fin d'après-midi d'hiver, je me trouve au café comme qui serait là exactement chez lui, parmi des individus corrompus aux idées du *cocooning*, tous installés isolément à leur table dans la posture du mélancolique ou du fatigué chronique, et tous tournés vers la vitrine dans laquelle il semble que chacun conçoit son propre paysage. Mais aussitôt assis, c'est une scène intérieure, je veux dire intérieure au café, qui capte mon attention…

À la table voisine, une fille reçoit ses trois sœurs pour un brunch d'anniversaire. Elle rechigne un peu à sa tâche d'hôtesse, peut-être parce que ses sœurs, qu'on suppose venues de loin pour la circonstance, ne paraissent pas à l'aise dans ce lieu où les plats ordinaires portent des noms exotiques. Mais peut-être aussi parce qu'il n'est pas si aisé de renouer avec un monde qu'on avait choisi de laisser derrière soi. Ce n'est donc que peu à peu qu'elle trouve sens et joie à l'échange d'informations et de souvenirs, l'idée de telles retrouvailles étant d'accorder une valeur à mille choses vécues et d'abord à sa propre vie. Et au bout d'un quart d'heure, la voilà allumée, qui rigole aux anecdotes de famille, qui demande des nouvelles des uns, des autres. On devine qu'elle bavarde ainsi pour retrouver l'ordinaire apaisant des heures auprès des siens. Y a des jours que le café est là pour ça.

Après un temps de distraction, reconsolidant mon attention, je découvre que la fêtée est aussi du genre qui ne se laisse pas contester, qui défend férocement certains de ses choix, ses études louvoyantes, ses amours de service, ses séjours en Asie, à quoi ses sœurs ne comprennent rien et qui est pourtant sa manière d'être en ce monde. Et il y a ceci que je dirais émouvant, si du moins mon interprétation est juste : il me semble que, par cette réunion, la fêtée retrace en elle-même le passé et tout le reste qui la lie à jamais à ses sœurs et qui n'est pas sans lui rappeler que cela fait partie d'elle.

Après une heure d'échanges animés, au moment qu'on les dirait porteuses d'un grand désir de se maintenir en état de retrouvailles, les quatre enfilent tuques et mitaines et donnent le spectacle de leur départ en copines joyeuses. Elles montent dans un taxi et disparaissent sous un panachage de pénombre et de neige folâtre. Je devine qu'elles vont se consteller dans des lieux de boire et de musique ; il le faut bien si elles veulent se construire une nouvelle strate de souvenirs en commun.

* * *

Après-midi d'hiver comme dans une boule de verre bien brassée. Par ce temps qu'il fait sur la ville, rien de plus confortant qu'un chaud café dans un chaud café, où la chaleur contraint à une hyperattention à soi-même et à son bien-être provisoire. C'est une sensation très curieuse que d'être, de se savoir et de se sentir seul dans un lieu public, qui sont quand même trois choses! Surtout quand, comme ici, le café est vide et que la serveuse est inapparente, parce qu'assise à lire derrière le comptoir. Aussi quand une enfilade de glaces démultiplie l'impression d'espace inoccupé et que l'écho des craquements de la chaise en rajoute. Et que la vitrine placarde un espace enneigé que seule la poudrerie traverse.

Mais c'est pour moi jour de nez bouché et de gustation impossible, j'en laisse la moitié dans l'assiette et dans le verre. Le jour se déchire peu à peu, et dès passé seize heures, le soir s'installe sur fond de neige. Le café semble encore plus confortable. La tempête cause un désachalandage des rues, surtout à cause du déneigement négligent. Quelques piétons, penchés vers l'avant, se croisent en se remontant le collet, deux ou trois à peine entrent au café. Les bonnes conditions étant réunies, je me rhabille et vais jouer, par la diagonale d'un parc, à traverser les ondulations du paysage nordique.

* * *

Dans un étroit café où une lumière douceâtre atténue les rides, bâche la pâleur, met de la poudre aux yeux et embellit presque tout le monde. De la rue, par ce gros temps de neige, la maille d'échantillonnage de l'image, son pixel, dirait-on, sa plus petite surface homogène, c'est le gros flocon, qui trame le paysage de façades et d'arbres d'un pointillisme à la Pissarro. De la vitrine du café, cependant, ce sont les coulures qui imposent leurs motifs, les coulées extérieures et les dégoulinades intérieures, créées par deux fillettes qui dessinent des soleils et des cocotiers dans la buée, qui aussitôt se délient comme des rêves au matin. De ma position, au fond de la salle, en plein vis-à-vis de la porte, je discerne une suite de marques laissées sur le carrelage par les bottes souillées de calcium; la lumière rasante y révèle en fait une piste tracée par des milliers de pas au long de l'hiver. Les cafés abondent en sentiers, suffit de voir comment les arrivants se dirigent entre les tables pour atteindre celle qui sera un moment la leur. Premier sentier à droite après la grosse fille, deuxième à gauche le long du mur, jusqu'à la table du fond...

* * *

Un café comme tous les cafés, avec un corridor, au fond, bordé d'affiches annonçant des spectacles, qui mène à un escalier, qui à son tour s'enfouit dans la croûte souterraine, jusqu'à ce que des représentations de paysan et de paysanne, sur des portes, séparent les hommes des femmes. Comme j'en remonte, j'assiste à l'entrée en scène de trois baby-boomers qui portent beau sous leur chapeau de fourrure et dans leur manteau d'aventurier, qu'ils retirent d'ailleurs aussitôt rentrés, ainsi qu'une laine polaire, puis un autre vêtement technique et qui finalement dévoilent, sous un maillot serré, des *six-packs*, comme aiment à dire les jeunes, mais qui semblent avoir dérivé comme les continents et s'être accumulés en mottons au-dessus des hanches, et qui ont changé de nom pour *grosses poignées d'amour*. À la manière d'un prof de géo la baguette sur la carte au mur, je décris la scène à mes codéjeuneurs, non sans zipper à moitié ma veste polaire.

Soudain, une petite chose de cuir et de poil, suivie de je ne sais quoi au juste, fait son entrée. Une fois dégagée de son manteau, de sa tuque et de ses mitaines, il tombe de la chose un joli personnage de princesse endormie, que quelques princes locaux s'offriraient volontiers à réveiller de la manière dont c'est décrit dans les contes. Mais le problème, c'est qu'elle s'escorte d'une espèce de Cthulhu, avec sa tête de pieuvre et ses ailes fibreuses, et sûrement une voix de Metallica en concert! Et l'embarras s'épaissit lorsqu'elle saisit de ses petites mains la face de son monstre cosmique et l'embrasse amoureusement. Elle lui murmure quelque chose à l'oreille et j'imagine qu'il lui répond d'une voix de berceuses de Brahms, peut-il en être autrement? Des jaloux, autour, des blondes qui ne se sentent pas aussi émerveillées et des gars qui voudraient leurs blondes aussi merveilleuses, font des mines de blasés et plongent en silence dans le crayeux brumal de la vitrine. La jubilation est parfois provocante.

* * *

Une fin d'après-midi de froid et de lassitude typique de l'hiver qui n'en finit pas, ayant le projet d'aller au cinéma, je m'arrête dans un café me fortifier d'une collation, comme si je n'étais pas déjà assez lourd de tout ce qui me tombe sur l'estomac. Mais c'est l'heure que la rue importe sa frénésie dans les cafés. Jc me joins à quelques étudiants qui s'amortissent à la bière.

L'Église a longtemps créé des mots rares pour nommer des phénomènes qu'elle répugnait à désigner par les astuces du langage populaire. Un de ces mots, *peccamineuse,* me revient pour qualifier une jolie fille qui occupe beaucoup de place dans le café et dans l'imaginaire des garçons, une pécheresse qui semble capable de tous les écarts dans la même journée : elle s'empiffre de chocolatines, fait du pied au garçon qui lui fait face, minaude, affriole ses admirateurs, et ça ne semble que la partie émergée de l'iceberg ! Ce qui me remue, c'est que le garçon qu'elle attise la fixe si intensément du fond d'un tel silence de granite qu'on dirait qu'il cherche à garder son émoi pour lui-même. En fait, il garde ça pour son langage intérieur, cette voix qui veille en deçà des mots et qui se tait aux moments de grands saisissements ; ces moments, justement, dont on dit qu'ils nous laissent sans mots.

Finalement je ne vais pas au cinéma, je me lance plutôt dans ma première tentative à vie d'écrire un article dans un café, en l'occurrence sur Charles Juliet. Mais je suis aussitôt dérangé par mon voisin de banquette, qui ouvre son ordinateur, se branche sur le serveur du café et consulte au grand jour un site où des femmes posent en pleine conscience des effets de leur nudité, ce qui en choque quelques-uns autour. À commencer par la peccamineuse !

* * *

Vers la fin d'une saison d'enneigement plutôt peineuse, en cette période de juste avant le printemps qui n'en finit pas de ne pas arriver. Ça galope plein la vitrine, dans tous les sens. Le vent jase avec l'accent des dieux nordiques, ou est-ce le chauffage par air pulsé qui monte de sous la table ? Le café est enclos de murs tapissés d'affiches de cinéma, la plupart déployant des têtes célèbres, des gueules et des minois à faire rêver, qui ont sans doute pour fonction de relever le niveau d'apparence humaine du lieu. Et en effet, je regarde autour et n'y aperçois que du laisser-aller au milieu de piles de manteaux, que des tuques enfoncées, que de la dégaine sous des laines polaires ouvertes...

Aussitôt entré, un type à grand capuchon fait tomber la neige de ses épaules et de ses bas de pantalon. On dirait que les rats lui ont rongé les bottes, et les écureuils le nez. Il se rend à une table où l'attendent une mère et sa fille. Plus il essaie de leur parler clair en détachant les sons, plus les mots interchangent leurs syllabes. Difficile de dire si ce sont les idées complexes qui pèsent sur sa respiration ou s'il a juste la gueule gelée. La mère et la fille, toutes deux férues d'une vilaine fièvre, se mouchent, toussent et distribuent gratuitement leur grippe à tous. Ma foi, l'hiver a tout pénétré, jusqu'au cœur des cafés !

Il arrive, surtout passé le milieu de l'hiver, quand la saison manque de lumière, que j'aime m'ancrer de dos dans la vitrine d'un café, de manière à plonger, avec le peu de soleil, à la fois dans un livre et dans le spectacle du café, avec ses personnages et ce qu'ils laissent à deviner. Cette fille, dans un grand manteau technique, qui va et vient en elle-même par les trous de balles de ses amours, ça ne lui fait pas aussi mal que sur le coup des séparations, mais à peine moins, c'est chaque fois qu'elle y repense un élancement de détresse qui froisse tout son corps... Ce porteur de tuque au regard affligé, qui paraît pourtant jovial, que je dirais joyeux comme qui a besoin de paraître joyeux pour révoquer sa tristesse... Ce rougeaud avec des épaisseurs de foulards autour du cou, le genre qui rabougrit son esprit à force de pages sportives, de parties de paquet voleur et d'histoires à rire, et tous les jours dans cet ordre : le sport, le jeu et *une fois c't'un gars*...

*   *   *

Un après-midi du déclin de l'hiver que la lassitude l'emporte sur la tâche, sortant d'une boutique du centre-ville, je marche dans la frénésie des vents jusqu'à me retrouver dans un café verdunois où la mode hippie semble vouloir se refaire un avenir. À peine posé sur le cuir du fauteuil, dès avant que la théière de porcelaine ne soit déposée sur la table, je suis captivé par un duo d'hommes assis côte à côte, sur une banquette : un type en jeans et veston, la chemise ouverte, qui semble murmurer des paroles bienveillantes dans l'épaule d'un traîne-misère au visage ravagé, sous lequel loge un esprit manifestement reclus, le genre qui vit tout dans une grande confusion d'émotions. Je le reconnais, celui-là, il erre parfois sans demeure dans le quartier de l'université, il m'est arrivé de lui donner des pièces. Au moment que je me dirige vers le casier aux revues, voilà que j'entends le traîne-misère rugir à mi-voix : *Don't call me your brother, I have no brother...* Un peu après, revenant vers ma théière et mon fauteuil avec un vieux numéro de la revue *Recherches amérindiennes*, je fais le constat qu'il n'est plus personne à la place du traîne-misère, qui est parti en laissant derrière lui un frère rejeté — vrai ou faux frère, je ne le saurai pas — et une salle de café exprimant ses espaces vides. Je reste là à brasser des idées sans lien avec la circonstance, sur le cuir comme art nomade et la porcelaine comme art sédentaire, puis rentre en métro, à l'heure du retour des travailleurs, tassé et replié sur ma jonglerie comme un kleenex dans le paquet !

* * *

Semaine de fin d'hiver où la ville passe par des alternances de chaud et de froid, de soleil et de nuages, d'espoir et de ras-le-bol. Petite neige romantique et merdique d'avril. À l'heure que l'après-midi s'ouvre enfin dans toutes ses dimensions, aux alentours de quinze heures trente, j'entre me chauffer dans un café en imitant les types qui, de chaque côté, dans des miroirs, entrent en même temps que moi en se démultipliant à l'infini. Je suis une foule qui s'angoisse d'elle-même. Je m'assois avant que le synchronisme ne se rompe. Un couple de personnes âgées, entrées derrière moi, quittent non sans peine leur manteau, elles en ont vraiment assez de l'hiver. Puis des étudiants, la plupart des forts en gueule, débarquent au fur et à mesure de la fin des cours, rejettent de leur manteau le frimas qui leur donne froid dans le dos et boulent en tapon le blouson, la tuque, le foulard ! Les mieux élevés se secouent les bottes dans l'entrée, crainte de salir le plancher sous les tables, qu'ils souilleront de toute manière.

Indice avant-coureur du printemps, certains clients se remettent à goûter le café, au lieu de juste l'ingurgiter pour se réchauffer. On accepte plus facilement un café aqueux ou herbeux en hiver que le reste de l'année. Celui qu'on sert ici diffuse un arrière-goût de patate moisie ; s'il faisait beau temps, je le retournerais, mais je le laisse plutôt sur la table moins qu'au quart bu.

Autour, il ne se produit rien, du moins rien de particulier que je puisse espérer. Sinon qu'une fille, écouteurs aux oreilles, est agitée par sa musique comme au moment du cycle d'essorage, et la scène est d'autant plus saugrenue que le café est bercé de *soft jazz*. Sinon que sa voisine lit son avenir dans la cannelle déposée sur la mousse de son café au lait, au grand désarroi de son copain. Sinon qu'un distrait qui se cherche une place dans la noirceur apaisante du fond de la salle s'excuse en évitant sa propre image dans une colonne en miroir ! En fait, il y a toujours quelque chose qui se produit en lieu et place de ce qui ne se produit pas.

Quelques clients pressés ou déçus par le goût terreux du café repartent en s'essuyant la bouche et en fouillant dans des entrelacements de manteaux sur des patères; d'autres, la plupart des solitaires absorbés en eux-mêmes, continuent de se chauffer les mains à leur tasse, savourant encore un moment le calme feutré de l'oisiveté, sans nier qu'ils en sont la cause.

Au gré des carnets

Au bonheur des personnages 1

Richesse de cette diversité humaine, qui n'en
finit pas de me surprendre, me féconder,
m'émerveiller.

CHARLES JULIET, *Accueils (Journal IV)*

Un jour que la ligue antisieste téléphone toutes les dix minutes, je sors méditer le front sur le bras dans un café. Je choisis un débit dont il serait difficile de surfaire les charmes : le mobilier y est défraîchi, les murs crasseux, les serveurs distants, mais une affluence s'y frotte l'après-midi, paraît-il parce qu'un acteur y passe parfois des heures à lire. C'est aussi ça, les cafés, des lieux pour voir et être vu. Mais qui rencontre-t-on, le jour, au café ? Pour répondre à la question, je note, deux après-midi durant, des bribes voyantes de cette foule transitoire. En voici des extraits...

Un travailleur qui s'offre une trêve avant de retourner pratiquer tous les métiers ; il s'assoit devant un journal et s'applique à se détourner de ses tracasseries... Une autre, mais c'est le même cas de figure, qui affirme se vouer depuis si longtemps tout entière au travail, du matin à l'après-midi et de l'après-midi au soir, qu'elle se permet, à l'occasion, une pause pour la fugue intime ; après au plus cinq minutes, suivant la pente de sa névrose, elle repart vers son commerce remettre la pancarte *Ouvert*... Trois femmes du mitan de l'âge qui, entre deux heures de pointe de leurs vies professionnelle et mondaine, viennent au café lâcher prise et peut-être aussi, par là, se refaire une amitié... Un trio de fillettes d'une douzaine d'années, qui font la file devant les toilettes en riant comme des possédées, qui se torsadent les jambes comme dans les cinq positions de la danse classique... Un type qui parle sans cesse et sans écoute, et qui lui fait face une jolie fille totalement désintéressée, plutôt en errance dans ses propres images intérieures. *À qui parlons-nous lorsque nous nous taisons?* demande l'écrivain norvégien Tarjei Vesaas.

Plus loin dans le carnet, un couple, sortant d'une prise de bec, se mord les lèvres, puis fait becquer bobo avec la langue ; il n'y a rien que les couples partagent mieux que ce qu'ils s'inventent... Un vieil homme, à l'entrée, le genre qui a beaucoup emprunté aux chemins de la terre, accueille chaque arrivant d'une mimique affable, *Bienvenue dans ma vie!* semble-t-il dire... Une jeune femme entre, justement, je dirais en état de jolie fille, avec le sourire et la démarche qui la font savoir belle à tous et jusqu'à elle-même, mais aussi avec une joie manifeste, qui est la jubilation d'être ce qu'elle est... Des vieux, dans un coin, avec leurs gueules de prophètes, qui ont l'âge d'être plus bouleversés par leurs oublis que par leurs souvenirs, se taisent d'un mutisme obstiné ; nulle présence ne s'exprime, chez eux, on dirait une image sainte... Y a des fois, comme ça, que les choses ou les gens s'additionnent plutôt que de se multiplier; on perçoit alors moins leur produit, ce qu'on appelle la foule, qu'une somme de pièces détachées. Heureusement que le regard, parfois, dissèque les gerbes.

Je m'avise, au bout de cette collecte de personnages, que j'ai peut-être mené cet exercice jusqu'à l'absurde. J'en viens même à noter la présence d'un idiot de café, qui ne retrouverait pas ses pieds dans ses souliers; d'un gamin de deux ans, entre un père et une mère employés à accentuer leurs désaccords, qui ne semble à personne au milieu de ce précipité de querelles et qui tortille frénétiquement une mèche de ses cheveux, comme s'il s'agissait de la cordeler pour se pendre au rêve; d'une fille, la mèche dans l'œil, qui lit les pages de gauche d'un roman et qui demain lira les pages de droite pour relier les hémisphères… J'affirme que ces tableaux sont vrais, au sens où ils existent pleinement. Mais *qu'est-ce que c'est qui est?* demande encore Vesaas.

Le surlendemain, dans le même café, délivré de mon pensum, je note: *Aujourd'hui, rien.* C'est-à-dire que des gens de cafés semblables à des gens de cafés qui font ce que font les gens de cafés, ce qui n'est certes pas rien, mais c'est comme s'il ne se passait rien, tant les choses sont comme d'habitude au café. Chacun fait ce que doit, qui s'engueule, qui sanglote, qui s'en fiche.

* * *

Il arrive que la puissance du cours d'une rivière nous soit révélée par le passage d'un tronc d'arbre qu'un fort courant projette et récupère comme un fétu de paille. De même, la foule passante rejette et rattrape parfois son petit vieux, son travailleur, sa fillette, et on se dit alors qu'elle recèle une puissance redoutable, capable de catapulter n'importe qui, même un motard avec des tatouages de plomb. On en voit qui s'effondrent au café le souffle coupé; c'est aussi fait pour ça, les cafés, recueillir les échoueries... Comme ce motard aux yeux rouges, justement, qui attend des amis, mais qui ne voit venir que des cyclistes à cuissards... Comme ce retraité qui cherche, auprès d'oisifs de sa sorte, à combattre sa conviction de ne plus peser sur la planète... Comme cette fille qui entre, les bras croisés sous les seins, de sa démarche de jeune mère qui savoure déjà le moment de tranquillité qui va suivre devant un bol... Comme ce marchand qui vient ici jour après jour rêver qu'il se forge un destin dans le monde des affaires... Comme cette névrosée qui slalome entre les tables précédée de l'ornement de sa tristesse... Comme ces gars de la terrasse qui lisent de mauvais présages dans le bustier des passantes qui leur échappent... Comme ces buveuses de tisanes qui font le bec fin devant leur tartelette... Comme ces gars qui se bourrent de tapes sur les épaules, chaque coup signifiant *T'es mon ami!*... Comme ce petit haricot qui ramène sa fraise, avec son toupet en banane et ses oreilles en chou-fleur de mauvais gamin...

* * *

La saison crache son pollen. Ces jours-là, c'est mon office même que de flâner dans les cafés. Je me réfugie dans un débit qui méfait par sa devanture, mais qui se rachète à l'intérieur, non par opulence, mais par des détails qui en font le charme, des bois, des cuivres, des panneaux vitraillés qui créent des divisions. Un homme y entre un peu après moi, avec son air accorte de petit monsieur qui ne doit pas détester la conversation. Il adresse des salutations aux serveuses et vient s'asseoir vers le coin où je lis *La Ballade du café triste,* de Carson McCullers ; ce café triste dont on apprend qu'il avait précédemment été un magasin où l'on vendait de la nourriture pour animaux. C'est un fait que les lieux de cafés ont servi à d'autres usages avant leur conversion. J'ai parfois demandé ici et là ce qu'il y avait à la place avant que ça ne soit un café, mais les jeunes employés ne savent jamais répondre à cette question. Par ailleurs, la consultation d'archives n'a rien présenté de surprenant : un salon de coiffure, un restaurant, une épicerie, des maisons privées, bien sûr, une mercerie, une pâtisserie, une banque, une quincaillerie… Je m'amuse à poser la question à la serveuse, sait-on jamais, mais c'est le petit monsieur qui me répond, en prenant à témoin certains vieux habitués qui semblent être au café parce qu'ils ne croient pas avoir où aller. Le petit monsieur sait très bien ce qu'il y avait ici autrefois, à côté, en face, il se souvient des noms des commerçants, des années de mutation ; il décrit des personnages, jette en vrac des anecdotes de trente, quarante ans en arrière. Puis il repart en saluant de nouveau les serveuses, qui tour à tour lui adressent un *Bonjour* déférent. On me confie alors qu'il s'agit d'un prêtre défroqué, qui n'a jamais quitté la paroisse où il est né. Voilà qui laisse aussi beaucoup à imaginer.

* * *

Un café mal avoisiné, dans un quartier où le crime est si désorganisé que des affrontements continus y sévissent. Un café qui ne manque ni ne regorge d'attraits. On se demande d'ailleurs ce qui fait le charme des cafés, outre les pauses et les rendez-vous qu'ils favorisent. Plus qu'aux qualités du boire, du goûter et du service, leur charme tient, d'une part, au décor, qui favorise la décontraction, voire un détachement salutaire, et, d'autre part, aux personnages qu'on y croise et au spectacle humain auquel ils permettent d'assister ou même de participer. Ainsi sont les cafés, des espaces stratégiques de survie où rôder entre la splendeur et la décadence peut être un art de vivre.

Ce café se distingue par ses teintes ordonnées par densité, le foncé en bas, le pâle en haut. De l'entrée au bar, un miroir mural redouble le profil des consommateurs et, dans le bon angle, dévoile la face cachée de la préposée aux tartines. L'arrière-comptoir fourmille d'objets de toutes sortes, qui étaient là bien avant d'être quelque chose pour les clients qui les voient ou pas, ou qui les voient sans savoir qu'ils captent leur langage de choses ; des halogènes irisés y animent les inoxydables et les similis. Quant aux personnages, en voici quelques-uns parmi les plus fascinants croisés ici au cours de quelques séances.

Au pivot d'une meute de mal rasés, ces trois jeunes gens venus d'autant de continents, qui tambourinent sur une table de bois au rythme d'une musique du monde, les ustensiles secoués dans les tasses et les assiettes produisant des tintements de cymbales. Après un temps, ils interrogent leurs sentiments respectifs sur la serveuse qui est venue leur faire une remarque sur leur tapage et s'aperçoivent aussitôt les uns les autres comme des rivaux, et cette compétition les excite ma foi autant que la serveuse elle-même. L'un domine ses amis par sa faconde et sa gouaille, qui fait le drôle et l'intéressant. Un autre roule les mécaniques, se discipline la tignasse, se mouille les lèvres et fait des mines. Le troisième combat un hoquet qui le métamorphose en objet de rigolade, pas idéal pour draguer! Celui-là ne s'en doute pas, et ses copains moins encore, mais à ma table, on est unanimes à prétendre que son regard de marin qui découvre une île sur l'horizon a déjà éveillé l'intérêt de la serveuse.

Cet homme du genre qui ne veut pas avoir l'air de tout le monde, qui boit sa tasse en la tenant sur la fine pointe des cinq doigts réunis d'une main, on dirait un artiste de cirque faisant tourner des assiettes au bout d'une perche. Son café bu, dans un ploc final, il pose la tasse à l'envers dans la soucoupe avec une dextérité de magicien, puis se lisse des moustaches fantômes en faisant *Ta-dam!* Devant lui, une fillette crie *Bravo, grand-papa!* en tapant des mains. À côté, grand-maman semble chercher une issue dans le ciel profane du plafond.

Cette comédienne, qui, juste à commander un Perrier, prend l'allure d'une starlette qui s'ébroue les aigrettes. Elle paraît scruter tout un chacun à tour de rôle, mais en réalité, elle ne fait que vérifier si on ne la regarde pas. On dirait qu'elle ne paraît pas assez tranquille avec elle-même pour avoir ne serait-ce qu'un peu de curiosité pour les autres. J'attends qu'elle me fasse mentir en s'intéressant à quelqu'un qui ne soit pas elle-même, à un mur qui ne la reflète pas. Peine perdue, elle est tout entière à son art de paraître. Mais… quel joli monstre !

Ce joueur de cartes avec des abajoues pendantes, face à une femme qui porte un abat-jour sur la tête ! Un joueur auquel les as ne viennent pas, aujourd'hui, et qui se plaint que le sort est tricheur, et si ce n'est le sort, ça doit donc être quelqu'un qui est assis à sa table ! Et la joueuse, tout sourire, de laisser tomber entre eux un atout improbable. *Qu'est-ce que je disais !*

Ce vieil homme empanaché d'une chevelure crayeuse, qui fait son entrée sans trop savoir ce qui reste de sa superbe d'autrefois, qui retire sa pèlerine à l'italienne, ce qui du coup le fait paraître de moins de consistance, puis qui se plie en vieillard et se laisse choir dans un fauteuil. Aussitôt son thé servi, il le sucre et touille et s'infiltre dans ses silences verticaux, qui le tirent vers ses abîmes et vers une multitude familière qui l'attendait à l'intérieur.

Cette femme de bien plus que le mitan et l'éblouissant fracas de sa beauté tombant en ruine. Platinée, griffée, plaquée d'or. Plus de bagues que de doigts, je n'avais jamais vu ça ! Une fausse jeune à la peau chiffonnée, qui se tient dans l'ombre. On se dit, à part soi : pas si simple quand arrive l'âge où les yeux demandent toujours plus de lumière pour lire ou pour manger, mais qu'on sait son apparence mieux servie par la pénombre ou le demi-jour.

Ce sont tous là des personnages appelés à surgir et à se retirer. Des apparitions fugitives qui nous effleurent dans le ciel du présent, dit en substance Jankélévitch, il en reste quelque chose et il n'en reste rien, il en reste quelque chose qui n'est rien.

Stèle pour un bredouillis 1
(choses entendues)

*Souvent, je m'attable dans un café et me
mets à l'écoute. Des mots se croisent, des
bribes de mots, des bouts de phrases. Je
les capte.*

ALAIN MÉDAM, *Ils passent la Main*

Je croyais flâner, aujourd'hui, poussé par la curiosité de
l'œil, mais c'était par celle de l'oreille. Ces jours-là, je dis
que je suis voyeur par oreille. Je regarde peu autour,
comme craignant de céder à une contention d'esprit qui
force à tout examiner à fond. Je constate aussi, du moins
rétrospectivement, que je me suis déplacé des clameurs
entrecroisées de rues agitées vers des rues chuchotantes,
puis vers le quasi-silence de ruelles des plus tranquilles, et
finalement vers un café muet. Il faut parfois retourner à ses
lapalissades et jouir du fait que s'il y a quelque chose de
bien dans le silence, c'est que ça ne fait pas de bruit! Mais
l'envers de la lapalissade, c'est que le silence a une fin.
   Je suis donc à savourer mon choix de mutisme — j'en

arrive presque à capter le bruissement de mon laisser-être, bien que sans me taire au fond de moi-même —, lorsqu'un frayage de voix attire mon attention. C'est l'heure de la sortie des bureaux et de la fin des cours, on dirait que la rue entière se jette dans les cafés, et dans celui-ci en particulier, tout en longueur, tel un autobus. On sent lever le cantique de cinq heures, ses conciliabules et apartés du jour, les voix aiguës en premier et peu à peu les basses profondes. Le café apparaît alors dans son aspect d'agora dédiée à la mondanité. Des porteurs d'attachés-cases se relaient au comptoir, qui discutent le coût des cigarettes et du lait et du pain et de l'essence et des fournitures scolaires et de la vie et de la bière en fût. Dehors, des garçonnets martèlent le trottoir de leurs pas hachurés, puis se séparent sans s'arrêter en se lançant des *Salut!* L'un d'eux entre retrouver sa mère. *Tu t'es excité,* dit celle-ci sur un ton maternel, *ton petit ressort bat fort!*

Puis il y a un démêlé sur la terrasse, entre un livreur de bière et un buveur encombrant. Mais le livreur est seul et le gêneur fait le brave au milieu de bretteurs de sa sorte, *Tu serais pas si effronté si t'étais pas quatre!* lui lance le livreur. Je me déplace vers un coin pour creuser mon trou dans la langue, parmi des étudiants dont je recueille le joual d'élite, et m'évente de son souffle.

Mais il y a ce mot récursif de la vie quotidienne qui me revient en écho lorsque des gens entrent, *Salut!* et sortent, *Salut!* mot banal et de peu de sens, pensera-t-on, mais à tort. *Salut,* du latin *salutem,* signifie « santé, continuation de la vie ». Voilà donc la charge de signification de ce banal *Salut!* Que ta santé soit bonne et ta vie longue! Sois heureux, sois prospère. Et la tradition religieuse d'ajouter : et le paradis à la fin de tes jours! Les classiques *Bonjour* et *Bonsoir* paraissent bien minces à côté. À celui qui me lance un *Salut!* sans doute devrais-je d'abord dire *Merci!*

*   *   *

Printemps soleilleux. Revenant de faire des photos de textures de bois et de tôles dans des ruelles, à la jonction du Plateau et du Mile-End, je me glisse dans un Bagel et Café, face à un lecteur de journal qui a besoin d'en prendre large pour concevoir géopolitiquement le monde. Quand il en a assez de la déception des lecteurs face à l'élection du nouveau pape, il passe au scandale politique de la saison. Y a de l'action à toutes les pages, dans son journal! De chaque côté de lui, deux débatteurs se font face, l'un prétendant qu'en Occident ce sont les forces de droite qui exercent le pouvoir, la mondialisation en faisant foi, qui sert les plus forts contre les plus faibles; l'autre, exemples à l'appui, alléguant plutôt que la mouvance gauchiste exerce un pouvoir occulte partout sur la planète, ce qui explique tous les problèmes! Débat sans solution, suggère le liseur sans lever les yeux du journal, avant de déployer une théorie selon laquelle les partis au pouvoir finissent toujours dans le no man's land du centre. *Pour la gauche,* dit-il en jouant l'ironiste, *le centre est à droite, et pour la droite, le centre est à gauche! Donc le pouvoir, qui est toujours au centre, a tort aux yeux de tout le monde.* Et il clôt la discussion d'un bruyant tournement de page. Ah! les sports! Alors les trois de changer de rengaine et d'enfin discuter de choses qui

195

font appel à leur sensibilité ! Et le liseur d'ironiser sur l'annulation de la saison de hockey qui, dit-il, en met certains du côté des riches propriétaires et d'autres du bord de la mouvance gauchiste des pauvres joueurs... Un ironiste ne lâche jamais prise !

Sur ma gauche, des bredouillages et des baragouins fusent d'une masse humaine chloroformée par l'exténuation. Quelle conscience de son sort ne saisit pas le dormeur quand, dans la chaleur d'un après-midi de café, juste comme le cauchemar va le saisir, il se met à geindre et à grincer dans le pli de son coude pour se défendre contre un précipice qui l'attire pire qu'un élastique !

∗   ∗   ∗

Un après-midi d'automne bien accroché, que j'ai renoncé à évoluer sur le sentier boueux de la tâche et que je reviens de musarder chez les libraires et les disquaires. Je m'accompagne, dans un café bavard, de ces livres qu'on achète avec empressement, mais dont on remet à plus tard la lecture dans leur totalité. Je parcours dix pages de l'éthicien, butine le philosophe, ne retiens rien, bien qu'y soulignant des phrases, comme si je ne savais plus lire que dans les axes horizontal et vertical, sans souci de profondeur. Mais je lis, c'est-à-dire que je circule dans une masse de sens.

Soudain, deux copines s'immiscent dans le désordre de tables où je loge. Encouragée par l'air absorbé de l'autre, l'une est déjà bien engagée dans le récit des circonstances qui ont déchiré son couple, comme elle dit. Elle met les derniers mots à l'épisode du conjoint parti plusieurs mois en voyage et amorce celui de son retour avec une autre femme. La colère affleure à son visage et lui déchire la voix. L'amie à qui elle confie ce témoignage s'empreint au fur et à mesure de gravité. Mais aux tables autour, où l'on attend la suite des faits, car l'offensée raconte pour le deuxième balcon, les bouches souriantes le disputent aux yeux rieurs. La conteuse va bon train dans son histoire, bien que la relation s'entrecoupe de silences et de jurons.

Il arrive que des scènes de café figurent comme des caricatures faisant la charge de leur protagoniste. Au bout de quelques minutes de cette chronique, que bientôt je n'écoute plus, la conteuse hurle la seule exclamation qui lui vient : *Ridicule!* Sans doute au double sens qu'elle se sent ridicule comme personnage de cette anecdote et tout autant de la raconter! Il est ici question du ridicule qui immole à l'amusement des rieurs, et il va de soi que cela n'ôte rien aux souffrances de la conteuse, au contraire.

Qui me précède, au moment de la sortie, un type s'allume une cigarette juste avant d'ouvrir la porte. Une dame au bec pincé, debout près de l'entrée, crie au scandale. Assez aimablement, le fumeur se met en frais de lui expliquer que ce qu'il appelle la raideur d'esprit et son corollaire de stress tuent mieux que la cigarette. Dialogue de sourds parlant des langues étrangères.

*   *   *

Un de ces cafés d'hivernage après seize heures, qui fait penser au bureau des objets perdus, avec ses sacs d'école sous les tables, ses tuques et mitaines par terre, ses foulards déroulés sur les dossiers de chaises, le tout enveloppé dans le parfum tiède des laines et des fourrures mouillées. Je m'y assois pour une pause, mais qui est aussitôt incidentée par un épisode dont l'interprétation mobilise certains désœuvrés de la tombée du jour.

Mais commençons par ce détour... On raconte que lorsque le saint moine tibétain Milarépa eut trouvé l'illumination qui délivre de la roue des réincarnations, il descendit de sa grotte en haute montagne vers la vallée et fut accueilli par un arc-en-ciel et par une pluie de fleurs. Il y a un instant, une plante, que le garçon venait de remettre à son crochet après l'arrosage, s'est bruyamment écrasée sur le comptoir, avec son pot, ses cordes, son crochet et jusqu'à des débris de plâtre, projetant du terreau dans le bol, l'assiette et le journal d'un inconnu. Chacun mettant du sien dans son jugement, il en est qui se plaignent que les produits de quincaillerie ne sont plus ce qu'ils étaient. Plus près, il en est deux qui sont plutôt émues par la valeur spirituelle de l'incident. *C'est comme un baptême,* dit l'une. Et l'autre, s'estimant renseignée sur la valeur spirituelle de l'éclaboussé et quasiment au bord de la crise de joie, de renchérir : *Ça pourrait bien faire de lui une sorte de médium !* (Je garantis les mots *baptême* et *médium,* que j'incorpore à des répliques synthétisées.) Et aussitôt cette hypothèse met le comble à leur complicité ! Je parle de cette complicité entre gens qui savent, qui ne sont pas leurrés par les vils procédés de la contingence, qui donc n'ont pas la charge de nettoyer, de s'excuser et de payer le nettoyage.

Le choix musical des cafés : un mélange de chanson, de jazz, de folk, de musique du monde. Souvent des mixages préparés pour créer une illusion de variété. Mais il y a aussi, dans le café Internet où je me trouve, le *Canon* de Pachelbel métallisé par un guitariste aux doigts agiles, qui est diffusé à partir d'un site Web de partage de vidéos. Cette musique est si prenante qu'on dirait que des portées battent tels des drapeaux de prière par toute la salle, que des grappes de notes se détachent et vont rebondir sur toutes les surfaces. Les lecteurs du journal en ont la vue voilée.

À la fin du *Canon* version métal, je me rends compte que ça converse à haute voix derrière mon dos. L'une rapporte en substance que son ex lui aurait reproché de se plaindre de leur rupture, qu'au lieu elle devrait se réjouir du bon temps qu'ils ont eu ensemble ! Une des copines s'écrie : *C'est tout ce qu'il a trouvé !* Il semble qu'on parle ici d'amoureux les moins faits pour être en couple : trop passionné de sa liberté, lui ; trop éprise de son idéal de couple, elle. Mais c'est moi qui juge au nez, que j'ai peut-être trop long. Or, à l'acmé du récit, il en est une qui s'emporte soudain : *L'écœurant ! L'écœurant ! L'écœurant !* Trois fois, ça ne pardonne pas ! Le trois des trois dimensions, des trois temps, des trois mondes, l'expression de la totalité, disent les Chinois. C'est impardonnable, c'est jugé, c'est irréversible. Si je le rencontrais, je saurais que je suis devant un triple écœurant. Et le pire c'est qu'en mon for intérieur je n'en doute pas.

Gens du métier

Lendemain d'avidité gourmande et vinaire avec des amis. Matin de double allongé, à l'heure de l'après-petit-déj' que ça boursoufle dans les déjeuneurs et que chacun va faire ses excrétions. L'air, du côté des vitrines, est saturé d'escarbilles argentées, et il ne s'agit pas d'un cliché poétique. Les plus vulnérables au pollen éternuent tour à tour, jusqu'à ce que l'un se risque à demander si on ne pourrait pas fermer la vitrine, climatiser la salle. Le serveur, jusque-là abrité dans ses pensées telle la noix moisissant dans sa coque, remonte un moment de ses méditations, le temps de sommer le jeunot qui l'aide ce matin de fermer la vitrine et d'appuyer sur un certain bouton, puis il retourne aussitôt à son coude sur le comptoir et à son menton dans la paume. Par tradition, ce sont les clients qui se cloîtrent ainsi dans leur creux existentiel; ici, c'est le serveur, qui d'autres jours joue aussi bien le clown que l'oracle du café! Difficile à dire s'il dérape sur un chagrin d'amour, une blessure d'enfance ou un manque à vivre. S'il est porté par l'attrait ou par l'horreur du vide, demanderait Cioran. À moins que lui aussi ne s'acquitte d'une courte nuit…

Dans les animaux, Descartes voyait des machines composées de roues, de leviers, de ressorts. Il n'a pas mentionné le système de poulies qui ronronne dans le chat au moment de son bonheur, mais je suis certain qu'il l'aurait signalé s'il avait été assis dans ce café italien pour écrire son *Discours de la méthode*, près de ces deux félins en sociétaires heureux, l'un sur le rebord de la vitrine, l'autre sur un tabouret. *C'est pas interdit, ça, les chats, dans les cafés?* demande un type pour faire l'intéressant. *Pas plus que les gros nonos!* murmure le jeune garçon en lui déposant son bol directement sous le nez. Voilà un vrai garçon de café, plutôt insolent, mais qui connaît son métier! Bien qu'à pas plus de dix-huit ans il sache déjà placer le bol exactement là où commence la jouissance du café, sous le mufle — si je puis dire. On voit cela souvent, qu'à peine le café reçu sous ses naseaux, qui aussitôt se dilatent, le client, oubliant les vexations du quotidien, inspire si gaiement qu'un sourire lui traverse la face. Je prétends que cela relève moins d'une politesse apprise que d'une adhésion spontanée aux agréments de la vie et, par voie de conséquence, à la vie elle-même. Faut d'ailleurs voir la tête du gros buveur, qu'un simple bol de café a rendu à son bonheur de vivre! J'attends mon double allongé sans trop faire paraître mon impatience.

* * *

Dans l'immobilité poudreuse d'un milieu d'après-midi, au fond d'un café dont le décor touche presque au dénuement, un jeune couple, que je dirais agité par les inquiétudes de son âge, vient s'asseoir près de moi. Je ne comprends rien à ce que le garçon énonce pourtant à voix haute, comme si j'assistais à un colloque d'algébristes finlandais. Mais en fait, ce ne sont que des jeunes de leur temps, à peine au début de la vingtaine, qui se manifestent dans leur langage de jeunes bilingues ouverts à mille cultures. Et le garçon pérore et ergote et n'en finit pas de s'exprimer! À un moment, la fille lève la main comme en classe et demande si on ne pourrait pas baisser un peu la radio. La serveuse, pas dupe des manœuvres de l'inconscient, comme moi sourit pour elle-même, mais nos fossettes nous trahissent.

Des garçons de la même tranche d'âge arrivent, tombent le blouson, se couchent presque sur leur chaise et commandent à boire et à grignoter, *Un Coke... Des nachos...* À chaque appel, la serveuse éclate d'un sourire à pourboire. Une jeune femme s'avance vers le demi-jour du fond en plissant les yeux, et soudain se dirige vers moi d'un pas décidé en tendant une main qui s'éploie. Elle s'assoit, retire son foulard de soie et pose les avant-bras sur la table, de manière à faire voir son bel attirail de bijoux, tous aussi mats que le fond d'or des icônes. Le temps que je répondrai à ses questions journalistiques, mon attention sera curieusement requise par la présence d'un vieil homme, dans un coin, reclus dans une attente tranquille, disons animé par une espérance sans assignation. À mon avis, il n'attend personne et sans doute que personne ne l'attend nulle part. Et pourtant, un drôle d'individu surgit, je dirais un de ses semblables, qui le reconnaît justement comme semblable et qui aussitôt s'assoit à la table voisine et cherche à lier connaissance. Et la serveuse de retraverser la salle et d'aller s'enquérir des besoins de l'arrivant.

Cette serveuse, il y a cette chose qui la précède et qui la suit et qui est son parfum d'une fragrance entêtante, qui laisse après son passage des effluves exubérants et qui suscite des ouach! ou des oh! selon les allégeances aromatiques. Il y a en effet, dans les cafés, ceux qui goûtent en secret les odeurs humaines, mais aussi ceux qui les exècrent et qui se parfument à l'excès, soit pour sentir bon auprès des autres, soit pour embaumer le voisinage en vue de leur propre confort, comme le patron du café de l'odeur de ses croissants chauds. *J'aime presque mieux les sentir que les manger,* avoue-t-il. De même pour la gracile journaliste, à ce que je vois, qui, résultat d'à peine un peu de becquetage, laisse dans son assiette des reliefs aussi gros que des balles de golf. *Le parfum de la serveuse me coupe l'appétit!* argue-t-elle.

Tout café est le palais de l'invariance, au sens où ses variables maintiennent leurs propriétés. Par exemple, ici, le buveur solitaire est attablé en buveur solitaire qui étire son boire, la lectrice de journal lit et tourne les pages en lectrice de journal, la frileuse se réchauffe à son bol comme d'autres avant elle à d'autres bols, bien qu'à sa manière propre, les nouveaux épris se cherchent les mains comme depuis toujours les amoureux aux premiers temps de l'amour, la serveuse serre son chignon et fait quelques étirements pour atténuer les douleurs dans le dos et dans les jambes dont toutes les serveuses pâtissent. Il faut un jeu très complexe de variantes et de répétitions pour que la fluence des jours dévoile son feuilleté et que mardi ne soit pas tout à fait comme lundi ni comme les autres mardis tout en l'étant quand même, que la serveuse ne soit pas semblable aux autres tout en étant une serveuse comme toutes les serveuses, qui nettoie, qui sert et qui compte, c'est beau de la voir compter. Il n'est d'ailleurs plus une caissière, aujourd'hui, d'épicerie ou de pharmacie qui sache calculer de tête la monnaie à rendre, il leur faut la caisse enregistreuse pour calculer à leur place. Alors que c'est une poésie de voir les serveuses de bars et de cafés jouer avec les pièces, qu'elles font apparaître à la façon d'un magicien et qu'elles disposent sur la table afin de vérifier leur calcul et, bien sûr, de favoriser le pourboire. La journaliste, un peu pâle, sort en vitesse en laissant justement quelques pièces sur la table.

* * *

Aérienne et flageolante telle une boule de Noël au bout de sa branche, cette nouvelle serveuse haïtienne semble peu faite pour ce métier, mais le vieux cafetier italien l'avantage de sa protection, qui la conseille et rassure comme s'il s'agissait de sa petite-fille. Cette relation d'aide a quelque chose qui est d'autant plus touchant que je connais ce cafetier comme un ronchonneur émérite, qui affiche une conduite plutôt inverse avec les clients, auxquels il s'adresse par syllabes piquées, ce qui lui confère une prosodie cassante. Quand il dit : *On se décide!* le client a intérêt à annoncer son choix. Pour l'instant, je suis donc moins fasciné par la vacillante serveuse que par ce maître bougon, comme si j'espérais apercevoir en lui le nouveau mécanisme qui l'actionne. Il faut dire qu'aujourd'hui est un jour particulier. Le ronchonneur s'est en effet donné pour tâche de couvrir d'une espèce de fixatif les veines de ciment du long et haut mur de briques qui longe intérieurement son café, et dont le mortier se délite au toucher. Bien que toutes portes et fenêtres soient ouvertes, l'odeur est dérangeante; dès l'entrée, on a envie de ressortir. Mais la chronique du cafetier dédommage de ce désagrément, qui, pour éviter la fuite des clients, raconte en rafales des anecdotes dont les héros sont des clients ou des boutiquiers des alentours. Et ce qui me met pour une fois du côté de ce grognon, c'est qu'à chaque histoire je vois que les personnages le passionnent autant que les péripéties. Car il est un fin portraitiste, peut-être parce que lui-même personnage pittoresque, avec ses rouflaquettes et ses pinceaux.

Dans le même café, plusieurs mois plus tard, je note : Le patron de ce café aux couleurs sourdes ne manque pas de panache. Je parle ici d'un patron dans son état d'homme expérimenté, qui se présente avec son ailleurs de la langue, sur quoi il a construit son originalité et sa popularité. Son visage est émaillé de traits et d'à-plats, on dirait une mosaïque de son pays d'origine. Suivant la loi de la frontalité, il reste debout très droit face à ses clients. Mais je dirais que son tempérament s'est adouci ces derniers temps. Certes, il se désopile à l'occasion la rate, mais la plupart du temps, il a assez d'être imperturbable. Il a sa façon flegmatique d'occuper l'espace, par des gestes mesurés et lents qu'on dirait inspirés du tai-chi. Son service au comptoir tourne presque au cérémonial. Et quand il reçoit un compliment sur le café qu'il sert, aussitôt il en réfère l'éloge au café lui-même et à sa machine à expresso italienne, *Il n'y a pas mieux au monde que les italiennes!* dit-il en lorgnant sa serveuse haïtienne, qui par jeu lui fait des airs d'exaspé-ration. Cette plaisanterie, à force de répétition, ne me divertit plus, mais il est si peu de débits où l'on sert un aussi bon café que j'y reviens souvent.

Ai-je dit que je laisse un peu partout du liquide dans les verres, en raison de limonades et de jus trop sucrés, et dans les tasses, pour cause de mauvais café ou de thé âcre? Et je ne parle pas des rejets de quiches mi-cuites ou de muffins racornis…

* * *

Un après-midi d'évasion que je travaille à ma solitude dans un café excentrique où je suis certain de ne croiser personne de ma connaissance, me tombe dessus un duo de trop bonnes gens, qui ont très envie de faire connais-sance et grand désir de faire valoir leurs idées sur le manque de ferveur spirituelle qui étouffe la flamme d'éternité brûlant en chacun de nous. Heureusement qu'il y a le patron pour me permettre de couper court à la leçon de ces duettistes. Un bon monsieur, ce patron, qui assure la tranquillité de ses clients; le genre truculent qui réagit à tout avec son accent inclassable et qui en plus raconte des anecdotes dont le fil ouvre parfois sur des pans de sa vie. Il est vrai que certains patrons de cafés ne sont pas sans his-toires, aux deux sens du terme: ils en ont vécu, disent-ils, et ils en racontent. Je l'entends aux anecdotes de celui-ci, une fois les *born-again Christians* repartis. Vaut mieux s'être muni d'un double expresso que d'un court si on veut suivre ses fables jusqu'au bout. Parce qu'il y a ça aussi : a beau mentir qui est patron de café. Vu qu'ils viennent souvent de loin, parfois même de régions ou de villes que la plupart des habitués ne sauraient ni situer sur la carte ni épeler correctement, comme Tbilissi ou Český Krumlov ou Saint-Cirq-Lapopie.

* * *

J'ai jamais vu de toute ma vie une serveuse aussi empotée, rugit un client, qui aussitôt ajoute : *Ni jamais une qui soit aussi belle!* Et d'enchaîner avec une litanie mixte concernant les fautes de l'étourdie, sa silhouette ; ses erreurs de commande, sa démarche ; ses oublis, son sourire ; ses retards, son parfum... Le gérant de plancher, comme ils disent ici, vient s'enquérir du problème et aussitôt après, la serveuse, avec son sourire récalcitrant, revient se pencher sur le client et le mitraille de son air innocent ; et il se passe qu'au fur et à mesure qu'elle le fixe de ses yeux doux le client s'amabilise et relâche de ses prétentions à lui adresser des reproches. Il a demandé un allongé, veut-elle bien rapporter ce café au lait... Il faut dire que la belle offre beaucoup à voir par le hiatus de son chemisier, qu'elle semble avoir déboutonné pour faciliter la respiration. On sait bien, avec toute cette pression !

On aurait tendance à voir les serveuses comme des employées à façon, comme on disait des artisans d'autrefois, c'est-à-dire des ouvriers qui exécutaient un travail sans fournir la matière première. Dans le cas de cette serveuse un peu plus en trois dimensions que les autres, il faut reconnaître sa silhouette, son sourire et son parfum comme matières premières, qui aux yeux des habitués font passer sa gaucherie. Je vois d'ailleurs qu'à la table d'à côté un homme paye en faisant chanter, l'une après l'autre, plusieurs pièces sur le marbre. Et la dame qui l'accompagne s'étonne : *C'est pas deux fois quinze pour cent, ça?*

Le gérant de plancher, quant à lui, est un type un peu étrange, qui, à la manière d'un personnage kafkaïen, semble porter tout son poids sur son dos. Et en plus, il y a toujours, chez lui, une raideur pour l'empêcher d'être naturel. D'ailleurs, les clients critiquent ses affectations — qu'ils appellent ses simagrées. Rien de bon là-dedans pour le commerce, jugera-t-on. Pas si sûr, car il y a du monde à toute heure dans ce café. À mon avis, les habitués se divertissent des manières du gérant comme des étourderies de la serveuse. À propos de ces étourderies : au lieu de l'expresso commandé, elle me sert un cappuccino, et comme je lui indique l'erreur, elle réagit d'une proposition désinvolte : *Je peux ôter la mousse si vous voulez…*

* * *

Le serveur, un Africain d'une hauteur démesurée, un novice tout pénétré de sa fonction et qui fait l'important, se targue de ce qu'il se boit du café de plus de vingt pays, dans ce débit. *Est-ce qu'ils sont tous bons?* demande-t-on à une table. Le serveur persuade alors ces néophytes d'essayer un tanzanien produit par son oncle et importé par son cousin. Nul n'est dupe de ce conte, mais ça sera du tanzanien pour tout le monde.

Il y a ici une grande salle, une petite salle du fond et encore un diverticule sur le côté, avec juste de la place pour une tablée. Et là, à cette heure du cinq à sept, ça s'égosille et se rigole, ainsi qu'on dit chez Rabelais, ça chante *Ma chère Caro, c'est à ton tour... Nos vœux les plus sincères...* et scande des *Ca-ro, Ca-ro, Ca-ro...* Le serveur africain, qui semble porter un regard anthropologique sur ce qui l'entoure, sourit pour lui-même, j'imagine à cause de cela qu'il entend et qu'il a hâte de raconter aux siens.

Près de l'entrée, deux employées d'un salon de coiffure, penchées sur un journal, se poussent du bout des doigts et pouffent de rire derrière leurs mains. L'une lit en s'aidant de son index pour ne rien manquer. Elles balancent le corps ainsi que les fils d'Israël au mur des Lamentations. C'est le courrier du cœur qui les détend ainsi! Comme si, à travers ces histoires, elles riaient enfin de celles qu'elles entendent au salon à longueur de journée. Le serveur jette sur elles un regard brumeux empreint de cordialité, mais peut-être aussi de désir, l'un n'empêchant pas l'autre.

Un scandale politique faisant rage, les lecteurs de journaux parcourent les grands titres, sautent d'une photo à l'autre, d'un nom propre à l'autre, qui sont pour la plupart des noms vomitifs, dit l'un d'eux. Il le formule autrement, avec des *Kâlisses de chiens sales, qu'y m'écœurent!* mais c'est pareil, sans l'être, bien sûr. Le serveur garde son demi-sourire anthropologique.

Dans ce monde où il paraît infaisable de se tenir d'aplomb sur un grand bonheur, où ce sont plutôt les chosettes de la vie et les menus agréments qui créent une chaîne de bien-être, on dirait que les arrêts au café s'entassent sur le rayon des plaisirs parmi d'autres joies. C'est pourquoi le temps qu'on y passe peut laisser l'impression de n'être que la partie de quelque chose de plus vaste, au sein de quoi il agirait comme le contrepoint harmonique. Ça, le serveur anthropologue n'a pas fini de l'apprendre.

∗ ∗ ∗

Le patron de ce café, un homme au jugement droit, exige que sa volonté soit faite de point en point. C'est ce qu'on appelle un monsieur j'ordonne, dont on dit qu'il aime beaucoup remercier, mais plus souvent pour mettre à la porte que pour témoigner son appréciation. Près du comptoir, il attroupe les serveurs, le temps de concerter avec eux la manière de s'y prendre, sans désobliger les habitués, pour recevoir des agités aux mœurs impolies qui débarquent en nombre. Ces garçons, le patron les a choisis un par un pour leur vigueur et leur belle éducation. Mais ce n'est pas long que ces novices sont débordés par les fêtards, qui ne respectent rien et qui, en dix minutes d'excitation et de tollés, vident le café. À l'heure joyeuse, leur entrain aurait attiré des gens, mais il n'en va pas de même à quinze heures.

Il arrive à l'occasion qu'une certaine heure soit aussi un lieu : le café d'été, vers quinze heures, est en effet le lieu où tempérer sa fatigue et son excitation. Il arrive également qu'un certain lieu soit un moment : le café d'été, vers quinze heures, est en effet le moment de tutoyer ses vertiges sans trop en avoir l'air. En fait, le café, la saison d'été et quinze heures forment ensemble les trois dimensions d'un espace occupable. Sauf quand les conditions de fréquentation en sont brisées. Alors on dirait n'importe quel café de n'importe quand où servent n'importe quels serveurs.

$$*\quad*\quad*$$

Voici un gérant de café à grosse bedaine encadrée de bretelles tricolores. Après maints emplois peu gratifiants, il est venu de France s'échouer au Québec dans ce travail de serveur, puis de gérant de café, il m'a déjà raconté son histoire à l'époque qu'il travaillait ailleurs, et plutôt dix fois qu'une et chaque fois de manière différente. Je le retrouve ici en gérant tutélaire qui, dès l'ouverture, confirme son ascendant sur la clientèle de la journée qui s'ouvre. *Prends un croissant, les muffins sont pas frais,* me lance-t-il pardessus l'épaule de la serveuse. Puis il ajoute à son intention : *Lui offre pas un café noisette, il déteste ça…* Mais les serveuses de café d'aujourd'hui n'ayant plus rien à voir avec ces effigies de servilité dont parle quelque part Baudelaire, celle-ci se rebiffe : *Est-ce que je peux servir mon client en paix ?* rétorque-t-elle. *Pas quand je suis là !* répond l'autre. Et les deux pouffent d'un rire complice. Les gérants à bretelles sont comme ça, ronchonneux mais sympathiques.

Un peu à l'écart, deux garçons devant un bol ne font ni

l'un ni l'autre aucun cas de cette serveuse, qui est pourtant des plus mignonnes. Certains agissent parfois ainsi, qui feignent de ne pas ressentir la présence de la beauté, crainte qu'elle ne se fronce sous la contrariété. Mais il arrive qu'elle se fronce parce que justement on ne fait aucun cas d'elle! J'entends la serveuse se confiant au gérant à bretelles : *Ces deux-là, on dirait qu'y m'aiment pas.* Et celui-ci d'observer la serveuse de bas en haut, non sans s'attarder un peu sur les zones intermédiaires : *Moi, je pense que t'es trop belle fille pour comprendre quoi que ce soit aux garçons…*

*   *   *

Rien ne me fera ralentir que l'usure, je suis trop bien et depuis trop longtemps fondé sur le principe de l'accomplissement. N'empêche qu'il me faut parfois m'arrêter au café faire accointer des aspects de moi-même que la frénésie désaccorde. Les cafés peuvent en effet constituer un foyer de repos. *Les heures passent là sans fatigue et sans remords*, écrit Pierre Loti dans *Aziyadé*, à propos d'un café d'Eyüp. Sans fatigue, bien sûr, mais sans remords? Pas sûr! Pour ceux de ma sorte, qui ont été façonnés au labeur et à la responsabilité, s'en détourner n'est pas une mince affaire, et qui ne se règle pas le temps d'un expresso.

J'entre donc dans un de mes cafés, sans raison particulière, sinon que la porte est ouverte. La serveuse, à son poste près du coin cuisine, arc-boutée sur ses coudes, les doigts plantés dans le front et dans les pommettes, s'accorde un répit. Je m'approche pour commander, elle ne bronche pas. Après un moment, elle relève les paupières et sourit angéliquement, comme prise sur le fait d'un péché véniel, donc pardonnable, et que d'ailleurs elle se pardonne. Et je me demande tout à coup : à quelle étape de sa descente du singe l'homme invente-t-il le péché ?

Tandis que je formule mon choix d'expresso et de chocolatine — bien sûr pour assurer les six grammes de sucre à l'heure dont mon cerveau a besoin pour que j'aie l'air intelligent —, elle se frotte les joues, les mains, les bras, comme si elle en chassait les déchets métaboliques. On dirait un chat retrouvant peu à peu sa plasticité et sa souplesse. Mais j'en dis trop peu ! Impossible, en effet, de rien capter d'elle, l'essentiel restant enfoui dans son mystère. *Un p'tit* nap *d'une minute,* dit-elle pour signifier un somme, *et je suis relancée.* Par souci de se justifier, elle m'avise que le mot *nap* figure sur son réveil, et la discussion bifurque vers la question de l'affichage, incluant les mots inscrits sur les appareils du quotidien et leurs livrets d'instructions.

* * *

Quelques courses sous une pluie fine, dans un quartier qui n'est pas célébré par des cartes postales, du moins pas que je sache… Soudain un café s'exonde d'un fatras de boutiques, enfin un moment de répit ! Mais ça sera tout le contraire : je tombe sur un affrontement. Il y a d'un côté un patron monté en colère, et de l'autre, un garçon de cet

âge où l'on enterre son passé d'enfant et plonge tête première dans son présent d'adulte. Mais il arrive que certains, dans le plongeon, se meurtrissent la face sur un
haut-fond. Ce garçon est en effet remis à sa place par son
patron qui hurle à demi-voix : *La prochaine fois que t'auras
une job, p'tit merdeux, tâche donc d'avoir un peu de respect
pour les personnes avec qui tu travailles !* Et de lui expliquer
que ce n'est pas parce qu'il aborde à sa vie d'homme que ça
l'autorise à bousculer ses collègues ! J'avale un déca et une
Sachertorte, éblouissante copie de l'originale viennoise —
dont il ne sert à rien de dévoiler la recette, l'explication
rendant parfois aveugle au sublime —, et aussitôt ressors,
exocet volant, planer jusqu'au cinéma voir un film.

Était-ce pronostiqué dans le marc de déca ? Je ne saurais dire, mais toujours est-il qu'après la séance je retourne
au même endroit sans intention particulière, sinon de me
réengager dans la syntaxe des corps, et sans penser à la
scène surprise là avant le film. Et à vrai dire, je ne suis pas
étonné de trouver, attablés à l'écart des clients de l'heure
joyeuse, le patron et le même jeune employé discutant
comme maître et élève. La concorde entre gens du métier,
comme entre gens de famille, a ses emballements et ses
desiderata, mais aussi ses rajustements…

* * *

Je me souviens qu'il y a un certain nombre d'années
on servait ici le café et les pâtisseries dans une poterie rus-
tique d'un brun-gris tiqueté de bleu ; maintenant, ça nous

arrive dans une vaisselle blanche de restaurant du coin. À cette autre époque, les serveuses de ce café, tablier blanc sur jupe paysanne, figuraient en modèles de tradition; celle d'aujourd'hui est à l'étroit dans son bustier et porte, aux poignets et aux chevilles, de la breloque sonnante en quantité; on l'entend venir derrière soi malgré les vitrines ouvertes. Je parle d'une serveuse aux yeux de jade, qui embaume le patchouli — voilà un détail qui n'a donc pas changé! Une de ces filles de son temps, qui arbore un maquillage formant un masque. Les anciennes serveuses, bien que déguisées, étaient moins spectaculaires. Mais à quoi bon sonder cette collection de personnages, de scènes et de décors aussi disparates qu'inclassables qui se bousculent en moi à titre de souvenirs? Oublierais-je que le souvenir est une charité que le présent fait au passé, comme le suggère Bergson?

La serveuse du jour, en débarrassant une table de ses assiettes jonchées de miettes, lance, de sa voix éraillée de soprano rock: *Dites-moi pas que mes gâteries étaient pas de votre goût!* Et les deux gars d'aussitôt la rassurer. *On s'est déboutonnés,* jurent-ils. Et voilà la serveuse contente, qui applique une *bine* sur l'épaule du plus timide. Il faut voir le rosâtre du rosissement de ce garçon au teint pâle qu'une émotion vient de surprendre dans sa réserve. On voudrait savoir ce qui l'a ému, et on le sait. *Une autre fois, j'en aurai d'autres, pis des meilleures!* promet la serveuse.

Pendant ce temps, derrière le comptoir, sa collègue a tout l'air de compter les encoches du temps, par heures, par jours et par semaines, avant que n'arrivent le soir, le prochain congé, les vacances. Lorsque les deux serveuses se retrouvent au comptoir, on entend qu'elles chassent entre elles les préoccupations terre à terre du café, en alignant des blagues avec des anecdotes et même des confidences. Les serveuses de tous les cafés ont parfois de ces entractes, il faut bien se raconter des choses pour se sentir vivantes en dehors du travail.

Entrer au café, en sortir

Sale temps fait exprès pour aller au café. Les habitués de l'après-midi, frères et sœurs en flânerie, sont présents en nombre, dont celui-ci : dans un coin fermé et suant, s'abritant de la bruine au milieu d'une petite cohue, un abonné de la terrasse, que je dirais bercé par le fonds commun de banalité qui nous rassemble tous, vit un moment privilégié de retrait en lui-même avec grand naturel, c'est-à-dire sans ostentation ni lamentations, comme un moment qui lui serait dû, jusqu'à la fin de sa pause. C'est un spectacle poignant que celui de cet homme qui se quitte, je veux dire qui sort du café en se laissant derrière lui-même dans une forme où il s'aime bien, en buveur d'expresso remuant le sucre, fumant et philosophant, pour aller reprendre son personnage de bouquiniste qui peine à faire rouler son commerce — je le connais, j'explore souvent son inventaire. Le voilà déjà sur le trottoir, qui rentre les épaules parmi la piétaille accrochée à des parapluies et qui se laisse avaler par des ardeurs de vents croisés. Pour certains, le lever de table ou la sortie du café prend la forme d'un soupir, sorte de *puisqu'il le faut!* qui est une façon de mettre une ponctuation entre les deux aspects de soi, et peut-être aussi de se saluer et de souhaiter se revoir bientôt : *Allez, à plus…*

* * *

Quelque part entre le petit-déj' et l'heure du midi, dans un café au ralenti, où rien ne semble se produire. Un café avec des jonchères en pots sur le comptoir et en tableaux japonisants aux murs. Un espace à l'étale, où seuls quelques dossiers de chaises affleurent par endroits. La plupart des clients sont engloutis dans des canapés ou dans des fauteuils. À cette heure, le café est comme la toupie qui trouve le moment de sa beauté dans le déclin de sa giration, quand s'est presque interrompu le tango des arrivants et des partants. Or, c'est précisément à ce moment que les entrées et les sorties sont les mieux observables, vu que bien détachées. Il y a en effet ce tropisme dominant qui fait tourner les têtes vers la porte à chaque entrée, parfois par simple curiosité, toute entrée étant un événement, d'autres fois par réflexe animal, la combinaison du mouvement et du bruit annonçant une possible perturbation. Voici donc quelques exemples d'entrées et de sorties recueillis en deux quarts d'heure. Je ne sais s'il importe de le savoir, mais je note qu'on entre dans ce café par le cube d'air d'une terrasse épaissie d'odeurs printanières.

Voilà d'abord un type que je vois parfois faire son entrée dans ce café, et je constate que, selon une habitude que je n'avais pas remarquée, il jette un coup d'œil derrière lui avant de passer la porte, comme s'il voulait tenir à l'ex-

218

térieur, tel un chien qu'on attache à un parcomètre, le peu ou le trop dont il vient ici se libérer. À peine un peu après arrive une fille qui se jette dans un fauteuil, commande un biscotti aux canneberges et un allongé pour l'y tremper ; aussitôt le biscuit reçu, elle le fractionne cérémonieusement dans l'assiette, puis, après les avoir à peine trempés du bout des doigts, elle dépose un à un les morceaux dans sa bouche, on dirait une communiante au moment de la manducation. Puis un homme, jusque-là assis le coude sur la table, la face dans la paume, les cheveux en rideaux, que je dirais figé dans sa démesure intérieure, soudain se lève et se dirige vers la sortie en donnant de la gîte, comme disent les marins ; difficile à dire s'il est ivre ou distrait, mais toujours est-il qu'il se prend la porte vitrée dans le visage. Vers le même moment, un type entre comme apparemment chacun entre au café, qui d'un mouvement circulaire de la tête juge le lieu, les occupants, les places vides, puis s'installe au comptoir, cet échangeur pour buveurs pressés, en se pliant tel l'assoiffé au-dessus de la fontaine : *Un verre d'eau*, demande-t-il. *Grand, le verre d'eau. Et un court. Noir, le court.* À chaque entrouverture de la porte, une volée de bruits urbains s'infiltrent et font ciller quelques rêveurs. Un peu après, une petite vieille ployée à rompre fait son entrée, soutenue par un fils strabique, poussé à l'extrême de la précaution ; je parierais que sans la charge de sa vieille mère, il lui faudrait la pilule du bonheur pour se tenir à peu près ferme sur ses ambitions d'homme. Un peu après, une grappe d'ados, surmontés de leurs têtes à jamais fières, quittent le café, puis quelques employés qui vont réintégrer leurs boutiques, et d'autres jusqu'à ce qu'il n'y ait presque plus personne. Ne restent à peu près plus derrière que ces choses en forme de fauteuils et de tables, soudainement inanimées.

Presque midi de soleil lent, je préfère m'esquiver avant que l'affluence d'affamés, avec sa morale longitudinale et ses tentations transversales, ne commence de jaillir du seuil. Je repars par la rue, dans un ressaut de soleil qui me happe et m'emporte et me ravit, par une forêt de visages aux yeux vifs, mû et ému à la fois par tant de distance et tant de proximité entre tous et chacun.

* * *

Dans un café en demi-sous-sol, un de ces midis d'automne que le demi-jour se tache de lumières obliques. Je ne sais si c'est parce que j'ai mentionné que je serais seul et qu'on a craint que je m'ennuie, mais on m'a assigné la table la mieux placée pour assister au spectacle de l'entrée des clients. Je ne décrirai pas tout, pas nécessaire, mais résumerai en mentionnant l'arrivée par paquets d'employés, avec leurs familiarités de collègues, de gens d'affaires et de couples tout également désireux d'un coin tranquille, de femmes avides de salade et d'enfants de dessert, et l'entrée de ces deux-ci. D'abord un homme qui se faufile comme une trombe entre les arrivants et se précipite vers une fillette déjà à table à dessiner dans un grand cahier : *Est-ce que tu m'attends depuis longtemps ?* Puis l'arrivée de ce que je crois que Rabelais voulait dire par l'expression *mâle masculant*, qui s'approche d'une nymphette agitée et se pose sans la regarder, jusqu'à ce qu'elle se plaigne : *Ça fait pas mal longtemps que je t'attends !*

Un peu après, une exquise silhouette vient s'encadrer en ombre chinoise dans la porte ; après deux pas et trois secondes, accédant à la lumière des lampes du plafond, elle expose son aspect de jeune fille souriante, encagoulée d'un foulard, mais portant une longue jupe serrée et un t-shirt dévoilant son nombril ! Le serveur, ou bien fasciné par ce bel oxymore, ou bien désirant ne pas faillir à son devoir, aussitôt s'avance à sa rencontre, soudainement démuni de son air blasé, et lui donne une place de choix. Il l'installe en fait à une distance qui me permet d'éluder le patchouli que j'ai perçu à son passage, mais de la maintenir dans mon champ de vision. En un rien de temps, il lui apporte un verre d'eau et le menu, lui fait des suggestions, lui lance une remarque ou deux, brise la glace, comme on dit, et note sa commande sur un bloc. Comme il s'éloigne d'elle, je fais un signe à ce serveur, qui s'approche enfin. *Puis-je avoir un menu ?*

Près de l'entrée, un gars et une fille percés ici, tondus là, habillés comme pour le champ de bataille et dont je ne comprends rien aux regards qu'ils échangent, avalent précipitamment une bouchée, j'espère pour eux avant d'aller se livrer à une équipée d'amour, mais ça pourrait aussi bien n'être que de la flânerie ou du lèche-vitrine — les deux éventualités semblent équipossibles. Mais je me trompe sans doute, car aujourd'hui, avec ces têtes rasées, ces tatouages, ces anneaux, je ne sais plus très bien ce que veut dire une belle fille pour ce genre de garçon, et pour elle, un beau gars. Mais toujours est-il qu'ils laissent sur la table une tapisserie de petites pièces bien comptées et sortent en extirpant chacun de son sac à dos le *squeegee* qui en dépasse.

Il y a ceux qui entrent au café comme chez eux, ceux qui se l'approprient comme un territoire conquis, ceux qui s'y glissent ainsi qu'à l'église, on dirait presque qu'ils font une génuflexion, mais il y a aussi ceux qui y plongent en faisant des éclaboussures. Ce soir pluvieux, ce sont essentiellement des filles; pour une raison que j'ignore, les garçons semblent plus mesurés...

Trois jolies rondelettes battant pavillon latino, dans des impers aussi colorés que les drapeaux de la France, de l'Italie et du Brésil réunis, entrent et se tiennent un long moment sur le palier intérieur. On dirait qu'elles attendent qu'un dignitaire leur passe au cou la médaille olympique. Deux filles les suivent, de vingt ans peut-être, l'une contre l'autre accotée, on ne saurait dire laquelle plus enivrée que l'autre, mais assurément toutes deux éméchées, qui chantent *Y a-t-y d'la bière icitte?* Le garçon leur suggère un café, sinon un thé alors, mais elles craignent que ça dérange leur sommeil. Et elles repartent sur l'air d'*Y a rien qu'du thé icitte.* Deux autres, assez ressemblantes aux précédentes, entrent avec l'air de juger que c'est ici un endroit favorable où épancher leurs secrets et leurs douleurs. Une trempée de part en part arrive, on dirait qu'elle a essuyé l'orage à elle toute seule! Elle s'acharne un moment à coups de pointes et de talons à débarrasser ses bottes de la gadoue. La pluie continue de s'égoutter longtemps de ses vêtements après qu'elle s'est assise. Une jolie fille fait une entrée fracassante avec son petit air achalé, semblant dire qu'elle en a marre que les trois quarts des hommes la reluquent; on voit parfois le contraire, des beautés inquiètes que le quart ne les remarque pas! La beauté est un compromis, suggère Goethe dans une lettre de jeunesse.

À chaque entrée ou sortie, des tables et des chaises sont déplacées et grincent et craquent, on dirait un concerto pour castagnettes et crécelle. Mais bientôt la foule devient si compressée que chacun trouve sa limite contre les corps qui le frôlent. Je préfère encore aller marcher dans le crachin.

* * *

S'installer dans un café, pour une heure disons, tient parfois du cérémonial! En voilà un — et c'est peut-être moi — qui choisit minutieusement le lieu de son installation en fonction de l'éclairage, des effets de contre-jour et des courants d'air, de la situation des enceintes acoustiques, de la stabilité de la table et de la chaise, qui vise à se tenir à l'écart des circuits de passage vers la sortie ou vers les toilettes, puis qui choisit l'angle favorable à l'observation de la salle, qui dépose son sac sur une chaise latérale, puis en sort un quotidien, un livre, deux crayons, un carnet, des demi-lunettes et dispose le tout de manière que chaque objet soit immédiatement accessible, mais aussi à laisser de la place pour le bol de café et le croissant. Puis il tombe la veste, détache puis rattache un bouton de chemise, change finalement de place, à cause d'un jeu de miroirs qui lui donne vue sur sa tonsure, il croise, décroise les jambes, recule, se rapproche de la table, tourne de quelques degrés dans le sens contraire des aiguilles d'une montre — un droitier, de toute évidence —, sourit à la serveuse, répond que *Oui, ça va,* il n'a pas à lui dire qu'il rentre de fréquenter, à Vienne, Prague et Budapest, des cafés célèbres, et commande sans consulter le menu, ce qui lui confère un air d'habitué. Il chausse les demi-lunettes et ouvre le journal… Mais qu'on n'aille pas croire, on n'a pas si tôt épuisé toutes les variations sur un thème apparemment si maigre que journal et café. Je n'ai même pas eu le temps de rappeler qu'Hegel considérait sa lecture du journal comme sa prière matinale.

Il s'amuse de la scène voisine, où une fille abandonne ici et là sur la table sa main blanche, dans l'espoir que le garçon qui lui fait face s'en emparera. De l'autre côté, un couple est assis de guingois, lui en père qui marmonne des tollés et qui tapote de l'index sur la table comme un bec de pic, elle qui semble perdue dans son mutisme. Ce silence, craie noire sur tableau noir, assurément exaspère le vieux, qui alors se jette vers la sortie en exposant des ondulations d'imperméable. Elle reste seule à éponger la source bleue de ses larmes. Mais voyant que quelques personnes s'agglutinent à l'entrée dans l'attente qu'une table se libère, elle sort à son tour, la face dans le collet, laissant derrière elle son silence, dont l'espace quitté fait un moment sa musique et son parfum. Sur l'entrefaite, une fille au visage d'étrave effilée fend la petite foule et va droit s'asseoir à la table libérée par la précédente avant même qu'elle ne soit desservie, au déplaisir de ceux qui étaient sagement cordés près de la porte. Cette action met de la récrimination dans un après-midi de café pourtant prometteur… Durant le reste de l'heure, entrent et ressortent pêle-mêle quelques porteurs de leurs idées et de leurs opinions qui viennent ici incarner l'audience des phraseurs et des débatteurs.

* * *

J'entre dans la proximité des choses d'un café-bar me reposer le dos et me mouiller le gosier d'un jus d'orange frais. À peine installé à ma table, j'assiste à une entrée des plus spectaculaires, celle d'un type qui ouvre la porte d'un air un peu chiant, qui se lance en avant en souriant mystérieusement au lointain et qui rate la marche ; il s'engage alors dans un bel enfargement, je ne saurais mieux dire ; le point d'appui par-ci, le corps par-là. Mais c'est un fier battant qu'on ne comptera pas trop vite pour terrassé. Il tente de se redresser en même temps qu'il exécute une pirouette inspirée de la toupie. Son porte-documents part dans une direction, les livres qu'il tenait sous le bras dans une autre, qui vont atterrir en même temps que lui sur le plancher, eux à plat, lui sur la tranche, si je puis dire. Et aussitôt, comme s'il rebondissait, de se relever en murmurant, les dents serrées, à l'adresse du serveur tétanisé : *J'aurais pu me faire mal !* Ç'aurait été dommage, je suis sûr que ça nous aurait raccourci la rigolade… Mais l'incident est vite refoulé aux oubliettes par l'arrivée d'un personnage venu combler un vide de la réalité : un pompier, ça nous manquait ! Un grand type qui suit son nez, le genre qui se dirige à l'odeur ; d'ailleurs, n'est-ce pas ce que porte l'étymologie du verbe *sentir,* « se diriger vers » ? Il entre donc en trombe, le pompier, en biaisant comme une chauve-souris, tête première et bras ouverts. Mais la personne escomptée n'est pas là. Je me demande s'il n'espérait pas trouver cette fille qui est sortie exaspérée il y a cinq minutes. Une beauté arrivée lumineuse et repartie brumeuse.

Puis il se produit que l'abondance de significations m'écrase comme du plat de la main, puis me balaye du revers. Je suis en quelque sorte expulsé, non par un serveur tyrannique, mais par la profusion, par le comble. Je sors parce que ma coupe est pleine. Je veux dire mon carnet. Je veux dire ma mémoire de papier.

* * *

Proche vingt-deux heures, après un séminaire, j'hésite devant un établissement de café. Soit que j'y entre ou pas, il y aura toujours matière à me le reprocher ; alors j'y entre le plus souvent possible. Et plus j'y entre et moins je me le reproche. Puis il y a que la porte s'entrouvre et le café inspire ; elle s'ouvre de nouveau et il expire en émettant des voix. Le café est un poumon où se font des échanges gazeux qui ont parfois la forme d'invites.

J'entre donc et me retrouve derrière un groupe qui espère une grande table, on dirait des belles têtes de studieux. Ils sont cinq, disposés en quinconce, la fille au milieu, qui, en attendant dans l'entrée, se mettent dans l'esprit disposant à jaser sur tout et rien. Ce n'est que plus tard qu'ils évoqueront l'examen du lendemain et la grève étudiante qui se profile à l'horizon. Un peu après arrivent deux jeunes filles en talons aiguilles, dont elles ne semblent pas bien maîtriser la conduite, et qui viennent au comptoir, manifestement anxieuses, avaler un muffin et un café avant d'aller tituber toute la soirée dans une discothèque. Puis une jeune femme fait une entrée originale, qui, à la manière d'une boule de flipper, se heurte à tous les obstacles, et comme elle ne trouve pas là qui elle cherche, si tant est qu'elle cherche quelqu'un, elle ressort, et comme elle ne sait où elle va, elle rebondit dans tous les sens, et comme ça la décourage, elle revient sur ses pas et rentre de nouveau, et comme elle ne va pas ressortir aussitôt, elle s'installe à la table que je quitte justement et commande un café. *Ça va me calmer*, dit-elle. *C'est sûr!* ironise la serveuse.

Débarrassé d'un peu de ma fébrilité, je repars m'engouffrer dans la nuit des passants, en même temps que deux chauffeurs de taxi repartent se jeter aux écoutes de la nuit besogneuse.

Les ambulants de l'extérieur

Sur les trottoirs, passent des silhouettes. Je les observe. Certaines s'imposent à moi, entrent dans un récit dont je ne sais même pas, dans l'instant, que je l'ai déjà en tête.

ALAIN MÉDAM, *Ils passent la Main*

Une chose insiste, dans les carnets, sous différentes déclinaisons : fenêtres, baies vitrées, vitrines… Car il y a deux sens à dire que le débit de café est un lieu d'observation : certes en tant que lieu fermé que l'on fouille de ses sens et de son entendement, mais aussi comme lieu d'où observer l'extérieur.

* * *

Un matin d'automne que tout semble aller à l'encontre de ma volonté et que cet antagonisme et moi sommes comme des caribous pris par les panaches, je me dis dans ma jugeote que ça aiderait à composer une journée acceptable si je commençais par un p'tit-déj' dans un café. Je choisis un décor matriciel dans sa conscience d'espace clos, avec ses murs de pierres qu'on devine épais comme une voûte de banque, son plafond bas, son plancher de carreaux gris. J'entre sous les premiers accords de l'adagio du *Quintette à cordes en do majeur* de Schubert, de quoi t'arracher l'âme avant l'omelette du matin, et tombe dans un réceptacle où tout semble exprimer la dysphorie, les vieilles tables, les photos d'autrefois, même l'allure de certains habitués. Quelques-uns, par ailleurs, y vont de leur anneau au sourcil, de leur chaîne à la cheville, de leur boucle à la lèvre, de leurs tatouages aux bras, de leur rêve à l'entrejambe. La morosité circule à la vitesse d'un courant d'air et frôle les jambes tel un chat de sa croupe, heureusement qu'il y a cette jolie face pour servir. Or, la serveuse m'offre de débuter par *un bon café chaud*. Au moment qu'elle le verse, je lui demande pourquoi elle a précisé bon et chaud, mais le peu d'expérience de ses dix-huit ans peut-être ne lui permet pas de répondre, elle rougit à la place. Je lui suggère aussitôt de ne pas changer de méthode, que c'est bien ainsi, qu'il n'y a pas de mal à promettre que le café sera bon et chaud. Et je garde pour moi que de tout temps, nos mères ont voulu nous gaver de bon et de chaud, ça ne s'oublie pas.

Le plus intéressant de ce café, à cette heure de tôt matin, c'est qu'il profite de la valeur de stimulation d'un carrefour; la circulation piétonne, sur l'à-plat des trottoirs, y tourne au spectacle. Je barbote donc une petite heure dans la peine évasive du matin, le regard accroché à la vitrine et au tableau de la rue, et sa circulation de piétons, qui suivent le courant, chacun comme une dent de roue engagée dans sa crémaillère. S'y présente un déroulement de silhouettes dépareillées, la ventrue, la grêle, l'élégante, et de démarches, l'ondulante, l'athlétique, la dégingandée. Des corps se frôlent et se croisent en marquant leur communauté aussi bien que leur individualité. Chaque souffle paraît vital ; chaque regard, indispensable. À l'occasion, un piéton plonge son regard dans le mien, mais neuf fois sur dix, il examine plutôt son reflet. L'effet de verrière crée une illusion de silence qui accentue les images de la rue : deux gars, les capots levés, qui se montrent leur moteur en roulant les mécaniques ; trois hommes et une femme qui s'étreignent, je ne saurais dire s'ils se retrouvent ou se quittent ; une employée de nuit, je crois, sortant du bâtiment d'en face, qui part se calmer aux endorphines et au grand air en rentrant chez elle à bicyclette ; des gamins de la maternelle, bien encordés et bien encadrés, qui se captivent pour des cueilleurs de bacs de récupération auréolés de tourbillons de sueur. Puis les figurants du matin, dans leur banalité paisible, disparaissent un à un dans l'épaisseur du monde. L'air décline ses tonalités de gris et de jaune, les branches battent leur espace dénudé, la perspective de la rue trace ses lignes raides en tendant vers le pointu d'une fuite imprécisable.

* * *

Faux printemps. Par la vitrine, j'observe des jeunes rêveurs au toupet mouillé, des étudiants qui s'épuisent à porter des pancartes et des banderoles et à vociférer des slogans pour défendre une cause commune. Ils marchent dans des jeans et des manteaux rapiécés pour de vrai. *Qu'est-ce qu'y z'en savent, ces jeunes-là, de ce qui est bon pour la société?* demande derrière moi une cravate. *Qu'y commencent par s'trouver une job,* ajoute une calvitie. On dirait des enfants nés pour la fin du monde et on voudrait qu'ils demeurent dans la beauté des choses, qu'ils ne bariolent pas le paysage ; j'essaie, oh ! à peine, de le faire entendre à la cravate et à la calvitie, qui se contentent de lever les yeux au plafond avant de replonger dans le journal qui leur dit comment penser.

Sur le trottoir, qui font écran devant la manif, des jeunes gens, qui ont en poche tous les diplômes pour être chômeurs, se plaisent à échanger une balle de sable avec les pieds pour ne pas voir ce qu'ils voient et ne pas entendre ce qu'ils pensent. De l'autre côté de la rue, des travailleurs indifférents marchent vers des lieux inconnus, qui, jour après jour, sont les mêmes.

En fin d'après-midi, à l'heure de l'estompe, après un piquetage solidaire et symbolique et des réunions déprimantes, je reviens dans le même café. Des néons gonflent le vide et jaunissent les visages, en vert-de-grisent même quelques-uns. La cage des bureaux s'ouvre, les parkings se saignent et déversent des flots de chauffeurs à l'écoute de la radio du retour. Des façades de vitrines s'illuminent, gavent l'œil de couleurs. Les travailleurs se hâtent ou pas vers des partenaires de vie auxquels ils pensent et pour cette raison échouent ou pas dans des lieux de transit, la gaîté d'un bar, l'agrément d'un café. C'est à cette heure, à la fois à l'écart et spectateur de cette agitation, que je ressens le mieux le bonheur de ne pas en être — bien qu'en étant. Je fais craquer mes doigts gourds pour m'assurer que je suis bien éveillé.

* * *

Dans un quartier de petites rues étroites et basses et grouillantes, et de tourbillons de vent qu'on dirait éternels, par un après-midi de lourds nuages, je m'attable dans un café parsemé de buveurs attardés à parcourir les titres du journal, qui, sans attendre personne, me semblent dans l'esprit d'espérer quelque chose qui n'arrive pas. Ils sont séquestrés par des cloisons de bulles personnelles et par des nuées de poussière en suspension sous les halogènes. Parfois quelqu'un lance une remarque sur l'actualité ou sur le pouvoir malade d'indifférence, question de faire un peu diversion au silence. Mais personne n'y répondra jamais, car ni la raison ni la résistance ne sont au programme de la journée.

Par la vitrine ouverte aux courants d'air, j'aperçois une courte échappée sur un semblant de terrasse et, de l'autre côté de la rue, un square étriqué. Entre les deux, des cyclistes casqués pédalent au ralenti, des acharnés du cellulaire dessinent des pantomimes dans le vide, des gamins passent, sac au dos, en lisant des bédés, y a même la pompe municipale qui s'active à combler un nid-de-poule. Il y a parfois des moments de la foule où elle n'est personne. Mais cela dit, je dois du même souffle formuler la certitude adverse et me rappeler que non seulement la foule est toujours quelqu'un, mais que chaque fois que j'y suis, j'en suis.

Soudain, l'ondée se déclare, les passants bombent le dos et zigzaguent en désarroi. Des zélés nagent dans le jour sous des journaux repliés. Le square d'en face se magnifie dans les flous de nuées propices. Mais peu après que la brume s'est évaporée, le charme se dissipe et se recompose autrement. Des profils, sur des silhouettes, circulent alors dans tous les sens et se noircissent en tas, la cohue reprend ses droits. La lumière rebondit par flaques. Des passants clopinent sur le monde solide des trottoirs, certains même se tamponnant. Des affairés surgissent en courant dans la rue bâillante pour donner la communion à leur parco-mètre... Et le prix d'entrée de ce spectacle inclut le café !

*　*　*

Me rendant à une réunion, je m'arrête dans un café afin de reprendre mes sens et de songer à des représailles contre ceux qui violent l'intimité de mon agenda pour y mettre le nom de leur comité à la date et à l'heure de leur choix. Je tombe dans un établissement intrigant, qui semble baigner dans une lumière d'oubli, comme quand on se rappelle juste à moitié une scène vécue. On en ressort en se disant qu'il y avait des tableaux aux murs, peut-être, sans doute, pas sûr, et la serveuse... enfin, c'était peut-être un serveur, et le muffin, une chocolatine. Y a des cafés, comme ça, qui figurent en anonymes au cœur sec. Ces jours-là, c'est souvent la rue qui s'exprime avec le plus de fougue… Les vitrines y débordent en effet, comme des coloriages d'enfants, de couleurs d'automne accentuées par un soleil vif. Un vent lourd glissant du mont Royal vers les raffineries de l'Est incline les houppiers et arrache des ramilles. Des piétons qui semblent se pourchasser se croisent sans se cogner à rien ni à personne; leur étalement, sous la vibration chromatique du coucher de soleil, produit un échelonnement des perspectives. Les couples ne discutent pas longtemps au pied des escaliers extérieurs ou devant les menus des restos. Juste là, devant, une étudiante, dans un long manteau d'automne, dépose par terre un verre en polystyrène, sans doute un café, s'accroupit et, dans un parfait équilibre, entreprend de lire un livre de poche tout en fumant une cigarette. Mais quelque chose fait rage en elle, du manque ou du comble, difficile à dire; je perçois son regard de souris prise au piège sous l'échevellement de mèches. Derrière elle, des écolières aussi droites que sur des photos d'école attendent l'autobus. Ce sont là d'étranges petites faces de filles sages; je dirais des jeunes friches rêvant de garçons assez audacieux pour aborder des premières de classe. Entre elles et la vitrine, des passants circulent, chacun gardant le silence sur son *d'où vient-il?* et son *où va-t-il?*

*   *   *

Dans une salle intermédiaire entre deux terrasses, à l'arrière et à l'avant, qui en capte donc la double lumière, j'épie de loin les passants. Ceux qui courent, qui piétinent ou qui reculent. Ceux qui ont des ailes, des airs ou beaucoup d'allure. Ceux qui marchent de côté ou la tête en l'air ou le pas alourdi. Ceux qui foncent, qui esquivent ou qui s'arrêtent pour un rien, une observation, une conversation, une démangeaison. Ceux sur qui on renifle une odeur de labeur, de moisi, d'amour. Ceux qui marchent pour faire trêve à leurs affaires, à leurs rancœurs, à leur ennui. Les hyperactifs, les bipolaires, ceux que le peintre Hodler appelle *les las de vivre*. Ceux qui incarnent le simulacre brutal de la tendresse, l'aspect bavard de l'âme ou le côté sombre de la beauté. Ceux qu'on devine responsables et imposables et qui reviennent de se doucher dans les sueurs du travail. Celle qui a ses yeux de bord de mer rivés sur le manque d'horizon. Celui qui marche dans les pas des autres pour ne pas laisser de traces. Ceux sur qui il n'y a rien à dire et qui constituent pourtant et justement le cœur des passants... Mais que sait-on vraiment du cœur de la foule ou du milieu des choses?

Soudain, on voit traverser la rue et venir vers la terrasse avant une jolie fille qui porte un t-shirt donnant à connaître bien des choses à son propos, de sa bonne croissance jusqu'à son inclination politique symbolisée par la feuille d'érable. Dans ce débit que je devine d'obédience fleurdelisée, chacun des serveurs et des clients la regarde s'asseoir sous l'auvent et commander *une café* dans son français de high school et être belle, très belle. Quelque chose en elle, que j'appellerais une beauté assumée, en inspire plusieurs et en froisse certaines. Puis un garçon la rejoint, *Une café aussi pour moi...* C'est vrai que le café se boit bien à deux, sans doute parce que la fleur du caféier contient deux graines.

* * *

Une semaine complète de beau temps estival, les angoissés ne trouvent plus rien à espérer désespérément. J'entre lire dans un café avec vue partielle sur la ville qui m'a donné le jour et la nuit, et les quatre saisons et l'amour. Un café d'un intérieur cru, où les habitués de la terrasse ont l'air de monuments avec leurs chiures de pigeons sur la casquette, à moins que ça ne soit la griffe en aile d'ange d'une certaine marque. Je m'installe à l'intérieur, au milieu d'une série de tables longeant une vitrine semblable à toute autre, où rôdent des silhouettes fugitives, la plupart cheminant à petits coups de roulis, certaines tanguant ostensiblement avec l'air de dire oui à la promesse de bonheur que le beau temps épelle. Des ombres passent, qui sont avant tout des formes glissantes de passants à sang chaud. En toile de fond, des traînées de vitesse secouent la vitrine, qui vont si vite qu'on ne sait plus si ce sont des vélos ou des motos qui les produisent.

Il y a des moments, comme celui-ci, qui font du bien sans que l'on sache ni comment ni pourquoi, des moments remplis d'attitudes que l'on prend et de gestes que l'on fait dans la spontanéité de l'imprévu : épier par la vitrine, tourner les pages du journal, caresser le luisant de l'épiderme sur le revers de sa main, prêter attention au vrombissement d'un autobus en songeant aux avantages des tramways qu'on a connus enfant, déplacer son torse afin de décaler la pression des barreaux dans son dos, tout ça sans jamais transmettre d'injonctions morales à son corps, du genre *Tiens-toi droit.* À répéter ces gestes rassurants, à saisir les petites choses du jour dans leur juxtaposition, il peut arriver qu'on en arrive à penser qu'une harmonie universelle est à l'œuvre dans le monde et qu'on y tient sa place.

Je consigne dans le carnet que se présente parfois en moi une aspiration à rendre compte de la simple joie d'occuper mon réseau de cafés. Que j'aspire à des moments d'adéquation entre ce réseau et moi ; moi comme écrivain, certes, mais aussi comme homme — il ne sert à rien d'être écrivain si on ne s'assume pas d'abord comme personne. Que je ne serais pas mécontent de juste saisir un peu, dans ma mesure, la résonance en moi de tout ça qui m'outrepasse, de juste vivre en toute inconscience auprès de ce *tout ça*, comme dans la vie courante, creusant le vrai, tel qu'il m'apparaît inscrit dans le temps et dans l'espace, dans le social et dans l'histoire, me bricolant une vision du monde dans une suite discontinue de choses, de faits et d'êtres surtout, sans rien figer sur image, une vision bougée qui, à force, serait non pas ma sortie de chrysalide — je ne suis pas du genre rédempteur —, mais mon adhésion au monde, soit-il ce qu'il est !

Tiens ! ce que je vois par la vitrine me rattrape : la rue amorce son vendredi soir, les employés filent, les amoureux défilent, les cinéphiles font la file. Le flux des travailleurs et des étudiants déborde dans les bars, les restos, les cafés. Quelques passantes ralentissent dans les aires de trottoir éclairées par les vitrines, sauf devant les terrasses de cafés, où elles accélèrent le pas, se sentant examinées de trop près par des jeunes gens qui n'en ratent pas une. Bien avant l'heure que l'air résonne de miaulements de matous et de chattes en chaleur, une grande blonde qui se donne des airs délurés et une grassouillette décolletée vont ensemble, bien que chacune pour elle-même, comme on le devine, avec leurs attentes et leurs appas. Des jeunes gars à l'accent de souche sortent en vitesse suivre ces filles courables qu'ils ont vues passer. Un souffle chaud rentre occuper momentanément leur place.

Quelques ampoules, aux vitrines d'en face, comme des petites tasses de lumière dans le soir, balisent la rue pour les étourdis. Dans un autre angle, on discerne une lueur, qui est le fait de deux traits lumineux qui s'intersectent : la croix du mont Royal.

* * *

L'hiver avant la neige, à l'heure du ressac des travailleurs et des moins obsédés d'achats pour la proche Noël, qui s'infiltrent dans des crevasses de bars et de cafés... Le jour tombe derrière un soir sans étoiles, sauf pour quelques carreaux de fenêtres réduits à de faibles lueurs intermittentes. Sous un réverbère, une femme multiplie les gestes d'indécision, hésitant entre se rendre au travail pour son quart de soir, oui, elle devrait, et ne pas y aller tout de suite, non, pas obligée, et finalement elle descend vers le café, dévoile son uniforme d'infirmière et commande un cappuccino. C'est que l'attrait du temps pour soi met des années à vaincre la culpabilité apprise à l'école et au travail. On se rappellera que Glenn Gould mit des années de travail pianistique avant de récolter les bénéfices de la lenteur, qui, entre la version de 1955 des

Variations Goldberg, de 38 minutes 27, et celle de 1981, de 51 minutes 15, trouva donc 12 minutes 48 secondes de musique dissimulée dans les interstices, une lenteur cérébrale et célébrante qu'il a lui-même appelée un *temps très pensif.*

Les inscriptions renversées de la vitrine hachurent les murs d'en face, criblés de petites fenêtres. Dans la rue, un rideau de voitures passantes et de piétons courbés en avant forent les vents de l'avent, des destins en marche se suivent et se croisent. Les piétons ont beau fendre ce voile de brouillard d'une largeur d'épaules, il se referme aussitôt sur chacun, pas de passe-droit.

Au bonheur des personnages 2

On découvre souvent par hasard un café insoupçonné. Il y a donc toujours une première fois d'un café et de ses personnages. En voici quelques-uns, de tels personnages de nouveaux cafés, portés dans un mince carnet en moins d'une huitaine.

Deux filles attablées en vis-à-vis, l'une à la beauté infuse, et l'autre son antithèse. Il arrive qu'on soit déconcerté par ces filles qui sont belles en toutes circonstances, même le lendemain d'une beuverie, qu'un rien habille et qui même confèrent au vêtement une allure qu'il n'a pas sans elles. On reste aussi interdit, bien qu'inversement, face à ce genre de créature qui, quoi qu'elle fasse, a toujours la peau qui germe et la chair qui déborde, qui n'a pas trouvé son aise dans son corps ingrat. Et on s'étonne encore de voir ces deux filles ensemble dans une si grande amitié.

Un vieux, sans doute sorti trop tôt au printemps sans la veste, décoche des microbes et des virus à coups d'éternuements, à moins que ça ne soit le pollen de peuplier mâle qui le rattrape. Il rage d'être devenu ce qu'il est, lui qui a été si vif de corps et d'esprit, si fort, si prompt à bander ! J'imagine qu'il y a de cela dans le vieillissement, ne plus pouvoir aimer son image, et ne pas savoir surmonter l'humiliation de cette déchéance.

Un type s'essuie précautionneusement les mains, se mouche, se cure les oreilles avec l'auriculaire et les dents avec le cure-dent de son couteau suisse, se nettoie les ongles, se peigne, s'époussette les manches, se secoue les pieds contre le chambranle de la porte et repart dans le crépuscule physiquement et symboliquement nettoyé des souillures de la journée.

Un ouvrier noircit un livret au stylo-bille, non pas avec la distinction d'un scribe dont la plume constitue le prolongement de la main, mais comme œuvrant avec un gros instrument à démarreur manuel, genre tronçonneuse ; on dirait qu'il pyrograve des mots et des nombres qu'il garde au secret de son poignet replié.

Un chapeau cloche sur la tête, bien mise d'une robe qu'on dirait des années trente, grasse de la face aux mollets et projetant des regards de désarroi, telle est ma voisine qui, le café étant complet, m'a offert de partager sa table. Elle frappe sur une soucoupe avec sa cuillère, lance des œillades inquiètes, commande un troisième café, refuse qu'on reprenne les tasses qu'elle empile tel un trophée, *C'est pour faire le compte,* dit-elle. Elle fouine nerveusement dans son sac et finalement étale sur le marbre un puzzle de pièces ordonnées par valeurs. Elle se lève — je vois alors que sa nuque est déformée par une gibbosité — et va examiner une à une les peintures aux murs, des copiages de Seurat, et enfin quitte le café en saluant le personnel d'un large mouvement du bras, on dirait un magicien ouvrant sa cape. *Une habituée,* dit la serveuse, qui remballe la colonne de tasses et de soucoupes, ou peut-être a-t-elle dit : *On est habitués !*

Un livreur à l'étroit dans sa livrée incarne la joie d'exister. Il suffit que son regard en croise un autre pour qu'il se lance dans des blagues de son cru et des histoires à rire de son répertoire. Après dix minutes, son café avalé, le sens du devoir le retourne à ses livraisons. Mais curieusement, le drôle parti, on dirait qu'il manque quelque chose au café, une animation, une présence. Il arrive parfois qu'on regrette presque le regrettable.

*　*　*

Il n'est pas de trop qu'en un seul jour il en soit deux pour me remuer jusqu'au malaise, bien que différemment...

D'abord cette amie avec qui je prends le café, aux trois quarts effondrée dans ses profondeurs à cause de tout en général qui lui compose une vie intenable, qui étale ses échecs et ses désillusions, se vexe des agissements de ceux dont elle se croit méprisée, mais ce n'est pas le plus poignant. Il y a aussi que tout, dans son apparence, les mains tremblantes, les yeux gris mouillé de gouttières ; dans son attitude, les moues, les soupirs ; dans son langage, les mots perdus, les intonations grégoriennes ; que tout témoigne de son mal-être, et plus pesamment que si elle se déboutonnait à grands cris ou en faisait des autofictions.

Il y a aussi que, dans ce café de voix et de vides qui se heurtent et secouent, travaille une ancienne étudiante que je connais, bien que guère. Faut dire que, des gens qu'on croise sans trop de vigilance, il en est peu qu'on rencontre vraiment. Je sais d'elle qu'elle se soulage dans l'exutoire de cahiers à noircir, mais sans les faire publier jamais. Elle mène une existence intense et adaptée à cette quasi-absence de perspective. Pas besoin d'être un psychologue patenté pour capter ses moments fragiles sous les rires sopraniques dont elle ne se prive pas. Serveuse dans des cafés du Quartier latin ou employée à la distribution des amuse-gueule et des petits pains frottés d'ail dans des cocktails, ça ne peut tout de même pas la rassasier. Je le dis comme son ami que je pourrais être. Et sans doute comme qui ne peut la comprendre vraiment.

*   *   *

Après deux heures de diversité vagabonde, je me mets au repos dans un café, le visage fermé et les yeux ouverts, comme qui n'a rien à donner et tout à prendre. Et j'attends que ça commence. Mais il ne se passe rien qui me soit le signe avant-coureur de quoi que ce soit, sinon que des scènes muettes et presque figées m'enclavent, et qu'il pleuvine dans la vitrine.

Ce café n'est pas branché sur Internet, on y fait rouler de vieilles cassettes de jazz. Des habitués y viennent à toute heure flâner, lire, jaser. On discerne ici ce que l'Histoire, la *grande faiseuse de bruit,* ainsi que l'appelle Kierkegaard, marchant comme une géante sur des sommets, laisse intact au fond des plis.

Soudain vient s'imposer une connaissance de mauvais poil et de mauvaise foi pour qui le monde se divise en deux : ce qu'il déteste et ce qu'il ignore. Le cappuccino de cet établissement, pourtant le meilleur du quartier, m'a rarement été si déplaisant! Qu'avais-je donc à y attendre qu'il s'y produise quelque chose!

Le gêneur reparti, je peux enfin me tourner discrètement vers les gens autour. J'attrape et mets en pile des bouts de scènes et de personnages, à commencer par ce type, au bar, qui porte un manteau lui tombant en pyramide jusqu'aux chevilles et qui se tient debout à un bras de distance du comptoir et de son expresso. Je mets un temps à comprendre qu'il maintient cette posture non pas tant pour assurer son assise corporelle que pour ne pas froisser sa pyramide, autrement, il perdrait sa contenance. Il y a aussi cette fille aux allures de Fifi Brindacier de trente ans qui se livre à des assauts sur la chanson française, en faussant par-dessus un air d'Adamo, tandis que son compagnon de cordée, un tatoué percé au bleu gouvernail sur la tête, écoute sur son iPod un tintamarre qui chuinte jusqu'à moi. C'est à se demander si ces deux-là font l'amour dans des positions qui se répondent!

Le café est rempli d'affairés qui se prennent pour des gens d'affaires, comme celui qui repart justement conquérir le monde, un de ces voraces pour qui deux plus deux égalent quatre et trois quarts. Sa place est aussitôt prise par un homme de belle prestance, le genre responsable et imposable, le cheveu gominé, habit vert tendre trois pièces, cravate assortie, qui, son café irlandais ou brésilien commandé, ouvre sa mallette sur ses genoux et s'active comme à son bureau. La glabelle plissée, il parcourt des documents, les classe, consulte son BlackBerry, fait quelques appels et soudain, peut-être se brûle-t-il les lèvres à son café espagnol ou calypso, toujours est-il qu'il éclabousse sa mallette et sa cravate et qu'il hurle quelques jurons qui dérident les oisifs des alentours. La plus rieuse est une maman dont le gamin se divertit poétiquement avec des serviettes en papier, qui pose des envers sur des avers et produit des pyramides, *Une pour mamie, une pour marraine, une pour Véro...* Qui est Véro? On ne le saura pas. Les personnages des cafés sont troués de manques.

⁂   ⁂   ⁂

Quelques matins pathétiques dans divers cafés, où je me perds dans le là d'une présence parfois trop attentive aux individus. J'en retiens des bouts de listes où l'imagination joue aussi fort de son instrument que l'observation.

Une jeune femme, devant ses œufs bénédictine, figée sous son suaire de fard et de rouge, consulte son horoscope, qui, chez elle, semble tenir l'émotion en paix : *Bonne journée pour se faire des amis,* lit-elle sans doute. Et de se tourner alors vers le garçon de la table voisine, un rouquin qui se lisse la tignasse vers l'arrière de ses doigts écartés, et de lui demander s'il veut être son ami. En fait, elle commence par *Vous savez pas ce qu'y disent dans mon horoscope...* Mais l'autre ne veut pas le savoir, comme s'il apercevait un désastre dans la conjonction des astres. Pour faire diversion, elle jette sur la table des grattures de petite monnaie qui ne valent pas le prix d'un café. Un peu après, le patron, en connaisseur du cœur humain dont les affaires vont bien, d'un geste faussement galant indique le chemin de la sortie à la dame à l'horoscope, *Tu reviens quand tu veux,* dit-il, *dès que tu as de quoi payer...* À une table de coin, un groupe d'amis artificiellement joyeux soutient un jeune émacié que je crois en congé de travail à vie pour cause de maladie terminale; chacun à son tour va se pencher sur son épaule pour lui confier une impression, un souvenir peut-être, le faire rire d'une blague, et il rit chaque fois comme si c'était la dernière... Un jeune gars à géométrie variable, un maniacodépressif en phase hallucinée que je croise à l'occasion dans les cafés du quartier, une fois habillé en plagiste, une autre en dur à cuire, aujourd'hui commence sa journée en habit de chercheur de job... Un mal accoutré entre à la recherche de l'âme sœur, ou enfin pas vraiment sœur, disons plutôt cousine, bien que pas trop cousine, plutôt belle étrangère, mais quand même pas trop étrangère, même si une Asiatique lui plairait bien, ou mieux, une Haïtienne aux lèvres roses... Deux femmes à chignon se font pleurer, puis se prennent les mains et font cette chose que j'appelle se taire en silence, sans bruit de déglutition, ni raclement de gorge, ni craquement de doigts, ni tintement de tasses... Un couple, au lendemain d'un crash, revient d'ouvrir la boîte noire de ses querelles devant un psychologue; en silence, ils maintiennent le regard dans sa tasse de thé l'une, dans son bol de café l'autre, et s'entrattaquent, s'entrassomment intérieurement et s'entrassassinent de mots, en tout cas j'imagine; et s'ils n'arrivent pas de chez le psychologue, ils devraient y aller, car ils s'emmerdent ensemble. Lui, on le devine comme les figures de la lune, à l'occasion spectaculairement lumineux, mais le plus souvent à moitié absent; elle, volumineuse et décorée d'anneaux, rappelle plutôt

Saturne que Vénus… Comme je me lève pour repartir, un jeune gars avec une tête de bilboquet, pour qui les autres semblent un bourbier, vient prendre ma place. On parle ici d'un frêle garçon qui éprouve la solidité de la chaise et l'équilibre de la table, puis qui décapote son ordinateur et, du bout de l'index, lui fait jouer son début de symphonie ! Certains ordinateurs ont ce don d'ouvrir une séance de travail comme s'il s'agissait de faire entrer les gladiateurs dans le forum ! Le garçon se donne l'air important de ceux qui, par ce signe, prétendent avancer dans la vie.

Stèle pour un bredouillis 2
(choses entendues)

… écouter, c'est être tendu vers un sens possible…

JEAN-LUC NANCY, *À l'écoute*

Je résume le quart d'heure de discorde d'un trio couvrant trois générations. Une grand-mère éclairée d'un maquillage forcé, que l'aspect ornemental désigne à l'attention des curieux; mais peut-être devrais-je plutôt dire qu'elle a mis un soin d'artiste à composer son ouvrage de façade. Puis sa fille, une femme à la jeunesse mûre, vêtue d'un tailleur et coiffée d'un joli chapeau désuet emplumé à l'arrière. Enfin, la petite-fille, tracassée par un rhume, qui marmonne dans ses kleenex et qui avale eau gazéifiée sur eau gazéifiée; rien là, à mon avis, pour dulcifier ses émotions! On ne perdra évidemment pas de vue que, dans cette hiérarchie, chacune porte deux titres: la grand-mère est aussi mère, la mère est fille et la fille, petite-fille. On n'est jamais qu'une seule chose.

Après l'introduction d'usage sur les études et sur le mauvais temps, grand-mère attaque de front ce qui la courrouce : *Tu vas donc te marier… Si jeune!* La mère plaide alors la cause de sa fille : *Mais elle a vingt-deux ans!* Et grand-mère : *À son âge, je magasinais encore!* La mère : *Moi, je me suis mariée à vingt et un ans.* Grand-mère : *Tu sais ce que j'ai toujours pensé de ce mariage!* La mère : *Maman, pas devant elle!* Alors la petite-fille d'expliquer que le fiancé est gentil, qu'il est promis à un bel avenir et qu'il est beau, mais beau! *Ce sont les pires!* dit grand-mère. *Faut toujours leur répéter qu'ils sont beaux! Et ils sont volages en plus, prends ton père…* La mère : *Maman, tu n'as pas à juger les maris de tes filles devant leurs enfants!* Grand-mère : *C'est pourtant moi qui vous ramasse quand ils vous jettent!* La mère : *C'est moi qui l'ai quitté!* Grand-mère : *Bien sûr! Quand il était déjà installé chez l'autre!* Et ça se poursuit plusieurs minutes avant que mère et grand-mère ne réalisent que la fille a pris son sac et, feignant d'aller aux toilettes, a discrètement emprunté le chemin de la sortie. La mère : *Tu vois ce que tu as fait!* Grand-mère : *Vous êtes bien toutes pareilles, à fuir la réalité.*

Un peu après, la mère partie derrière sa fille, chacun peut voir, chez quelques jeunes empilés derrière des tables, que des caresses et des baisers cherchent et font des hommes et des femmes, tandis qu'à gauche ct à droite, sous le masque hébété de la morale, des adultes y vont de grimaces, sauf grand-mère, bien sûr, qui semble savoir la valeur de ces étreintes. *Qu'ils profitent de leur jeunesse*, proclame-t-elle en se tournant vers moi. Je n'ai pas le temps de songer à une répartie qu'elle en rajoute : *Tandis que le corps est ferme et la main douce…* Cette mamie colorée et sans-gêne, elle est si minaudière que je crois lire, dans le tableau de ses yeux d'eau, qui sont le travers de ses yeux verts, qu'à une autre époque, comment dire? elle m'aurait abordé comme son genre d'homme. Après quelques mots d'apparat, la suite du dialogue entre elle et moi se résume à une courte gamme de sourires.

Qu'on se représente cette anecdote par son aspect de cliché du conflit des générations, qu'on lui remette ses temps morts, ses images convenues de cafés à l'heure de la sortie des cours et d'étudiants de cégep qui se bécotent, on verra alors comment le carnet, courant à l'essentiel, disons donc par resserrement, transforme en scène de théâtre ce qui est pourtant si banal.

✳ ✳ ✳

Un lendemain de match gagné, où, même dans les plus ordinaires restos du coin, des éclats de réalité font la fête et projettent le partisan dans la pure présence de sa participation au monde. Je mets du temps à remarquer, sur une chaise droite pourtant exposée aux regards et à l'écoute, un type sans âge auquel chacun feint de ne pas prêter attention, qu'on devine contribuant frénétiquement à ses scènes et dialogues intérieurs, qui bouge sans cesse les lèvres et les yeux, qui est secoué de contractions musculaires et qui se balance d'avant en arrière pire qu'un cheval à bascule; on se demande ce qui peut bien agir au plus secret de cette mobilité pendulaire. Chacun sait bien que les têtes sont métonymiques des personnes, sur le mode : une tête, une personne; dix têtes, dix personnes… Mais on dirait qu'il y a plein de personnes dans cette tête, et trop de têtes dans cette personne ! Soudain, le jazz, qui jusque-là aplatissait les paroles du matin, s'interrompt. Cet entracte impose aussitôt un silence jusque dans le sanctuaire des consciences, ce qui, je le jurerais, fait l'affaire de plusieurs. Or, au moment que le café semble des plus tranquilles, on entend s'élever, sous la forme d'un rugissement, la voix du solitaire qui répète : *Fais-moi pas ça, s'tie ! Fais-moi jamais ça...* On dirait son mantra de parano ! *Fais-moi jamais ça...*

Quand un individu prononce pour lui seul et malgré lui quelques mots qu'on dit échappés, j'imagine que c'est comme si la réalité du dehors venait le surprendre dans un moment d'intimité avec sa foule intérieure. D'où le malaise, parce qu'une telle rêverie étant privée, les autres n'y ont pas d'affaire. Évidemment, je veux dire que c'est nous, les autres, qui sommes mal à l'aise. Le solitaire de la rêverie, lui, ne s'est rendu compte de rien. Il continue sa litanie : *Fais-moi pas ça, s'tie ! Fais-moi jamais ça...*

*   *   *

Sale journée de novembre, idéale pour aller au cimetière, mais que personne n'y va tellement il fait mauvais temps. Après un petit-déj' avec un étudiant, je reste sur place à démêler, dans mes carnets, des choses vues et entendues, et me laisse étourdir par mille détails. Soudain, une voix s'élève derrière le comptoir : *Tiens ! on a pas vu Paulo, ce matin...* Alors on apprend, par un habitué, que le Paulo en question aurait choisi des jours de prison au lieu de régler ses contraventions impayées, et qu'il doit s'y rendre tôt le matin. *Y doit passer toute la journée à lire le journal pis à boire du café!* dit la serveuse, comme si, pour elle, le Paulo ne pouvait exister à l'écart de son journal et de son café!

Au fond de la salle, un petit provocateur, la bouche encore dégoulinante du lait de sa mère, attaque de ses bottes boueuses les pantalons des tables voisines. Et, par le même procédé, assaille un petit chien, genre yorkshire, qui s'esquive nerveusement. Et quand la bête, cernée dans un coin, se met à japper aux jambes de l'enfant, le père se lève d'un bond à faire tourner les têtes et, sans trop savoir à qui il s'adresse, se met à hurler : *Vous pourriez pas surveiller votre maudit chien!* La propriétaire du yorkshire, une frêle jeune femme qui m'a l'air du genre assez proche de sa propre déflagration, ramasse sa petite bête et aussitôt · éjecte un crachin de salive en serrant les dents : *Tsss…* La salle au complet attend d'elle une vraie réplique, *Tu touches à mon chien, pis je te mords!* n'importe quoi, *Viens te battre, mon écœurant!* Mais non, elle se contente de répéter son sifflement de serpent : *Tsss…* puis de retourner à cette solitude dont ses grands yeux cernés ne sont que la margelle. Paulo vient de rater quelque chose!

* * *

Un midi de façades ocreuses que ma parole est lente, je me retrouve dans un café-resto où la quiche mouillée empeste le bacon, avec des gens bien, au milieu desquels sévit un encombrant personnage qui réplique à tout et qui

s'en jette plein le grand tuyau à une vitesse de jeune estomac. La conversation s'engage, mais disons presque sans
moi. Je tends l'oreille vers l'extérieur de notre petit cercle,
tout en réitérant le seul répons possible dans ce genre de
cas, *Hum-hum… Hum-hum*, et en maintenant une attention flottante, au cas où je serais interpellé. Il faut dire que
ça discute à foison sur la banquette tout juste derrière moi,
et que les voix portent. À ce que je comprends, il s'agit d'un
homme et d'une femme qui se revoient après une séparation. Le café a cette fonction de lieu de rencontre pour qui
craint l'intimité. Elle exige de savoir ce qui lui a pris d'agir
comme il l'a fait. *Une forme de lâcheté ou de culpabilité?*
demande-t-elle. *D'impuissance ou d'indifférence?* Je m'em-
presse de noter, sur un coin du napperon de papier, ces
quatre mots terribles, sans être tout à fait certain d'avoir
parfaitement bien entendu.

Lui, il a l'air de croire que rien n'est jamais si simple
que ça puisse tenir en un seul mot, ou même en quatre.
D'autant que ceux proposés viennent d'elle, aucun n'est de
lui. Mais il ne prononce aucun des mots qu'il aurait mis à
la place; en fait, il ne dit rien qui puisse durcir la colère de
son ex. Il incline à faire abstraction de ses questions, de ses
commentaires, même de son amertume; voilà sans doute
ce que signifie pour lui vivre sans elle. Soudain, ça s'arrête,
toutes les paroles semblent dites. Ça reste silencieux, derrière, avec la même intensité. Pas besoin de me retourner
pour vérifier qu'ils sont toujours là, on entend bien que ça
garde le silence. Et ça dure et ça dure, jusqu'à ce qu'elle
demande à la serveuse s'il n'y aurait pas un dessert choco-
laté pour adoucir le café, n'importe quoi, une mousse, un
gâteau…

Or, justement, devant le présentoir à desserts, deux rondelettes que les mots *jeûne, diète* et *régime* font rire aux éclats demandent qu'on leur décrive le gâteau mousse triple chocolat. *Des étages de mousse au chocolat noir, chocolat au lait et chocolat blanc,* annonce à haute voix la préposée aux gâteries, avant de devoir préciser : *Le blanc dessus, le noir dessous. — Hum-hum, et le chocolat au lait au milieu,* de compléter l'une des rondelettes, en expirant un soupir où semblent s'entremêler des accents répondant aux quatre mots inscrits à la hâte sur mon coin de napperon. Lâcheté, culpabilité, impuissance, indifférence. Je n'en reviens pas de ces quatre mots. Et de leur polyvalence.

*   *   *

Un matin que même la terrasse exhale le pain grillé et le café. Dans la salle principale, le silence est peu à peu grignoté par les arrivés du jour ouvrant, celle qui demande à boire, celui qui réclame à manger. Un habitué se laisse raconter par le journal les déboires de l'économie, les caprices des stars, les exploits des athlètes, et quand il en aura fini avec ces balivernes, il passera enfin aux choses sérieuses : la grille des mots croisés. C'est d'ailleurs ce qu'on entend, ici, et que ça : des mots croisés dont il faut parfois, à l'inverse du jeu, trouver le sens.

Quatre hommes, à la table voisine, gardent le silence depuis un long moment, lorsque soudain, l'un d'eux, comme n'y tenant plus, risque quelques mots : *Je traverse un moment de ma vie,* dit-il, le regard empreint d'émotion ou peut-être de désillusion. Et les autres de hocher gravement la tête, et puis plus rien. Il est de ces scènes banales, à la fois si présentes à notre esprit et si indécidables, qu'il y a nécessité, pour leur trouver une place dans le lot de ce qui advient, de leur accorder une signification particulière. Ici, rien à faire, l'événement conserve son secret.

*   *   *

Un café où petits et grands sont conviés à dessiner. Des bouts de papier et de craie de cire jonchent le sol dans un coin. On dirait que la garderie est passée prendre un expresso. *Ce sont des étudiants en art!* dit la jolie serveuse, qui ajoute: *Chu pas payée pour poser, moi! Ni pour faire le ménage, d'ailleurs…*

À la table devant moi, un jeune gars incurve sa silhouette. Il tourne le dos à la porte, mais on voit bien, à ses mouvements circulaires de la tête et du torse, qu'il attend quelqu'un. Et quand celle qu'il espérait arrive enfin, on se rend compte que ça ne va pas du tout. Il plante son air enragé dans son bol de café, parce qu'à trop la regarder en face il finirait par céder au désir de violence qu'il contient à peine. Elle lui fait des remontrances et le prévient qu'elle ne lui donnera plus d'argent… *Non mais qu'est-ce que j'ai fait pour avoir un fils pareil!* Elle ne peut réfréner ses sanglots, bientôt elle pleure à s'en beurrer le visage. Toutes les mères affichent, au moins une fois dans leur vie, cet air de mandala de sable balayé par l'orage, bien que rarement en public. De mon point de vue, cependant, ce qui est le plus poignant, et qui les surplombe, c'est la double déception. La déception qui bute sur la déception. *Tu me déçois…* — *Ben, toi aussi, tu sauras…*

Au rendez-vous des *rien à faire*

[Les cafés] *sont le rendez-vous des oisifs de tous les états.*

JEAN POTOCKI, lettre à sa mère

Certains écrivains font du café un refuge, qu'on pense à Albert Cossery, Naguib Mahfouz, Camilo José Cela, Mohammed Dib... En fait, leurs œuvres dévoilent trois fonctions du café : lieu où fuir sa solitude (on ne fait jamais que la déplacer, selon Mahfouz), lieu de repos et lieu de parole, c'est-à-dire lieu de confidences ou bien forum où partager ses idées. Il est vrai que la caféine, outre qu'elle provoque l'insomnie, est réputée faciliter les activités intellectuelles et diminuer la sensibilité à la fatigue. N'est-ce pas le rêve de chacun que de combiner l'intelligence avec la sensation de repos ? Or, certains acteurs des cafés font justement leur spécialité de l'échange d'idées ; je veux parler de ces oisifs et autres *rien à faire*, comme les appelle Elias Canetti, des désoccupés qui animent les cafés et qui, à certaines heures, en constituent les piliers. Ceux-là conçoivent le café comme une *institution nécessaire à la formation des opinions,* ainsi que le suggère Paul Valéry, comme un lieu de trêve où échanger ses vues sur les choses. Ceux-là dont je parle viennent au café presque tous les jours, c'est leur goût, participant d'une routine, voire d'une manie, chacun à son heure, se précédant, s'attendant, s'accompagnant le temps d'une discussion sur l'actualité ou sur les grands sujets humains, puis se disloquant comme groupe et certains en tant que personnes. J'en ai croisé dans tous les cafés, de ces *tueurs-de-temps,* ainsi que les nomme Rétif de la Bretonne, ils ont même fini par encombrer mes carnets.

Ce personnage de contemplatif dont la consistance intérieure atteint à la fierté, un chômeur serein, inoccupé, mais porté par sa plénitude, et tout content de lui-même. Il n'a nullement la sensation de s'être écarté de son destin rêvé, car il est ce qu'il allait devenir, c'est-à-dire libre autant qu'on peut rêver de l'être. Et pourtant, sa façon d'être heureux et conséquent avec lui-même, c'est de se fermer au consensus et au progrès. C'est un objecteur consciencieux, qui chante le credo de l'immobilisme. *Ce qui est fécond pour la civilisation est néfaste pour l'individu,* prétend-il.

Ce jeune retraité, le genre qui se tient lieu de tout et qui compte les autres, au mieux, pour des faire-valoir, qu'il préfère muets ou alors qu'ils s'en aillent. Il partage avec qui veut l'entendre sa conception du monde depuis le big-bang et jusqu'au dernier tapage politique, en passant par l'invention du velcro. Il rappelle d'ailleurs que le mot *velcro* combine les sens de velours et de crochet. Sa théorie, c'est que tout nous charme et nous crochète à la manière du velcro, la télé, le sport et même l'information.

Ce porteur de lunettes à verres épais et à branches

noires, qui chaque matin lit les pages éditoriales et ne relève la tête que lorsqu'il est prêt à se distinguer dans le tournoi des opinions. Sa méthode consiste à tenir une opinion contraire à celles des éditorialistes, même quand ceux-ci se contredisent entre eux !

Ce type portant un t-shirt et un jeans troué, les pieds presque nus et imprégnés d'odeurs, qui souffle le chaud et le froid partout où il passe, qui défend avec ardeur le principe d'une société sans différences, il veut dire où chacun lui serait semblable. Il discrédite tour à tour les femmes, les gais, les immigrants, les intellectuels. Les traîne-savates qui l'écoutent ne savent quoi répondre, le seul qui voudrait lui répliquer est un gars trop ordinaire qui, comme plusieurs, ne sait trop ce qui agit en lui, mais on devine que quelque chose l'obsède dans la zone hermétique de son cerveau. Quelque chose qu'il voudrait bien partager, mais il a toujours perdu ce qu'il allait dire, alors il claque des doigts pour le faire apparaître. *Qu'est-ce que je voulais dire ?* Et il traîne un long *heu...* sur le silence ambiant, puis en reste là.

Ce vieil arthritique aux mains tordues, qui met un soin féroce à lancer ses opinions par-dessus les tablées, toujours incisives et ouvertement dirigées contre les idées du premier qui a parlé ou les convictions de celui qui a renchéri, on dirait qu'il lui importe davantage de se battre pour des idées que d'avoir des amis.

Je les examine, ceux-là, comme un ramassis de hors-la-loi potentiels, car si on n'y prend garde, perdre son temps en étant à ses propres pensées pourrait bientôt être considéré comme une pratique illégale. Comme au café du Châtaignier, dans *1984*, le roman de George Orwell. Se rappelle-t-on que, vers 1520, une fatwa fut prononcée contre les cafés? Furent ainsi condamnés d'abord le café comme boisson excitante et tonique, que les soufis, dans leur existence errante, consommaient pour s'aider à atteindre à un état de réceptivité mystique; mais aussi les cafés comme lieux publics favorisant la circulation des idées. On sait qu'au Moyen-Orient les cafés ont longtemps servi d'envers parodique de la cour des sultans. Et de fait, les cafés ont toujours affiché une tendance à l'irrévérence et à la contestation. Le cynisme, la raillerie, le sarcasme y ont continûment occupé une place de choix. En fait, les cafés de partout et de tout temps ont été hantés d'un rêve de sédition. Leurs habitués, dans les périodes d'instabilité, ont été tenus pour suspects, non parce que leurs idées étaient pernicieuses, bien qu'elles le fussent parfois, mais parce qu'en période instable toute pensée est menaçante. On ne trouve jamais, au café, de raisonneurs inspirés par la ligne du parti au pouvoir. Les désœuvrés dubitatifs et cyniques dont je parle se reconnaissent autour de l'idée que celui qui ne se démarque pas de la thèse des groupes auxquels il appartient, sa famille, ses amis, ses collègues de travail, voit régresser sa pensée et sa capacité émotionnelle.

∗ ∗ ∗

Un café épicentré sur les envolées oratoires de ses habitués, des bretteurs que la fainéantise aiguille vers le cul-de-sac des salles de cafés. Que pour ces désœuvrés le café constitue une tribune et un dispositif d'échappement à la responsabilité, il serait bête et naïf de chercher à le nier. Ces individus luttent pour le droit à l'oisiveté, c'est leur façon à eux de ne pas adhérer à l'ordre social qui leur répugne, pour des motifs aussi divers que personnels. Je ne les envie pas pour la raison que je ne vise pas à me trouver bientôt dans mon *plein repos*, pour le dire comme Pascal, *sans passion, sans affaire, sans divertissement.*

Le héros du jour, si je puis l'appeler ainsi, est vêtu d'une chemise indienne de vingt ans et chaussé de sandales bibliques. Il fume en catimini au fond du café, malgré l'interdiction, et jette trois sucres dans son expresso. Il ne possède rien, mais il a des idées sur tout ce qui le concerne, et tout le concerne. On parle ici d'un vrai blasé, qui considère Cioran et Schopenhauer comme des rigolos, et qui, en ventriloque de sa désespérance, prêche des théories horrifiques sur la suite du monde. Un ascète de la résignation, qui s'attriste de ce qui devrait le mettre en joie et qui se complaît dans ce chagrin. Pour lui, tout est du déjà-vu, rien ne peut durer, il dit qu'il n'y a rien à faire, que même rien ne doit être fait, et comme la nymphe Écho, il n'entend que sa propre voix. Le temps ne lui est pas plus long qu'aux autres, il ne souffre pas de solitude ni ne se sent abandonné. Son retranchement est son effort d'exister. Il se désœuvre comme d'autres se divertissent. Son courage, si c'en est, s'exprime dans le refus de tout progrès. On ne lui enviera que d'être sans illusions et sans remords.

Je le vois parfois discutant avec un baby-boomer attardé dans ses années hydroponiques, portant *Don't eat the yellow snow !* sur son t-shirt, tracé en caractères enfantins, et un joint sur l'oreille. Un as de l'oisiveté, qui renâcle à tout travail et qui ne rivalise qu'avec les ambitions des paresseux. On le croirait porteur d'une philosophie de vie, mais on découvre vite en lui un spécialiste de l'effleurement des idées, qui les fuit aussitôt contournées, doublé d'un débatteur pour qui les autres ne sont jamais que des insincères et des manipulateurs. Il méprise la civilisation, c'est sa manière de feindre d'avoir du jugement, des valeurs, des principes.

La chemise indienne et *yellow snow* tiennent parfois des débats au milieu d'hirsutes rêveurs qui ne savent que s'abandonner au silence de sourire, et qui leur servent de faire-valoir. Il y en a une galerie de cette sorte, dans les cafés, qui s'imaginent ailleurs et se rêvent autrement. Ils sont là pour échapper à la frénésie collective; en fait, ils ont la leur, de frénésie, alimentée par le vide. C'est leur façon de faire pièce aux us et coutumes du labeur et de la responsabilité. Ils attendent la suite des événements, qui en fait n'en sont qu'un, celui du temps qui passe. On s'étonne que ces rêvasseurs s'abreuvent de café, une boisson reconnue comme vecteur de stimulation tonique et d'excitation!

*   *   *

Il arrive qu'on se pose sur un fauteuil de café, seul parmi des anonymes, eux-mêmes seuls ou en grappes, et qu'une connivence s'installe avec ce grouillement de silhouettes et leur écho, sans même aucun échange verbal, juste par convention tacite, disons par adhésion au pacte des gens de cafés. Mais il est des fois, comme ici, que cette connivence tourne à la complicité. Le facteur entre dans le café, manifestement agacé par les *rien à faire* qu'il y croise tous les jours, qui se la coulent douce pendant que lui s'échine, on le sent énervé, qui martèle son pas et qui projette une voix discordante. Il n'est pas sorti que certains échangent déjà des sourires complices, peut-être même affectifs, avec l'air de se dire *Comme nous faisons le bon choix!* Certes, ma sympathie va au facteur, mais j'avoue savourer ces petits faits d'une culture rebelle qui élèvent pièce par pièce une résistance au productivisme hyperbolique de la société libérale et à l'étroitesse des fondamentalismes politiques et religieux. C'est beaucoup investir dans une circonstance de rien du tout, je sais, mais il est des scènes dont l'écho murmure durablement dans nos oreilles.

La plupart de ces *rien à faire* sont des ex-forcenés de la besogne qui ont trouvé l'oisiveté comme remède à leur agitation, qui en ont fait leur façon de s'ébrouer dans le trop-plein du monde. Des assidus chez qui l'inaction est féconde, ce qui n'est pas le cas de n'importe quel paresseux; depuis qu'ils ont atteint ce niveau, comme ils disent, leur esprit est libéré des dogmes et des modes, ils pensent parfois juste, bien que souvent pas, mais ils pensent. Ils jouissent de ne rien faire et le font avec ostentation et assiduité, et cela et le presque rien nécessaire à la survie les occupent pleinement. Pas facile à admettre pour un proactif de ma sorte; d'ailleurs, je n'en fais pas un modèle, tout juste un type. Cela dit, il peut m'arriver d'envier l'état de ceux qui n'ont rien à faire ni rien à penser et qui vont, j'imagine, l'esprit libre — même si à les voir ruminer et discutailler, je n'en suis pas si sûr.

Ces phraseurs, qui refusent dorénavant de se commettre dans le destin social, qui traitent tout avec cynisme, qui méprisent la moitié de l'humanité et se défient de l'autre, ils ont en commun de tendre à n'être plus ni maîtres ni esclaves. Ils ne s'attablent jamais qu'auprès de débatteurs ; seuls trop longtemps, même dans leur chère rêverie, ils déclinent. Un seul après-midi qui ne soit mi-débats, mi-songeries et les voilà qui se pétrifient.

En voici un spécimen, un glandeur de première, qui n'a jamais fait que pétouiller dans les cafés et les parcs, un insolent qui se vante de ne rien rapporter à la société et qui fronde les travers du pouvoir et du système. Ce sont d'ailleurs les deux mots les plus récurrents de ses satires, *pouvoir* et *système*, qu'un *ils* vient parfois condenser, un *ils* qui prend la forme pronominale d'un *y*, comme dans *Y veulent pas qu'un club canadien gagne, ça ferait du tort au hockey américain !* Car, bien sûr, il prononce souvent des lieux communs d'un antiaméricanisme primaire — qu'il s'agit chaque fois d'adapter à son propre antiaméricanisme éclairé.

Ces piliers de cafés connaissent sans le savoir ce que Cicéron appelait la digne oisiveté, cette oisiveté dans la dignité chez la personne retirée de l'action, mais qui garde un emploi estimable de son temps de loisir. Et le loisir de ces oisifs, c'est de s'y mettre à plusieurs pour penser le monde tel qu'il est et pour le rêver autrement. C'est leur manière à eux d'y prendre part, par refus de se laisser méduser par la seule apparence des choses, sous laquelle grouillent des stratégies secrètes dont ils ne sont pas dupes.

Il arrive évidemment que des chacals se glissent parmi ceux-là. Comme celui qui un jour s'installe à la table voisine avec ses disciples et qui en vient à me fixer avec l'air de qui s'apprête à proférer une vérité considérable. *Y en a marre de payer pour ces vieux qui moisissent dans les hôpitaux comme des légumes!* finit-il par dire. Et de parfaire ainsi son idée : *C'est fini de faire passer la sensiblerie avant la raison.* Puis de vanter les mérites du technocapitalisme, ce qui renforce son crédit auprès des plus prompts à lui concéder l'autorité d'un gourou. La voilà donc, cette grande vérité, qui porte la réduction dans sa logique : moins de vieux, moins d'hôpitaux, moins d'impôts! Pas facile, surtout les jours qu'on n'est qu'un seul homme en une seule personne, de se mettre à l'écart de la lumière crue de ce tournant de millénaire.

* * *

Je croise, cette fois dans mes carnets, un autre spécimen de glandeur de cafés avec lequel j'ai dû jaser des dizaines de fois ici ou là au long des années sans jamais l'interroger ou mettre ses idées sur quoi que ce soit à l'épreuve, ne cherchant même pas à le connaître. Ce glandeur de choix, je l'ai rencontré la première fois il y a plus de quarante ans, il traînaillait déjà dans les cafés, les parcs, les bouquineries. J'en parle ici, à travers mes notes, comme d'un prototype. Qu'on en juge à son portrait même.

Mettons-lui la soixantaine et reconnaissons en lui un type qui porte le jeans et la chemise indienne à la manière d'un tutoiement. Le genre aussi familier que replié sur lui-même, qui vise à toucher le présent dans sa nudité. Qui se met quotidiennement dans la disposition de savoir que tout est possible, surtout ne presque rien faire de ce qui est possible. Et c'est ce *presque* qui change tout. Sa devise présumée : *À chaque jour suffit son presque rien.* Cette attitude est sa façon d'avoir une prise sur la réalité. On ne perdra cependant pas de vue qu'une partie de sa tâche de ravissement vient du frôlement de l'ennui. Et ce quasi-ennui ne l'importune pas, vu qu'il le sait préférable à tout autre possible. Sans compter que c'est sa manière à lui de ralentir le temps. Par « ennui », j'entends ne plus savoir que faire de sa liberté ; or, le personnage dont je parle sait, lui, quoi faire de sa liberté, bien que ce soit peu. Il vise avant tout à se maintenir dans une douceur de rapport avec le temps, il le dispense d'ailleurs comme s'il en avait plus que les autres, il montre même qu'il en a à perdre. Il accompagne le temps dans sa lente dérobade. Il prône un mode d'existence qui mise tout sur la lenteur, sur le présent et sur la présence. Présence au presque rien, mais présence intense et tendue vers le savoir. Son argument, c'est que celui qui limite sa vie à ce qu'il sait déjà est cliniquement mort, il me l'a souvent dit.

∗   ∗   ∗

Dans un de mes cafés, un samedi après-midi, je tombe sur des dames réunies pour un brunch au bénéfice de bonnes œuvres. Or, à l'exacte synapse où l'identité touche la culture, me voilà singularisé par la différence d'âge, de sexe, de statut social, peut-être même de conception de la vie communautaire. Bien que présent dans un lieu coutumier, je ne me sens pas à ma place. Pas assez bagué, pas assez parfumé, pas assez rieur, et peut-être pas assez donneur. J'apparais, en marge du cercle de ces dames, comme une erreur de casting. Je ressors donc vers la terrasse, là où un groupe d'une dizaine de personnes, autour de tables accolées, semblent repliées sur leur colloque. Il y a, dans l'attitude de ce groupuscule, quelque chose de la volvation du chien esquimau, une façon de se rouler en boule pour se protéger contre le dehors. Parmi eux, un offensé par la politique de l'Oncle Bush, qui tient son autorité du fait qu'il est lui-même américain, lance des pétitions de principe contre lesquelles il n'y a rien à objecter, et qui concernent le choix de dissidence. Il affirme, dans son joli slang d'intello, que le prêt-à-penser de la droite américaine l'a trahi, et nombre de ses compatriotes. Et l'exaspération de sa petite audience de s'élever en rumeurs à chaque allégation de complot.

Faut dire que, chez ces *beautiful chialeux,* si le poète me permet l'expression, croire qu'il existe des conspirations crée l'illusion de donner un sens à l'insensé, voire d'expliquer l'inexplicable — je le dis dans l'esprit des écrits de Pierre-André Taguieff. Le mystère semble reculer puisque les coupables sont démasqués : les sociétés secrètes, les multinationales, les puissants de la mondialisation, ces mystérieux *ils* dont les manipulations cyniques sont responsables de tous les maux de notre société. Face à ce pouvoir occulte, ces *beautiful* font figure de résistants loquaces. Évidemment, dans leurs discours, et c'est là où le bât blesse, les complots réels se mêlent aux complots inventés de toutes pièces.

Je me déplace, avant même d'être servi, vers la terrasse voisine et rivale et me trouve assis trop près d'une espèce de prédicateur qui s'acharne à prêter des mobiles démoniaques à la moitié du globe, qui envoie l'autre moitié en enfer, excommunie la gauche, maudit la droite, diabolise les nationalistes et prend le passé biblique à témoin d'un meilleur temps, *Au moins c'étaient des guerres saintes!* dit-il à répétition. Heureusement qu'il n'est qu'une famille de pelés pour feindre de l'écouter, soit deux adultes et un enfant virgule cinq — je veux dire à demi éveillé.

J'ai beau me plonger dans la pénombre de ce deuxième café, je ne tombe que sur des oisifs, des hommes, surtout, dans la quarantaine — passé cet âge, le café de l'après-midi met le ventre digestif à trop rude épreuve et rogne le sommeil —, des *rien à faire* qui font leur présent de débats sur le passé et sur l'avenir. Car ça serait les méjuger que de croire que ces oisifs sont bornés au seul présent. Bien qu'ils cultivent le temps vécu en direct, ils ne peuvent résister à la tentation de lier les temps d'hier et de demain à celui d'aujourd'hui. Par ailleurs, il est vrai qu'ils sont aussi dans le passé des choses futures, comme s'ils aspiraient à juger notre époque avant l'Histoire, de sorte à pouvoir clamer un jour : *Je l'avais bien dit!* Et s'il advenait jamais qu'ils se soient trompés, ils trouveraient bien matière à parler d'autre chose.

Ce sont de drôles de zigs, qui essaient d'occuper leur temps libre en désœuvrement profitable, c'est leur paradoxe. Ils sont comme les porte-étendards de l'insatisfaction immanente de la vie en société, ils en sont les hommes-sandwichs qui en dévoilent le prix. Ils aiment se renseigner sur tout et passer les informations au sas de leur intelligence, qui est bien sûr très diverse. Les jours pairs, ils tiennent des débats qui tout embrassent, se tabassant et fracassant à coups de gueule, ça les gênerait d'être d'accord; les jours impairs, ils parlent avec la sagesse des biscuits chinois et agissent comme s'ils avaient charge d'âmes. Ils font du plomb avec du plomb, et l'alchimie retombe dans sa tautologie!

* * *

Les piliers de cafés ne sont pas tous des forts en gueule prêts à débattre de tout et de rien, il y a aussi les experts en retranchement, qui se manifestent par une pantomime minimaliste. Il y a ce solitaire qui adopte les poses convenues de celui qui souffre ou qui fixe son attention sur un problème ou qui s'impatiente en attendant quelqu'un, qui affiche ce comportement pour feindre de se trouver au cœur d'un événement. Il y a ce muet penché sur son bol tel le cycliste qui roule le nez dans le guidon, les yeux sur sa roue qui tourne et qui ne voit pas venir le mur. Et cette fille, le corps tenu au silence par un imperméable fermé, qui développe son écoute intérieure sous ses yeux d'électrocardiogramme plat.

Une cueillette d'opinions tombée par bribes dans le désert des carnets, possiblement utile ici, pourrait se résumer à ceci: plus les sociétés se complexifient, plus certains citoyens, en perte de liens sociaux et se croyant incapables d'affronter des situations de plus en plus absurdes, se retranchent dans l'individualisme. Il ne suffit pas de le dénoncer, encore faut-il le comprendre. Le café, à sa façon, est le théâtre de ce drame, je dirais dans une forme mixte : on croise en effet des individus venus là s'éclipser du tourbillon mondain et qui incarnent le double désir d'un isolement au sein même de la multitude et d'une forme de partage de leur désarroi, et cela par leur seule présence au milieu de semblables, même et peut-être surtout par un silence complice — qui adopte parfois la forme d'une conversation superficielle. On dirait qu'au café le monde et le temps paraissent suspendus et moins menaçants, et cette confusion des apparences en calme et en rassure certains. Pour ceux-là, il n'y a rien comme de flâner pour simuler que le monde et le temps ne leur échappent pas trop.

Les arbres sont pour être assis dessous quand la fatigue est grande, écrit Francis Jammes. Les cafés, dirais-je, pour être assis dedans quand la lassitude commande.

✳ ✳ ✳

Les Chinois, habitants de l'empire du Milieu, conçoivent cinq points cardinaux, ceux qui nous sont familiers en Occident et le centre. Tout individu se trouve donc toujours, au moins de corps, posé sur son centre. La plupart des gens tendent cependant sans cesse vers d'autres points cardinaux, où les attendent des personnes, des occupations, des choses qu'ils aimeront. Or, le propre des piliers de cafés, c'est de tendre vers leur centre, qui est leur ici-maintenant, et de se tenir au lieu le plus éloigné de leur périphérie. En ce sens, les cafés ne sont rien de moins, pour eux, que des cellules où respirer au cœur du lieu global, loin de la chosification des personnes et de la rentabilisation des êtres. L'un des habitués le dit en ses mots : *Y a plus personne qui va me faire travailler comme une machine!*

Évidemment, ces oisifs déploient toujours les mêmes ruses, les mêmes thèses, les mêmes épouvantails. Et je ne prétends pas que ce soient tous là des gens heureux à temps plein, je dis plutôt qu'à l'occasion on voit qu'ils donnent des aperçus de fragments de joie, des moments de presque sérénité, de toutes petites situations qui nous frappent justement parce qu'elles semblent pour toujours petites et à peu près inutiles, ce qui en fait la beauté.

* * *

Je participe malgré moi à une joute de philosophes d'occasion, qui jasent affalés sur leur chaise, les mains dans les poches qu'ils ont presque vides, ce n'est pas comme la tête! Après quelques sauts quantiques dans l'histoire de la pensée, l'un expose que ce qui se trouve à notre portée, lorsqu'on vient au monde, c'est-à-dire des parents, des biens domestiques, des conditions de bien-être — amour, maison, confort —, que tout cela fait aussitôt partie de ce que nous sommes, mais que la plupart des gens ne se contentent pas de cet héritage, qu'ils sont poussés à sans cesse gagner en biens et en bien-être, qu'ils prennent pour le bonheur. Comme on attend de moi un mot, je me permets alors d'enchâsser, dans le brouhaha de la conversation, cette idée que le bonheur s'éloigne peut-être de nous par le moyen même par lequel nous tentons de le capter : justement la course au mieux-être. Et on me fait aussitôt comprendre que je viens de proférer une évidence !

Ils savent cela par la tête et par les tripes, ces oisifs pensifs, et ils vivent en conséquence, et se demandent bien pourquoi je ne réagis pas de même, puisque je le sais. Je renonce à arguer que les sources de la joie divergent d'une personne à l'autre, ils ne comprendraient pas qu'on puisse être différent d'eux. J'ajoute plutôt qu'à mon avis, dès qu'il se réalise, le bonheur commence de se diluer, qui périt de lui-même et de son usure, sauf à le rebâtir jour après jour. Mais ils ne reculent pas et l'un d'eux, qui affiche une contenance d'ancien curé, formule dans son jargon qu'il faut vivre cet affaiblissement comme une phase du bonheur. *Le soleil reparaît toujours,* dit-il, croyant m'assommer avec ce pauvre argument. Et pour ajouter le tranchant au contondant, il lance un mot rare dans la discussion : *Et il y aura toujours la dilection !* dit-il, en dessinant des guillemets de chaque côté de ses hémisphères cérébraux et en maintenant un air entendu, comme si on se parlait entre intellectuels au-dessus de la tête des autres. C'est le moment de payer, de sortir côté jardin et de filer chez moi demander au *Grand Robert* ce qu'il sait du mot *dilection* : concept religieux — j'aurais dû me le rappeler ! — taillé à la mesure d'un amour spirituel. *La dilection du prochain,* l'amour de son semblable, disait-on autrefois, qu'il s'agirait d'aimer comme soi-même, de quoi passer pour un tortionnaire ! Mon pauvre semblable, il s'épuiserait à la tâche, manquerait de sieste et de méditation, il serait privé d'après-midi au parc et au café... Je serais plutôt partisan d'aimer l'autre en tant qu'autre, en appréciateur de sa différence. *Mais l'un n'empêche pas l'autre!* dira le lendemain mon ancien curé, le doigt de la sagesse en l'air. Ce débat du lendemain, le dernier dans lequel je me ferai prendre, déviera vers le thème de la société inégalitaire, et nous serons un peu d'accord, bien que sur pas grand-chose, vu que son idéal est la société rurale québécoise du XIXe siècle.

*   *   *

Les cafés de l'après-midi abondent en penseurs désœuvrés qui font tous cette chose facile qui consiste à varloper le monde tel qu'il est. Les plus apparents sont les adeptes de la pensée magique, qui s'expriment au *je me moi* du conditionnel, *Moi, ce que je ferais… j'interdirais, j'exilerais, je raserais…* Ceux-là s'entendent au mieux avec les *y-a-qu'à*, dont les avis commencent par : *Y a qu'à* éliminer ceci, *y a qu'à* mettre ceux-là en prison, *y a qu'à* faire comme si le problème n'existait pas… Les plus pathétiques sont cependant les reliquats de la contre-culture, empêtrés de pensée ésotérique, qui réfèrent les événements à des alignements de planètes ou à des combinaisons de nombres de mauvais augure. Et ceux qui ne partagent pas leur vision du monde sont des sceptiques, des incrédules, qui n'ont pas atteint tel niveau de conscience et qui subissent la tutelle d'anges déchus ! Le monde des autres est souvent présenté comme pivotant sur l'axe du mal.

* * *

Le danger, quand on s'attache à un circuit de flânerie comme les cafés, c'est de finir par croire qu'on en aime tous les aspects et tous les représentants. Or, en voilà un, de représentant des cafés, du genre qui sait tout sur tout, qui ennuie tout le monde, un agressif qui occupe l'espace sonore sans laisser la chance à quiconque de répliquer. Si au moins ses opinions étaient de quelque intérêt, eh bien non! De la niaiserie, de la rectitude tous azimuts. C'est par ce moyen que, sans le savoir, il parvient à m'expulser.

L'observance de ces chialeurs chroniques, qui m'ont un temps fasciné par leur liberté de pensée, a pour règle première de savoir et de dire tout haut que le monde et tout en lui va mal, et d'en multiplier à l'excès les exemples probants. Et il n'est rien comme le retranchement des cafés pour se complaire dans ces démonstrations. Le chialeur du jour — car ils se relèvent entre eux — est un facétieux qui, ne voulant renoncer à son vœu d'effronterie, clôt sa démonstration en proutant en guise de point final!

Avec le recul, la curiosité passée, je constate que s'il y a de l'espérance chez ces *rien à faire,* ce n'est certes pas au sens spirituel d'une attente ouverte sur l'accomplissement de l'être; leur espérance, étant le fait d'un penchant à justifier leur paresse et à laisser diminuer leur puissance d'agir sur le monde, apparaît plutôt comme une ferveur amère. Et de fait, leurs interminables colloques, loin d'être porteurs d'attentes, n'insinuent que les ingrédients de la démission et de l'échec. C'est un secret de Polichinelle que plusieurs se dédouanent de leurs échecs par une raillerie constante sur toutes choses. Ces enchanteurs ont donc perdu à mes yeux leur magie. Je ne leur trouve plus de pensée que désenchantée. Je réalise aussi qu'en compagnie de ces *rien à faire* je ne suis pas comme le héros du *Bistrot du Chat noir,* de Mahfouz, dont le désir est de s'assimiler à l'assemblée du café, de participer à *la complicité des sentiments* qui semblent y régner.

Il y a finalement deux aspects de ces oisifs : leur enviable liberté et le peu de leurs discours. Aussi leur fréquentation s'est-elle développée, chez moi, en deux temps bien distincts.

L'imagination aidant

Qu'il soit servi chaud ou froid, saupoudré de graines de pavot ou de sésame, ou tartiné de fromage à la crème, ou garni de saumon fumé, le bagel est roi dans ce quartier hébraïsé.

J'accède à un café par un jeu de marches tournantes et mal éclairées et prends place dans l'évasement d'une pièce en longueur, juste après le comptoir, sous une coupole de solives, de tuyaux et de néons, là où une douzaine de clients s'abreuvent à des chopes transparentes. Une opulence de chaises, de tables et de plantes suspendues fait tout aspirer à l'arrêt, sauf le temps qu'on sent passer comme dans la reprise au ralenti du but gagnant. Près du comptoir, où ont pris abri des objets divers, tous assumant sobrement leur fonction, éclairer, passer des CD, porter des fleurs, une dame d'un certain âge trace des colonnes dans un cahier, qui listent peut-être des tâches ou des besoins de pharmacie ou d'épicerie, ou les prénoms de ses petits-enfants et, à côté, des suggestions de cadeaux pour la proche Noël, ou des noms de créanciers, de fournisseurs ou d'anciens amants, ce qui expliquerait son sourire… Qui peut dire ce qui se met en liste dans la tête d'une dame âgée qui trace des colonnes dans un cahier?

*   *   *

Dans un café tenu par des femmes qu'on baiserait au front comme des mères, peu avant midi que les façades creusent leurs sillons entre les briques. Un joli trio dévoile un vieux monsieur assez élégant, qui ne remplit plus les épaules de son veston ni l'encolure de sa chemise, qui s'est immiscé entre deux dames plus fringantes que distinguées et dont les traits sont assez les mêmes, on les imagine parentes. Le monsieur illustre à lui seul la panoplie des caractères, tantôt amusé, tantôt replié, ici conciliant, là vétilleux, prévenant ou indolent, curieux ou désintéressé… On imagine le vieil homme en veuf assis entre deux dames dont l'une lui semble de trop, qui a la charge de veiller sur sa sœurette ou sa cousine. Pas facile de déjouer un chaperon octogénaire qui connaît depuis longtemps les astuces des enjôleurs !

Cette courtisée, en personnage isolable, n'est pas moins interprétable, qui, au soir de sa vie, semble avoir rejoint son enfance par l'autre bout. On la voit en effet qui exprime un élan vers cet âge où la préado joue l'espiègle pour paraître grande.

*   *   *

Dans un établissement en face d'un parc, lieu sympa, à la fois café et laverie. Des habitués y viennent, lestés de leur lessive, feuilleter des revues devant un bol de café au lait durant le lavage. Je connais ce quartier pour y avoir vécu de cinq à douze ans. À l'époque où des harmonies jouaient le samedi soir dans le kiosque à musique du parc, ma gardienne m'y emmenait, sans doute pour rencontrer des garçons.

Certes, j'ai à l'occasion aperçu cela au bar de certains restaurants à la mode, mais je n'aurais jamais cru voir la pareille dans un café : au comptoir, le nom d'un habitué est inscrit sur une plaque métallique pour indiquer sa place. Je suis donc installé au comptoir en carnetier ravi de sa petite découverte, lorsqu'une femme, furie d'autorité, débarque essayer de tirer sa fille, de seize, dix-sept ans, des griffes d'un beau parleur d'au moins sept, huit ans de plus. La fille — à part le ciel, on n'imagine rien qui soit plus grand que ses yeux —, elle-même furieuse et qui ne peut réprimer son exaspération, mâchonne *Pourquoi t'es venue icitte ?* À mon avis, elle est moins offusquée par la vigilance de sa mère, à laquelle elle échappera si elle s'en donne la peine, que blessée par ce que projette sur elle l'image de cette femme flétrie. Et je jurerais que ce qui se dresse, dans le présent problème de sa pensée, c'est l'idée que l'enjôleur puisse ressembler un jour à cette échevelée. Celui-là, on le dirait d'ailleurs stupéfié par ce voyage dans le temps ! Et de fait, il lève les yeux au plafond, avec l'air de dire qu'il en a assez de cette scène, et dès après avoir adressé un dernier signe à la fille en simulant une conversation téléphonique d'une main repliée près de sa joue, il quitte le café sous le regard de la mère triomphante. Mais la fille est un petit canon plein de mitraille et la mère n'a pas fini d'en prendre, et peu après jusque dans le parc et passé le kiosque… Mais je n'en suis pas sûr, elles marchent si près l'une de l'autre !

La porte étant ouverte, le bruissement du proche agit comme un écho intérieur du lointain. Le long du mur latéral, deux filles, disposées de chaque côté d'une nature morte avec croûtes et autres reliefs de table, retournent à leur indifférence. Une serveuse slalome entre des clients qu'on dirait en carton. L'après-midi d'évanescences, d'apartés et d'épiphanies reprend son cours. J'ouvre le carnet et note, sous la rubrique des couleurs des cafés, les doigts jaunes de gros fumeur de mon voisin de comptoir.

*   *   *

Un de ces jours où j'ai très envie que le maillage des songeries qui me poussent au café ne soit rompu par personne, je choisis un lieu excentrique, aux deux sens du terme, avec ses vieux joueurs de dames venus des confins de la Méditerranée. Un café baignant dans une chaude lumière de contre-jour, où les lignes vibrent autour des couleurs, comme dans une toile impressionniste ; en fait, une salle où les miroirs renvoient des images plus douces et mieux composées que dans l'observation directe, leur tain usé agissant comme filtre à la cruauté de l'après-midi montant, à l'heure que la lumière, piquant en diagonale, surprend les choses et les gens dans leur détermination et dans leur âge.

Fernando Pessoa aimait à répéter qu'une vitre ou un brouillard l'empêchait de voir les choses telles qu'elles semblaient aux autres. Peut-être fréquentait-il trop les cafés, où l'espace entre le monde et soi est fréquemment brouillé par des effets de contre-jour, par des reflets lumineux sur des surfaces métalliques et dans des miroirs, par l'humidité de bouilloires et de machines à café, par des courants d'air poussiéreux, par des mouvements et des déplacements de foule et autres entraves à la perception qui rejettent chacun dans le retranchement de son regard unique.

Une musique exotique, on dirait de flûte nay, transmise par une chaîne stéréo en retard sur la technologie, ajoute au souffle des joueurs à la respiration profonde. Des clic-clac, des flip-flap imposent par à-coups leur rythme, ce sont des pions qu'on mange, des dames qui s'empilent aux extrémités des damiers, des articulations qui craquent, des pages qui tournent. Je déchois là comme dans la veille somnolente d'après le repas, quand le vous-êtes-ici de la raison le cède au vous-êtes-ailleurs de la rêverie.

Tout à côté, cet homme à tête grise, que jusque-là j'imaginais en grand-père accompagnant sa fille et ses trois petits-fils, soudain se fait appeler papa par les garçons. Ses mains, son visage, sa carrure, tout chez lui connote une volonté de vivre, mais en même temps, on voit qu'il s'alimente de petites bouchées par-ci par-là, et qu'il boit peu ; le plaisir et la retenue, chez lui, semblent se contrarier, au point qu'on se demande s'il n'est pas malade, je ne vois pas d'autre explication à ce contraste. J'ai toute une heure l'image d'une vieille souche avec son recrû, qui disparaîtra bientôt sous la foison de ses jeunes pousses.

Voilà un couple, au loin, qui joue son mimodrame. Les mâchoires se délient, les lèvres s'ouvrent, sans doute sur les mêmes paroles que toujours, des formules entendues, désencombrées de ce qui dérange ou blesse, des mots de tous les jours, comme des petits gestes qui disent en creux que leur amour est à secret. Doivent pas être du genre à étaler leurs baisers, comme ces deux jeunes qui s'embrassent dans un coin, assez goulûment, je dois dire, lui, les yeux grand ouverts, mais d'un regard aveuglé, elle, le fixant intensément de derrière ses paupières closes, je le jurerais; on devine que, dans ce couple, c'est elle qui embrasse, je veux dire qui embrasse vraiment, qui le mange, quoi! Mais va donc savoir…

*   *   *

À une terrasse de café près de l'université, une étudiante sirote un thé avec Virginia Woolf, et un étudiant, un café avec Louis-Ferdinand Céline. Des moineaux se joignent aux déjeuneurs en piétant sur les tables inoccupées, à la recherche de miettes dont se rassasier, tandis que des pigeons picorent par terre. Un itinérant plus décharné que jamais, qui semble depuis quelque temps ne pas savoir aller sans son revers de mort, se penche vers les buveurs de la terrasse en tendant la main. *Tiens! pour les 52 semaines de l'année,* dit l'un. Et lui: *Y a aussi 365 jours, non?*

Je m'assois dans l'axe d'un couple. Lui, un beau garçon portant une tignasse disciplinée, cherche sur son iPod une pièce musicale à lui faire entendre, tandis qu'elle lui montre des photos sur son portable; et de l'une à l'autre, elle maintient un sourire à peine discernable, un sourire gravé de ce qui me paraît un fond de mélancolie. Un sourire qu'on imagine empreint de ce que lui ont fait subir ses mauvaises amours. Parfois, elle pose la tête sur son épaule, mais la voilà aussitôt entravée dans son élan vers lui, soit par la réserve imposée aux amants des cafés, soit par sa propre retenue. Et elle se redresse comme qui s'ébroue en s'éveillant d'un somme et revient à son sourire sibyllin que je ne peux interpréter que comme une façon d'échapper à ses remuements et de calmer son chaos. Un sourire qui, dans le secret de l'âme, répéterait sans cesse son mantra baudelairien, *Sois sage, ô ma Douleur*... Mais qui sait si je n'ai pas tout faux, si ce sourire n'est pas simplement indicatif d'une attitude minaudière, ou ne vise pas à compenser une beauté moyenne et un peu pâteuse, ou encore ne sert pas à camoufler un fond de rien à dire sur rien?

La réalité du café, on l'aura compris, rechigne à se laisser prendre, qui s'embusque dans la confusion des apparences. Par ailleurs, l'observation s'achoppant aux abîmes du regard, il lui faut l'assistance de l'imagination pour y saisir quelque chose. La perception et l'imagination se jettent alors l'une sur l'autre dans une empoignade dont ni l'une ni l'autre ne sortira intacte.

∗   ∗   ∗

Je m'installe dans un café d'aspect minimaliste et pourtant je m'y sens comme au milieu d'un pêle-mêle de choses et de recoins. Le peu n'est pas exempt de chaos.

C'est donc jour que je me sens fortement au nombre des choses et en pleine cohésion avec elles, bien que ne les saisissant que dans leur assemblage de café, avec des tables, une machine à expresso, des jeunes gens et quelques autres. Je suis absorbé malgré moi par la scène d'un gars et d'une fille, au fond de la salle, beaucoup trop loin pour que j'aie la moindre idée de ce qu'ils se disent, chez qui alternent des airs de gravité et de frivolité, des jeunes gens occupés à bavarder, qui par moments se fixent intensément, puis se quittent du regard, un peu gênés, me semble-t-il, en projetant des tollés de silences. J'imagine qu'ils chantonnent des mélodies à la mode, sur lesquelles ils ont peut-être dansé ou se sont embrassés, qu'elle dit : *Celle-là sera notre chanson,* et lui : *Si tu veux*... Au moment que je passe près d'eux pour aller on devine où, j'entends plutôt des mots que je ne connais pas, empruntés aux mathématiques, je crois, ou à l'astrophysique, si ce n'est pas la même chose ; mais ça n'y change rien, ils jouent une vieille rengaine tout juste déguisée sous de nouveaux idiomes. Ils ont leur langage, comme les jeunes gens de toujours, leur musique, leur bonheur de conversation... Peu après, mon erreur bue toute, je ne cesse quand même, sous l'apparente étrangeté des autres jeunes du café, qui sont pareils à ces deux-là, d'apercevoir ce qui apparaît à mon entendement comme le plus grand dénominateur commun à ces apprentis adultes, qui est l'aspiration à se métamorphoser en ce qu'ils sont sans le savoir.

Tout près de moi siège un jeune couple de la cinquantaine, encore à l'étape d'avoir des choses à se révéler. Je dirais qu'elle a pris le dernier zigoto, comme d'autres le dernier métro, crainte de se trouver abandonnée seule au milieu de la nuit. C'est un joufflu avec un accroche-cœur au coin du front. Y a pire ! Imaginons que tous les deux cherchaient depuis des années, dans les agences et jusque dans les bars de rencontre, lui une femme dont la liberté sexuelle serait corrélative à la grande beauté, elle un homme mince dont le portefeuille serait inversement proportionnel à son poids! Ils ne sont pas précisément ce que l'autre attendait, mais l'un et l'autre espèrent depuis si longtemps que chacun a bémolisé ses espoirs, lui, discernant sa beauté d'autrefois, elle, l'aisance qu'il lui procurera peut-être un jour, si son régime de retraite ne fait pas faillite! Les deux ont une curieuse habitude en commun, qui consiste à donner, d'une jambe branlante et de ses espoirs symbolisés, une vive impulsion à la table, qui branle et branle encore, jusqu'à se déplacer comme les plaques tectoniques. Je ne vise pas à savoir ce que cela signifie.

Quelques gouttes de café font éclater l'encre sur ma page de carnet, ajoutant un lavis à la toile d'araignée des mots, des flèches, des encadrés. Je ne cherche pas plus ce que cela signifie.

* * *

Je prends pied dans un café de grand hôtel, à la lisière d'un salon équipé de fauteuils meublants à dossiers ovalaires, à capitons et accoudoirs rembourrés, de tables d'onyx à pied forgé, d'une série de glaces biseautées, entrecoupée de lampes murales au-dessus de petits tableaux champêtres si embus qu'on n'y distingue presque rien, le coup du grand chic suranné, quoi! accentué par une musique de *ballroom*... Dommage que le café y soit pire qu'ailleurs, une vraie lavasse! Et que je ne capte rien qui s'y passe durant les cinq minutes précédant mon rendez-vous.

Trois ans plus tard, une fin d'après-midi que je passe en face et que j'ai très soif d'un lieu contraire à ceux de mes habitudes, je fais retour dans ce café et y note ceci…

Dans un établissement chic aux accents de *four o'clock tea*, comme on n'en voit plus que dans les grands hôtels, un café avec des velours et des ors plaqués, de l'argenterie lourde et de la porcelaine légère, des miroirs ternis, des serveurs stylés, des clients élégants et des clientes bien droites sur leur séant. Le chic est une affaire de coopération entre les parties. Dès l'entrée, on y est requis par une certaine élévation, du moins au niveau du paraître.

On me case près d'une tablée de cinq personnages inspirés de Tamara de Lempicka, des blasés sur tout qui surfent élégamment sur les sujets mondains du jour, incluant les millions que recevra une actrice pour poser nue dans *Playboy. Dammit!* La superficialité me semble leur stratégie de résistance au sujet indésignable de leur fêlure. Mais peut-être n'ai-je pas assez écouté de *soaps* américains pour avoir une prise sur ces gens-là et les imaginer dans leurs vies et dans leurs histoires, avec des engagements et des déboires. Bientôt, la salle m'engloutit sous le murmure d'une fluence de paroles sourdes, qu'on dirait lisses, et pourtant récitées sur un fond que je ne peux imaginer que fissuré, et qu'à distance je ressens comme cette identité même que la parole exclut parfois par atomisation du sens. Le peu — encore lui! — et le rien prennent alors des proportions hallucinantes!

Musée du peu

J'entre dans un café aussi plein qu'un œuf et aussi tapageur que la caisse de résonance d'un tam-tam, juste au moment où une fille quitte sa table; je m'approche et prends place sur la banquette encore chaude. Je m'assois dans une chaleur humaine relayée par un similicuir, sous les fesses et les cuisses et dans le dos. Banal, me dira-t-on, je n'en disconviens pas. Mais je dis qu'il y a une dignité à maintenir la chaleur produite par une personne dont on prend la place. Et alors? Alors, rien, sinon les aiguilles de trottiner et la chaleur de se maintenir sous moi, et moi, tout à cette joie, de rester là un moment à ne rien faire, excepté, justement, me tenir au chaud, tel l'homme primitif devant le feu arraché à des cailloux; et de m'abandonner à ce qui me saute aux sens, musique romantique et long comptoir, thés aromatiques et gros pourboires, grandes vitrines et qu'en-dira-t-on, tartines et petits néons, croissants et quiche au menu, fauteuils vacants et café « bouillu », foule jacasseuse et napperons en papier, jolies serveuses et couverts dépareillés, lecteurs de journal et machine à expresso, tables bancales et faux tableaux, qui sont quelques-unes à peine des rimes croisées de la chanson à répondre des cafés.

*   *   *

Jour de temps bouché, disent les aviateurs, je me réfugie dans un café où une scène improbable s'offre à la description. Disons d'abord que j'y suis accueilli par les arpèges trébuchants d'une espèce de musicothérapie et par une affiche abstraite traversée de graphes sagittaux émanant du centre, comme autant de rayures qui produisent des aperçus de rayonnement solaire, le tout surmonté du nom de l'artiste et des dates de son exposition. Nous sommes ici dans un temple qui exalte les appels à l'éveil de la conscience planétaire et à la célébration du nouvel âge. Si ce café a un côté défavorable à mes yeux, c'est juste qu'il est éloigné de mes parcours habituels, car pour le reste, il me comble, avec son ameublement de bois, ses couverts d'un autre temps, ses gestes immuables de buveurs de tisanes, on dirait un rite avec flacons et burettes ; j'aime ce café, malgré son exposition de truellages ton sur ton affublés de titres cosmico-poétiques et ses jeux de miroirs et d'éclairage cru. J'aime que des colonnes induisent de la verticalité dans ce lieu étale; aussi que ce café soit porteur du principe interne de sa lenteur.

Sur une banquette, à des tables voisines, chacun devant son jus de carotte, figurent deux caricatures de jeunes employés de bureau aussi déplacés que moi dans ce lieu, deux gars du milieu de la vingtaine, aussi dissemblables que comparables par bien des aspects que je ne résumerai pas ici. Ils lisent tous les deux le même tabloïd populaire du matin, mais je vois que l'un a commencé par la fin. J'attends donc qu'ils explorent la même double page, et lorsque la coïncidence se produit, il y a ce moment où, sans le savoir, ils se croisent sur le fil qui sépare l'éditorial et le courrier des lecteurs. Puis ils continuent leur lecture comme si de rien n'était, chacun dans sa direction, l'un vers le national et l'international, l'autre vers les spectacles et les sports. Ils ne se seraient pas croisés autrement dans la rue.

∗   ∗   ∗

Dans un café mat, un après-midi que je me prends à rêver d'une vie délivrée de tâches. Tout près, deux filles du début de la trentaine mènent une fouille mémorielle plutôt intimiste, chacune son tour et sans détours. Cette exploration engage de concert la mémoire et l'interprétation des faits de la vie. Cela, chez l'une, éveille un fond inépuisable de rancœur et de colère; chez l'autre, une forme d'introspection que le temps a lénifiée, comme tout le reste. Les grands enjeux psychologiques, les questions abyssales, *qu'est-ce que c'est que de vivre?* se combinent avec des moments où la banalité devient une composante de l'intimité. Cela se voit dans le très anodin et très beau geste de tendre vers l'autre une serviette en papier, un sachet de sucre...

Si on n'y prête attention, le monde au quotidien peut sembler platement redondant; mais en vérité, il remue sans cesse. Autour de moi, il ne se passe rien de particulier, et pourtant, il se produit, en simultanéité, plein de micro-événements, car tout événement est intercurrent, comme disent les scientifiques, c'est-à-dire qu'il apparaît parmi d'autres événements : une tasse masque un visage, tandis qu'une bière en éclaire un autre; une main traverse une chevelure, tandis que l'ongle d'un gros orteil gratte un mollet et que la serveuse d'un miroir se regarde passer dans le café. Est-ce que ça ne rappelle pas ce que Joyce collectionnait sous le nom d'*épiphanies*? Des irruptions foudroyantes, dans le champ de la conscience, de réalités incidentes rendues sensibles dans le rapport à des lieux, à des objets, à des scènes, à des personnes, et que notre vision transfigure dans un moment d'émotion poétique. Des apparitions insolites prenant la forme de révélations à propos d'un monde dérobé auquel, justement, elles nous introduisent.

* * *

Certains jours, dès passé l'entrée, mes sens, dans une espèce de sauvagerie intuitive, se fixent sur des détails, des odeurs pêle-mêle d'œufs et de baguette grillée, les à-plats d'une affiche délavés par le soleil, une voix grêle de serveuse frêle, des reliefs de sucre sur le comptoir, un stylobille dépassant d'une poche de chemise, un cellulaire sur une joue, une encolure bateau, la douceur lisse d'une tasse, la mousse de café au lait dans une moustache...

D'autres jours, mon attention s'enlise dans le maelström des choses, qui sont sans doute, je le dis par expérience, des tables, des habitués qui buvotent leur café, des journaux ouverts, des conversations, une sono qui dégurgite ses rengaines, des gens qui entrent et qui sortent. D'autres fois encore, des jours de temporalité flottante, on dirait que mes sens déconstruisent tout : les arrivants se meuvent telles les composantes d'un mobile ; les jambes de denim animent leur kaléidoscope ; les buveurs font entendre leur mécanisme d'automates ; la pluie zigzaguant en rayures serrées dans la vitrine évoque les craquelures d'un tableau...

D'autres jours encore, il arrive, sans raison que je sache, sinon une certaine passion pour l'humain, que je sois ému par un visage diaphane se détachant de la cohue. Celui de cette collégienne aux beautés clairsemées, par exemple, venue sur la terrasse se joindre à une mêlée d'amis. Elle a cette manière d'être des filles qui veulent faire quelque chose de leur vie, et ça commence par ne pas se présenter comme tout le monde. Elle porte des chemises superposées et un pantalon de garçon, elle garde sa chevelure comme ça boucle et sourit pour de vrai. Une beauté de cœur, à côté de la moyenne, avec des foulards autour des poignets et des guignols à la place des mains. Puis arrive un garçon qui s'installe à la même table, aussi discret et impassible qu'un rocher. À peine se tournille-t-il le lobe de l'oreille, comme s'il remontait le ressort de son cerveau. Tandis qu'elle mitraille des plaisanteries de sa voix heurtée de crécelle, lui regarde ailleurs en semblant brasser le caillou qu'il a dans la bouche. Et quand il prononce un mot, elle se tourne de l'autre côté. Et quand enfin on voit que leurs regards se croisent, on devine, par si peu, qu'ils sont secrètement ensemble… Puis, imperceptiblement, le numéro de l'une et de l'autre se perd dans le nombre de la foule, et j'oublie ça.

J'oublie ça, parce que c'est un de ces jours où mon attention ne capte que des détails : un nombril de femme enceinte à travers un t-shirt, le front plissé d'un gamin sur une bicyclette trop haute pour lui, une raie grise au milieu d'une tête auburn, une main d'ouvrier tachée de graisse, que je photographierais volontiers pour l'examiner par le détail des formes, des teintes, du mécanisme… Un couple discute fort à côté, mais je n'écoute pas, je suis juste envoûté par un bouton de la veste du gros type qui me fait face, qu'on devine sur le bord de sauter ; le vêtement bâille comme il peut à chaque respiration, le tissu s'étire, quelque chose cédera bientôt, peut-être pas ici, maintenant, mais ça va céder !

* * *

Une tranche de pain aux pommes et une bouillure de café dans un établissement où la clameur et le rock d'ambiance font rouler les miettes. La sono blèse, des sourires craquent, la confusion des sons et le désordre des images rendent tout absurde, ou à tout le moins illisible, sauf certains détails qui se détachent du chaos et ainsi retrouvent leur sens : cette enfant brutale qui froisse des serviettes en papier ; celui-là qui grimace, sans doute à cause d'un organe malade qui agit comme facteur d'amplification des effets pervers du café ; la jeunesse qui entre côté cour et la vieillesse qui sort côté jardin ; la serveuse qui accomplit sa tâche en se débarrassant sans cesse des chatouillis qui lui assaillent le cou ; une question qui brûle des lèvres, mais qui ne peut être prononcée ; le chien qui demande une caresse pour grâce ; l'étudiant écrasé par un volumineux sac à dos qui fore sa voie entre les tables ; le soleil et les halogènes qui croisent leurs feux dans les miroirs ; la machine à expresso qui laisse passer de la salissure sur cette jolie mousse que les Italiens appellent la *crema* ; et il n'est pas jusqu'aux pintes de bière qui n'offrent leur luminescence et qui n'éclaboussent le café de leur blondeur givrée.

Au bonheur des personnages 3

Lorsque, certains mauvais jours, qui sont bien sûr les miens, de mauvais jours, par des râles ou par des voix discordantes comme on en capte au café, je suis averti de la proximité du drame humain, ou que, par une silhouette plaintive ou par un regard poignant, je suis alerté quant à la genèse de toute une vie tragique, je ne me bouche certes pas les oreilles ni ne détourne le regard, mais je n'éprouve aucun plaisir à sonder cette misère. Il arrive cependant que ça me revienne en pleine face, dans le café suivant ou dans le même le lendemain. C'est que les signes de détresse se répondent comme des tambours africains et que, ces jours-là, les signes de joie manquent en moi pour équilibrer ma perception.

Le propre du visible, dit Merleau-Ponty, *est d'avoir une doublure d'invisible,* cela se perçoit parfois chez certains êtres croisés qui offrent beaucoup à imaginer : la tireuse de cartes de la rue Saint-Denis, les vendeurs de bijoux de la montagne ou de roses du Plateau, le col bleu de Rosemont, l'Afghan de Parc-Extension, mais aussi la dame qui pleurniche au roman d'amour qu'elle lit, l'ado qui tuyaute — comme on le dit des blés —, le ronfleur aux paupières de velcro, le couple qui converse dans une ferveur de prière en échafaudant des projets, la dame au visage parcheminé et aux mains tachées de kératose, les petits salariés qui se froquent la semaine et qui défroquent le week-end…

Et pis encore, il y a le retraité, entre l'âge fatigué et l'âge de la détresse, qui vient au café tous les jours abjurer son passé de travailleur; l'angoissé profond, campé au fond de lui-même, qui se tient dans la détresse du moment présent; ce vendeur au bagout de bonimenteur, qui semble vivre au bord de lui-même; ce cynique qui ne le cède à personne en effronterie; ce débatteur qui est à lui-même son propre compendium de philosophie, et son vis-à-vis, un frotté de psychanalyse dont la pensée tiendrait dans une tasse à expresso, chacun étant en conflit avec ce qu'il y a au fond de lui-même; cette gamine différente de toutes les autres, comme toutes les autres, qui croit que tout se ramène à elle-même et à ses caprices; ce vieil homme assis presque en fœtus, sa face mimant son gisant… La littérature les a tous prévus, la beauté béatricienne, le déjanté donquichottesque, le mangeur gargantuesque, le penseur dans sa pose hamlétique, le patron ubuesque, la mélancolique bovarienne, le chic gatsbyen, la frivole Albertine, la grosse femme de la table d'à côté qui est enceinte, tous anticipés je dis! Pinocchio, Shylock, Bartleby, Sganarelle, la cousine Bette, tous là, tour à tour, dans leur plénitude! Ces personnages me sont pour la plupart étrangers, bien qu'à l'occasion familiers, vu qu'en plein dans le registre de mes avatars romanesques.

* * *

Jour de sale temps dont j'ai spontanément accepté l'augure. Le plaisir des cafés ne fait pas oublier le déplaisir des titres de journaux qui nous y accueillent. Un homme s'approche obliquement par la rue, on dirait qu'il cherche à prendre à revers l'opacité du réel. Il s'infiltre en agité dans la précarité d'un de mes cafés préférés, peuplé, le matin, de névrosés et de perdus pour la cause du labeur et de la responsabilité. Il survole d'abord le journal, puis fouille un moment l'environnement humain avec l'air de ne plus pouvoir supporter ces désœuvrés. Et je me demande : que vois-je moi-même chez ceux-là qu'il aperçoit peut-être ?

Un lecteur, sur la banquette, lit pour avancer petit à petit dans quelque chose, et il boit son café de la même manière, espaçant les gorgées, on dirait qu'il aime tendre vers les fins, plus que de les atteindre, mais est-ce si certain ? À côté, un type est périodiquement arraché à son supplément d'âme par le couac de ses soubresauts ; un taciturne dont le silence parle à un haut degré.

Sur la terrasse, un énergumène à barbe hirsute, pantalon et chemise rayés, oreille percée et bras tatoués, apparemment tout rassemblé autour de son idée de polichinelle, supportant on dirait son châtiment, s'installe à distance mais à portée des gens ; parangon de solitude tourné vers la multitude, il fustige les uns et harcèle les autres en replaçant périodiquement la girouette, dans le pantalon, qui lui sert de sextant. Il m'aurait assurément inspiré pour le personnage d'un roman que j'ai déjà publié, et sans doute m'a-t-il servi de modèle avant même que je ne le croise. Voilà qui explique cette impression de le connaître intimement — il est des fois que nos personnages, montés des profondeurs et nourris de nos pensées et de nos contradictions, s'imposent avec opiniâtreté, et jusque dans la réalité.

Plus loin figurent deux gamines, l'une aux yeux de noisettes, dont le regard tranchant de scalpel jauge tout avec précision, que j'appellerai la diurne, et l'autre, les yeux cernés sous des cheveux en bataille, qui semble lutter contre un cauchemar, et que j'appellerai la nocturne. Et qui jasent près d'elles, deux femmes bien mises et bien plantées, costaudes même, et très semblables entre elles dans leur dégaine de jeunes mères. Impossible de dire à l'œil laquelle a couvé la diurne ou la nocturne !

* * *

Dans un café qui ne dépare pas son entour commercial. La terrasse rassemble plusieurs personnes et je suis seul à l'intérieur, jusqu'à ce qu'une femme à l'humeur exultante vienne se poser à côté de moi sur une chaise craquante et se mette à parler seule ; mais je fais erreur, elle s'adresse à un entourage qui n'est autre que moi. Elle me prend à témoin de ceci, veut me convaincre de cela, toutes choses sans importance, chaque fois bissant quelques mots : *Je vous jure que c'est vrai ! C'est vrai !* Après quelques-unes de ses réflexions d'inspiration Coelho, je lui demande s'il était absolument nécessaire qu'elle vienne s'asseoir près de moi. *Si j'étais assise plus loin*, réplique-t-elle, *il faudrait que je crie pour que vous m'entendiez! Que je crie!* Je suis forcé de convenir que sa réponse ne manque pas de logique; je veux dire qu'elle me le fait admettre à force d'insistance, *Oui, mettons...* Alors elle: *Comme ça, pour vous, c'est plus agréable, hein! Plus agréable.* Puis, comme la serveuse s'approche: *Et ce qui serait agréable, pour moi, ça serait que vous me payiez un carré aux dattes.* Et la serveuse de répéter en même temps qu'elle: *Un carré aux dattes.* Et elle: *Si monsieur est d'accord! D'accord?* Et moi: *À condition que vous preniez une table de distance. — Pas de problème, pas de problème.* Et en effet, la dame se tasse d'une table en criant à la serveuse: *Avec deux assiettes, hein! Deux assiettes...* Un peu après, la dame vient glisser devant moi un demi-carré aux dattes et reprend son charabia au milieu duquel, à ma grande surprise, il est une idée qui emporte mon adhésion; je la présente en mes mots... N'est-ce pas, aurait-elle pu dire, que les lieux que l'on fréquente finissent par s'imprégner un peu de chacun de nous? Peut-être, en effet, quelqu'un entrera-t-il dans un instant et remarquera chez moi ce geste de la main ramassant le surplus de mousse dans les moustaches, et mon regard mi-fermé, mi-attentif au café, aux gens. Ou peut-être n'est-il pas nécessaire que quelqu'un repère ma gestuelle de moustachu, qui fait partie intégrante de la vie des cafés, ni ne s'attarde à mes regards tournés vers les deux dimensions de l'être, l'intérieure et l'extérieure. Ça aussi, ça figure dans la tradition des cafés.

* * *

Sous prétexte d'une baisse d'énergie, comme disent les adeptes, je m'arrête au café pour une collation chocolatée, que je sais insuffisante pour rassasier ma faim. La chocolatine avalée, me voilà donc posé tel un rocher devant ma chope de café, indifférent à glaner des brèves de tables, plutôt captivé par des visages et des silhouettes éloignés. Il faut parfois se mettre à distance pour voir.

À la table du fond, un père, une mère, un grand fils, un fils encore et un petit autre jouent à la famille ; je ne serais pas surpris qu'ils soient collectivement aliénés par les caprices de caractère de ce cadet boudeur qui pyramide des morceaux de sucre... Vers le même coin, un garçon d'environ seize ans, aux grands yeux cillés de noir, montre à un copain ses gouaches de rockeurs surfant sur des guitares électriques. L'adjectif qui me vient pour qualifier cet admirateur est *vibratile*. Le garçon roule en effet les épaules, se délie le corps, il bat des mains une mesure imaginaire et piétine sur ses pointes sous la table, comme s'il n'arrivait pas à se piéter — c'est à se demander s'il ne va pas se fouler les chevilles !... Un peu devant, un garçon de dix-huit ans peut-être, plus beau qu'il ne le sera jamais, défile au ralenti entre les champs de gravité de jolies filles et de beaux garçons ; on le dirait incertain de son orbite, et par là attiré par tout ce qui bouge.

Et qu'y a-t-il encore au loin ? Deux de ces personnages comme on en voit ici et là dans notre société, qui ne se préoccupent pas de démêler le réel de l'imaginaire, et qu'on appelle des enfants, je crois un garçonnet et une fillette, mais ce n'est pas certain, qui trottinent comme les débutants qu'ils sont, entre les tables et d'une personne à l'autre, tout sourire, charmant les uns, émouvant les autres, sauf un couple un peu sec qui regarde ailleurs… À l'autre extrémité, un homme et une femme discutent avec animation en frôlant l'animosité ; après un quart d'heure, il reçoit sa joue dans le creux de son épaule et un peu après, ils partent en se tenant par la taille… À côté, quatre jeunes sportifs au visage tissu de boutons se flattent à coups de poings dans les deltoïdes ; dans ce milieu où les bons sentiments sont moqués et les valeurs des sports guerriers élevées au rang de formation, il semble qu'on ne puisse formuler que par des brutalités l'amitié que l'on porte à ses potes… Ailleurs, une fille assise entre deux garçons hésite entre ces deux pôles attractifs, se montant les cheveux et aussitôt montés que tombant, et aussitôt tombant que remontés ; elle ne sait ni quoi ni qui elle veut… Au fond, des jeunes effervescents piaillent et gesticulent, et dans un coin, deux patriarches sourient au vide qui sépare leurs mains sur la table.

Mais il y a encore ceci… Debout devant des attablés près de l'entrée, une fille galbée depuis les mollets jusqu'à sa jolie tête à coupe garçon, qu'elle a aussi ronde qu'un ballon, tend la main, paume vers la table, comme pour jurer que tout ce qu'elle dit appartient au domaine de la vérité. Elle porte une robe de soirée qui dépare ses *running shoes,* on dirait une sprinteuse en mariée ! Sans rien pour fonder cet avis, je me mets à penser qu'il doit y avoir en elle bien du passé qui ne passe pas, et de l'avenir qui n'advient pas, ça va souvent de pair. Puis elle se déplace auprès d'un amoureux qui la dévore de tous ses sens, il l'écoute, la contemple, la touche, la sent, il la goûterait s'ils étaient seuls. Elle lui fait sa petite mine de banlieusarde et il la trouve irrésistible ! Et c'est là seulement, à cette mine plus qu'à sa silhouette, que je commence de soupçonner, puis que je me rends enfin compte qu'il lui naîtra bientôt un enfant. Pour le passé, je ne sais pas, mais pour l'avenir, j'étais dans le faux. Mais peut-être faut-il parfois passer par le faux pour reconnaître le vrai.

Stèle pour un bredouillis 3
(choses entendues)

L'établissement de café se présentant à la fois comme une aire de parole privée et comme une aire d'acoustique, il arrive qu'une présence d'auditeur, bien malgré soi, se révèle à l'autre au moment le plus inopportun. Deux exemples.

Dans un café voisin de l'université, je suis distrait de ma lecture par une expression venue de la table d'en face, où quelqu'un parle de *la mêmeté du même*. Levant les yeux vers l'étudiant qui a choisi ces mots, je me trouve à provoquer chez lui un malaise. Il est en effet des locutions qu'on utilise en privé, mais qu'on préférerait ne pas être entendues de personnes extérieures à la conversation. D'où sans doute son embarras. Et le mien, car j'ai aussi lu le philosophe dont il résume la pensée et garde un souvenir ému de la fréquentation de sa pensée. Mais je le dis mal : je garde plutôt un souvenir ému de moi découvrant ses représentations abstraites comme du savoir à prendre, de moi conscient de grandir par le fait de cet apprentissage. Alors pourquoi cet étudiant ressentirait-il une telle gêne à ce qu'on sache qu'il grandit par le savoir ? Qu'a-t-il saisi dans mon regard qui le mette dans cet état? Peut-être un jugement issu de sa propre peur? À moins qu'il n'ait pas encore trouvé en lui la simplicité pour évoquer des choses telles que la mêmeté du même...

Ailleurs et une autre fois. Deux tasses en vis-à-vis, mais un homme seul à une table, disons du début de la trentaine. Quand sa compagne revient des lavabos, elle demande : *Tu as bien surveillé ma tasse?* Et lui donnant de petites tapes sur la tête, comme à un chien : *Bon mari, bon mari...* Et lui, sur un ton de colère mêlée de réserve amoureuse : *Je déteste quand tu fais ce genre de chose!* Et elle : *Mais, mon chéri, tout le monde sait bien que c'est une blague!* Je serais tenté de penser : tout le monde sauf lui, qui seul mesure le degré de vérité sous les broussailles de cette plaisanterie. Peut-être tout le monde sauf elle aussi, qui en se rassoyant croise quelques regards des alentours, et alors je sens chez elle une gêne qui la traverse de part en part, que je n'interprète pas comme un signe de culpabilité, mais comme la marque de sa pudeur offensée. Nos jeux et rapports de force ne sont pas de vos affaires, semble-t-elle dire de ses grands yeux d'étonnée!

* * *

Un milieu de semaine que je flâne à petites journées dans des cafés, fuyant le tumulte, m'exerçant à tout voir et à tout entendre sans qu'il y paraisse — il est rare que j'aille au café pour étancher ma soif —, je tombe sur un coin de salle à quatre tables, dont une petite derrière laquelle je me tasse. S'agitent déjà, au moment de mon arrivée : d'un côté, trois collègues de travail qui ont plus que l'âge auquel ils avaient rêvé de prendre leur retraite, et moins que l'âge auquel ils devront la prendre, qui se plaignent de ce dont la vie les spolie personnellement — je les sens blessés jusqu'aux moelles ; de l'autre côté, une huitaine de jeunes gens qui ont l'âge de s'engager jusqu'au déchirement et qui s'activent dans une grève et dans des manifestations pour la gratuité scolaire. *On va pas se laisser avoir comme les cons d'avant !* clame l'un. Lorsque l'onde de choc de cette phrase atteint l'autre table, un des baby-boomers, pris dans un ressac de colère, éclate soudain : *Tu sais ce qu'ils te disent, les cons d'avant !* Et le débat de s'ensuivre et de vite se gâter. La propension à la démesure s'intensifie, les avis revolent dans tous les sens, on dirait que les mots ne veulent pas dire la même chose pour les uns et pour les autres. Et ça s'emploie d'un côté comme de l'autre à magnifier sa génération. J'entends plusieurs fois *Nous au moins...*

Devant ce genre de scène, je suis plutôt inchoquable ; ce qui me déçoit, cependant, c'est l'attitude des éteigneurs de controverses, comme ce serveur qui vient minauder la vertu : *Pas de chicane, s'il vous plaît, je ne veux pas de problèmes avec mon boss !* Et comme ces deux travailleurs de la quatrième table, jusque-là occupés à regarder les images de pages sportives, qui viennent faire taire les querelleurs en les surplombant de leur gras à lard et en leur faisant savoir, de leur grosse voix, qu'il y a des gens qui travaillent, *eux !* et qui ont besoin de leur *break* pour souffler un peu ! Il y a un long moment que, des deux bords, les biscotti sont trempés dans les allongés déca avant d'être croqués sans bruit. Le café n'est pas en marge de la comédie sociale.

* | * | *

Les comédiens connaissent la mise en résonance des cavités phoniques que sont la bouche et le nez, et ce travail qui consiste à placer sa voix dans le masque, comme ils disent, l'effet en étant un maximum de portée de la voix. De même, certains cafés, avec leurs cavités architecturales, leurs bois, leurs stucs et leurs marbres, ont-ils la voix bien placée dans le masque ! Pas besoin d'être un indiscret pour en capter les répliques.

D'un côté, trois femmes festoient leur ex-patron à l'occasion de son entrée dans la corporation des retraités, je crois de la police, des pompiers ou de l'armée, car il fait souvent référence à son capitaine. Le bonhomme investit une énergie folle à faire rire les trois femmes et à paraître aussi plein de vitalité qu'à quarante ans. Il dit lui-même qu'il est *vert comme un bleu !* Et il multiplie les allusions à ses exploits, garantit sa virilité. Sans compter qu'il affiche ce déroutant regard que je dirais de prédateur.

De l'autre côté, un père mange avec son fils et la nouvelle copine de celui-ci, dont les mérites scolaires sont vantés à foison. Au moment du café, le père réprimande son fils pour avoir emprunté son 4 x 4 sans permission et ne pas avoir fait le plein avant de le remettre au garage. Il semble y avoir un amusant contentieux derrière cette réprimande, les deux exhibent d'ailleurs des airs pleins de sous-entendus. Lorsque l'addition est déposée sur la table, le père la pousse vers son fils en disant *Je suis ton invité.* La copine laisse aller un *Ben là...* qui se perd dans l'indifférence générale. Se sentant ainsi dédommagé, le père les embrasse tous les deux, la fille en reste stupéfiée, puis retourne à son 4 x 4 donner l'éperon à ses trois cents chevaux. *Y est-y assez cool, le bonhomme!* s'exclame le fils. *Ben là...* Après un silence éthéré d'un côté, lourd de l'autre, il demande combien elle a sur elle, *Juste pour voir si on a assez à deux pour payer... — Ben là...*

Évidemment, il faut imaginer ces deux scènes en parallèle, ou plutôt enchevêtrées, en rajoutant l'arrivée d'un Haïtien dans la force de l'âge, immolé à la mondialisation et devenu chômeur, puis prestataire d'aide sociale, qui démarche le cafetier en offrant son savoir-faire, son dévouement et jusqu'à ses nuits et ses dimanches. *Je peux nettoyer, réparer, servir,* dit-il. Devant les hochements désolés du cafetier, il demande à la ronde si quelqu'un n'aurait pas du travail pour lui. Il prononce des mots comme *famille, enfants, dignité...* Et d'ajouter, derrière un sourire de résignation, *Je suis prêt à travailler au noir.* Sans doute le sourire le plus équivoque que j'aie jamais surpris dans un café.

*   *   *

Une trouée au milieu d'une rangée de magasins. Il règne dans ce café une fraîcheur de cave qui ne laisse pas de m'étonner. Une magasineuse qui en a plein les jambes, mais qui préfère ne pas voir là un signe de sa méforme, demande un corsé qui la tonifie. *Il faut encore que je trouve des chemises d'hommes,* dit-elle à la serveuse. *Votre mari ne s'habille donc pas tout seul?* Et elle : *Tais-toi, malheureuse! Il* serait capable d'aller aux noces de ma sœur en t-shirt! Et ce n'est pas long qu'elle repart en suivant son chemin de croix dans la foule, pas certaine de trouver ce qu'elle cherche, mais sûre de son goût. Il reste cependant un mystère, qui alimente les conversations derrière elle : ces chemises à demi achetées, à quoi ressembleront-elles ? *Et lui dedans ?* demande un partisan du célibat et du t-shirt !

*   *   *

Quelques bizarreries entendues — vraiment entendues —, qui célèbrent le génie de la logique populaire…

Une femme à une amie : *La mousse et le champagne dans la baignoire, crois-moi, ça n'efface pas la solitude.* Un homme à un ami : *Après combien d'années, toi, ta femme a commencé à te donner des pyjamas pour ton anniversaire ?* Un père qui a renoncé à comprendre les convictions spirituelles de sa fille : *Ben, ton karma, là, à mon avis, y spine dans' gadoue !* Un gars, à la survenue de son copain plutôt détérioré, qui vient se joindre à lui pour un café matinal : *Je te l'ai déjà dit : tu sors trop tard le soir !* Et l'autre : *Tu sais bien que c'est pas le soir, mon problème. C'est le matin ! Je sors trop tôt le matin !* Un type au cellulaire qui tente de répondre à la question classique *T'es où ?* Il sait bien où il se trouve, mais il est perdu, au moment de l'expliquer, à cause du foutoir des quartiers, des arrondissements, des comtés fédéraux et provinciaux. Il demande à la ronde : *Est-ce qu'on est dans La Petite-Patrie, ici, ou dans Rosemont ? — Petite Italie*, risque l'un. *— Villeray*, dit un autre.

— Mais non! — Mais si! — De toute façon, c'est tout ensemble, maintenant... — C'est peut-être tout ensemble, mais ça n'aide pas à dire où on est!

Sur le front de l'amour

Tout près, un couple visiblement à l'étape de l'harmonie. Longtemps après la phase de passion, ils fusionnent dans un art de vivre, c'est ce qui semble les tenir ensemble, avec l'amour que cet art sauvegarde, ça va de soi. Non par la propriété indivise d'un palais ou par la conduite d'un carrosse abreuvant trois cents chevaux, ni par la fréquentation de restos à la mode, mais par le choix du fruit de saison, de la bonne huile d'olive, par des voyages bien pensés, par le choix d'un film pour soi, d'un livre pour l'autre, sans céder à la facilité des best-sellers... Il se penche sur le menu, tandis qu'elle ouvre un guide touristique duquel dépassent des autocollants et commence de lui faire part en douce de ses découvertes sur le Portugal où ils voyageront peut-être.

À côté, un gars et une fille de quinze, seize ans, occupent l'angle d'une table ; lui, qu'on devine monté sur ses nouvelles jambes, rêvant de faire tomber les boutons du chemisier de la fille par la seule force de sa pensée ; elle, que le garçon rajoute enfin de l'audace à ses lèvres et qu'au lieu de parler il l'embrasse sur-le-champ. J'en jurerais. Cette scène me relie à une émotion fuyante, repérée de très loin, et qui n'est pas précisément un souvenir de jeunesse, mais peut-être le souvenir de la jeunesse.

Dans un coin, une jolie fille, tout empreinte des firmaments qui la travaillent, semble attendre quelqu'un ; les garçons d'une table voisine, plus toqués de son allure que de sa nature, la reluquent sous toutes ses coutures et jasent d'elle. Ce bavardage qui la surfait, en vérité, la détruit et la nie. Dans les paroles des garçons, que j'ai mille fois entendues, il n'y a rien d'elle ou si peu ; l'essentiel vient d'eux, de leur imagination, de leur désir.

Je vois cela de nouveau le lendemain, au même endroit, sous une autre forme, mais c'est le même cas de figure. Une délicate ado, genre première de classe, et, tout contre, un garçon qui n'a garde de trahir son attirance et qui, penché sur elle tel un prédateur, la dévisage de très près en replaçant à répétition son instrument à l'étroit dans le jeans, ça semble lui faire un peu mal.

*   *   *

Un après-midi que mon estomac répugne à l'âcreté du café, je demande un thé. Il pleuvine et pleuvasse en alternance toute la journée, les vitrines des cafés s'embuent, les arrivants ont froid dans le dos. À bien y penser, c'est sans doute pourquoi j'ai choisi un thé, qui crée mieux que le café l'illusion de tempérer le corps. Et voilà que les habitués et les occasionnels déclinent ensemble l'expression du jour : j'ai, tu as, il a, nous avons les bleus !

Voici un garnement fou comme une image qui

parachève un dessin d'enfant sage où tout figure dans sa forme et dans ses couleurs de coloriage d'enfant; les arbres sont orange comme ils le sont parfois, le papa droit comme il ne l'est pas toujours, et la maman ne sourit pas plus que celle dont il s'accompagne. C'est qu'au temps que presque rien ne l'a encore marqué, tout enfant, mis devant une feuille et muni de craies de couleur, présente ceci de singulier que la manière de ses dessins commence et s'achève avec lui-même et donc avec sa perception des choses de son petit monde. S'il y a une forme de cruauté dans la beauté de ces dessins, c'est à notre seul entendement. *C'est comme ça que tu me vois!* s'étonne la maman, qui glisse sur ses lèvres un sourire qu'on devine accablé. *Je suis comme ça, moi?* Et le gamin, qui comprend à quoi la maman fait allusion, surcharge le trait horizontal, fortement tombant aux extrémités, qui traduit et qui en quelque sorte glose la bouche maternelle. Tout comme la couleur outrepasse les lignes dans les dessins d'enfants, il arrive que la cruauté de fiston déborde et que maman en prenne plein la gueule, si je puis dire. Et ça l'amuse, le gamin, qui glousse en serrant les coudes! Et ça la met dans un de ces états, la maman! *Tu dessines bien, mon chéri,* dit-elle quand même pour positiver la valeur de l'événement. Il n'échappera évidemment à personne que ce désespoir jovial la qualifie comme mère aimante.

Soudain, un homme en tenue d'affaires surgit à leur table ainsi qu'un navire au port; il n'était pas tant pressé de parvenir au café comme abri ou comme infusion que d'arriver jusqu'à la mère et à l'enfant. Alors il les embrasse comme qui reconnaît son bonheur, se penche un moment sur les dessins, et je ne sais trop ce qui se produit entre eux par la suite, sans doute boit-il une bière et raconte-t-il sa journée, et elle doit l'écouter et il doit se fortifier de cette attention… Quelque chose, une pudeur, sans doute, m'empêche de capter la suite. Curieusement, j'aime assez qu'une scène soit si dense, dans le peu de sa banalité, qu'elle me rejette. Et l'amour d'un couple peut faire cela : rejeter le reste du monde.

*   *   *

Dans un café que j'appelle le Poulailler, tant les gens y viennent pour les œufs du matin, dont la version bénédictine mérite le détour. Chacun, sauf moi, y figure en couple, comme s'il y avait incohérence à participer seul à ce qui prend l'allure d'agapes. Un couple de jeunes anglophones, tout à côté, discutent de réalités humaines dans le registre du désamour, ou devrais-je dire qu'elle cause sans désemparer et qu'il est forcé d'écouter ses raisons de le quitter. L'écart de langue me permet de ne pas trop entrer dans la particularité de ce que j'entends malgré moi. Je vois cependant qu'elle plonge dans les yeux gris du garçon et que, du bout de ses doigts consolants, elle flatte sa main, son bras, puis son épaule et jusqu'à sa joue. Mais je ne suis pas certain que ça le tranquillise. Elle parle, elle sourit, elle le flatte, mais il se caparaçonne de plus en plus, on dirait parce qu'il se trouve si malheureux de cette séparation qu'il croit l'être à vie.

Un autre jour, dans un café clinquant, un autre couple traverse le point de non-retour d'une rupture. À un certain moment, le gars attend seul à table la fille sortie fumer; celle-là se tient dehors devant la vitrine, accrochée à sa cigarette, et lui adresse des invectives inaudibles. Il sortirait qu'elle rentrerait aussitôt et cesserait de fumer. Il reste donc là, je dirais tout à la fois sans la regarder et sans la perdre de vue, et du tranchant de la main nettoie à répétition les miettes devant lui et les rejette par terre.

Un jour que je bivouaque au milieu des abois de l'actualité, dans un café si sombre que, pour lire ou pour compter sur ses doigts, il faut sa lampe frontale, je me rencogne sous une ampoule halogène et lis des imprimés que je trouve sur place. Puis je tombe, dans le casier aux livres, sur la *Grammaire française,* de Jean-Marie Laurence, que nous utilisions dans les écoles publiques des années soixante, en fait, un exemplaire décarcassé duquel des pages ont été arrachées, comme si un fétichiste des accords de participes en avait extrait l'objet de son idolâtrie. Je sors donc sur la terrasse consulter la *Grammaire* de mon enfance sous la jupe d'un parasol, mais suis aussitôt interrompu dans ma lecture par ce qui s'appelle une scène, au double sens d'un événement et d'une explosion de colère. Ça se passe au bout de la terrasse, entre un gars et une fille de prime abord peu visibles. Elle, elle a l'habileté de ces femmes qui savent crier à voix basse! Lui, la manie de ces hommes qui se tournent de côté lorsqu'ils sont injuriés; c'est ce que les skieurs appellent un christiania, la technique d'arrêt par un brusque quart de tour des skis. Mais ça n'empêche pas la furie de l'apostropher de l'épithète *loser.* Et elle ne s'en prive pas. *Loser!* Et elle ne cesse de le bourreler de formules incriminantes, car elle a aussi le don de culpabiliser. Si elle était plus costaude, elle lui foutrait des baffes ; quelque chose me dit que ça lui ferait moins mal, le cher *loser*. Mais il n'est que moi qui semble conscient du drame qui se joue ; ça continue à lire autour, à écouter sa musique sur son iPod, à bavarder au téléphone, à travailler à l'ordi, à faire sonner des verres, y a même des amoureux qui se trouvent les mains.

On sait, au moins depuis Brillat-Savarin, que tous les modes de relations peuvent avoir lieu à table, bien qu'autrement en public qu'en privé. Peut-être le choix des lieux de restauration pour mener des querelles de couple vise-t-il justement à raccourcir la dispute, à émousser les excès de gestes et de paroles, voire à faciliter la sortie. Aux deux sens du terme.

* * *

Aux premières heures de l'été, dans un établissement de silence où j'aime me réfugier, parce que d'habitude les âmes, les cœurs et les cerveaux y respirent, j'assiste à une scène plutôt banale, mais qui par quelque biais en dit beaucoup sur l'esprit des cafés. Durant le quart d'heure que j'y suis, des jeunes amoureux, sur les deux banquettes latérales, se sentent le nez, se goûtent la bouche, se palpent la peau ; des caresses et des baisers cherchent et font des hommes et des femmes. Deux autres, dans un coin, sont engagés dans une solitude lumineuse — si je peux le dire sous l'influence de Neruda. Quelques-uns encore se donnent en spectacle en faisant du sentimentalisme de lieux publics. Une des choses que j'aime, dans les cafés, c'est que les rapports de séduction y sont au moins aussi nombreux que les rapports de force.

* * *

Deux notes à six mois d'intervalle dans le huis clos d'un café d'inspiration iranienne, du moins par sa cuisine…

D'abord un après-midi d'été que la chaleur se répand par vagues. Je m'installe dans ce décor à partager avec des habitués, tous presque des épures, que je connais peu, mais un peu quand même, et que je surprends parfois en phase d'inadvertance. À une table de coin, une musicienne, dont je ne vois que le visage et les mains, semble rêver des poèmes, comme ça se disait autrefois. Elle lance des mots sur le papier ainsi que des fléchettes et reprend chaque fois du début en s'accompagnant d'une guitare plus volumineuse qu'elle du double. Elle met beaucoup de vigilance à chanter pour elle seule, je devine à peine sa voix. Et elle se corrige sans cesse, biffe un mot, ajoute un vers, pince de nouveaux accords ; et à tout moment, elle ouvre du pouce sa frange en W, ça me semble son tic. Près d'elle, un garçon dont les yeux cahotent sur un journal feint de l'écouter, mais on sent qu'il est ailleurs, à mon avis tout à son désir de s'entendre parler d'amour en direct, pas par des chansons, et en faisant les gestes appropriés.

Même café, saison opposée. Matin de neige cartonnée. Dans un coin, la même musicienne guitarise à côté d'un type qui me semble un autre et, si je ne m'abuse, qui ajoute des mots sous les notes, ou peut-être fignole-t-il un arrangement, en tout cas, il travaille pour elle, bien qu'à mon avis, aussi pour lui-même. On le voit en effet qui s'essaye à de petites privautés sous la table, mais elle le repousse du genou et du coude et se met à l'abri derrière sa grosse guitare. Et pourtant, je gagerais qu'elle conçoit un penchant pour lui. Mais peut-être voudrait-elle que ça se passe autrement, comme dans les grandes amours, par des mots doux, des regards graves, une lenteur d'approche, au lieu de quoi, il est pressé d'arriver à ses dessous. À mon avis, ce parolier, il va lui falloir trouver les bons mots pour contourner l'instrument!

* * *

Dans un café grec, une fin d'après-midi de noirceur tôt tombée que le grésil scintille en nuées sous les lampadaires et vient crépiter dans la vitrine. Je reste un moment, dans une ambiance de musique planante, comme hypnotisé par ce tourbillon, à observer une scène porteuse d'un minuscule événement. Un gars et une fille assis devant des restes de table, au carrefour d'une longitude et d'une latitude qu'ils portent avec eux, affichent à peine des quasi-sourires. Tout indique qu'ils sont en pleine intimité. On observe en effet chez eux les traces d'une véritable fusion, bien que traversée de périodes de repli sur soi. Normal. On dit que tout savoir fictionnalise son objet, mais encore faut-il que celui-ci s'énonce; or, ce couple n'expose que le huis clos de son intimité. On verra moins là une forme de censure qu'une réserve célébrant la vie privée. Là sans doute est l'événement.

Au comptoir, une fille mise comme une starlette fait face à un homme qui vient d'arriver. Elle a bu en abondance de ces cocktails composés par addition de cognac, de sherry et de chartreuse, qu'on appelle pousse-café, en insistant sur le fait qu'elle l'attend depuis une heure en poussant le café, elle commence à l'avoir loin, le pousse-café! Elle ouvre par à-coups une bouche rose et blanche donnant sur un précipice d'amour; de là venant, même les reproches sont amoureux. On devine que, pour elle, la vie à deux ne se limite pas à ce qu'il y ait l'autre, en tout temps et tout près, pour mettre son doigt quand il s'agit de faire deux nœuds sur le cadeau. De toute évidence, elle sort gagnante de cet incident, au moins à proportion des promesses de ponctualité qu'elle lui arrache. Non pas qu'elle s'imagine qu'il va les tenir, mais parce qu'elle saura bien se servir de ce que, justement, il ne les aura pas tenues. Tout a son poids dans le commerce des conjoints.

* * *

Façon de couper par le milieu un tour de promenade en ruelles, je me glisse au chaud d'un café et vais m'asseoir au mur du fond — peut-être, inconsciemment, par déférence envers Huysmans, qui aimait épier le monde depuis ce poste d'observation.

Au plus proche siège un couple dépareillé par l'âge, que j'ai à peine entrevu en m'assoyant. Lui, un jeune gars avec toute sa mâture originale, ses cheveux, ses dents, ses candeurs; elle, une femme qui a dû avoir toutes les beautés et qui a gardé de ses années de faste un port de tête altier, qui rappelle d'ailleurs que la tête est la capitale du corps. Il semble qu'elle lui reproche de ne pas l'aimer assez, et je crois qu'il lui murmure qu'elle fait partie de lui, argument devant lequel elle a tout l'air de rendre son dernier soupir, elle met d'ailleurs un long temps à répondre, à mon avis un peu retorse, que s'il l'aime parce qu'elle fait partie de lui, c'est qu'il s'aime lui-même à travers elle. Si j'ai bien entendu. Et d'ajouter, dans une langue de bois mou, qui me fait croire qu'elle doit s'instruire à lire des ouvrages de psychologie populaire, qu'aimer, aimer vraiment, ce n'est pas porter l'autre, mais se porter vers lui. Piètre argumentateur, le garçon change de stratégie et avoue nûment ne peut-être pas savoir aimer… Suis-je certain d'avoir entendu exactement cela? Pas vraiment, mais le puzzle, si on force un peu les pièces, a bien l'air de trouver sa cohérence dans ce scénario. Ça me rappelle ces films populaires indiens dont on peut suivre l'action sans comprendre l'hindi.

*　*　*

Un de ces après-midi que, dirait-on, tous viennent en couples, la gérante et son serveur — un femme à poigne et un empaillé qui dort sur le manche; le causeur qui en jette comme une pomme d'arrosoir et sa gobeuse d'histoires et de bouchées de chocolat; la méchante mère et son bomba-di-boum tra-la-la de petit démon; et jusqu'à Simon

& Garfunkel au-dessus de leurs flots agités… Un couple magnétique occupe un coin; sans même se regarder, tout absorbés dans la lecture, elle d'un magazine d'art, lui d'une revue d'informatique, ils savent en tout temps où se trouvent la main de l'autre, le pied, le genou, la joue… Les amoureux de longue date ont ce GPS intégré. Sur la terrasse arrière, deux filles s'embrassent dans le cou, un couple d'ados grille de l'herbe. Deux beaux garçons entrent en ne se tenant pas tout à fait par la main, qui veulent et qui craignent que ça se sache.

Il arrive que des couples, bien qu'apparemment à l'aise, pour une raison confuse, m'apparaissent désassortis, on dirait parfois une star du porno avec un sacristain, une mouffette avec un porc-épic. Il y a celui qui dilue mécaniquement plusieurs morceaux de sucre dans son allongé en ramant patiemment de sa cuillère, avec la biche nerveuse qui ne demande qu'à continuer ses emplettes. Ce couple depuis un quart d'heure accoudé au comptoir, elle d'une pâleur livide, qui jette une mine répugnée sur les hors-d'œuvre qu'on a mis devant eux, lui, violacé et fripé comme un nouveau-né, qui de sa gueule béante de lion ronge déjà l'os du festin. Ce demi-grand hâbleur, genre jeune entrepreneur, pas le moins du monde freiné par son physique ingrat, au bras d'un *méchant pétard!* jugent les gars de la table voisine, mais que je dirais un peu nunuche… Mais d'autres fois, c'est l'unité qui est bouleversante, comme dans ce café italien célébré par le cinéma, où, sous une grande carte en relief, intitulée *Italia fisico-politica,* un gars et une fille, aux physiques tout en proéminences, bouffent avec avidité des pâtisseries italiennes et causent foot, pourrait-il en être autrement durant le Mundial?

D'autres fois encore, les duos sont si improbables qu'on en attend aussitôt quelque chose. Ce clochard, à la porte du café, pris dans l'engrenage d'une flânerie infinie, qui, une main sur un parcomètre, tend l'autre à une élégante qui fouille dans son sac avec l'air de ne pas trop savoir comment lui avouer qu'en fait il lui manque une pièce pour deux heures complètes de parking.

Ces personnages me dévoilent par le fait qu'ils appartiennent à mes images récurrentes, que je vois partout parce qu'ils répondent à mes attendrissements, à mes indignations, à ma curiosité.

Liseurs, liseuses

Lire, c'est errer.

Pascal Quignard, *Les Ombres errantes*

Sur une terrasse très fréquentée, une grande fille pleine de ses virtualités et de ses désirs lit un gros objet littéraire en mettant des passages en relief à l'aide d'un surligneur. Sur la couverture de son livre figure un nom propre que les gars qui fréquentent ce café-bar doivent prendre pour celui d'un hockeyeur russe repêché par les Sharks de San Jose en 1994, et qui a été invité au match des Étoiles en 2008, et ça doit les étonner qu'elle lise un livre écrit par ce gardien de but. Comme la grande fille aime les baraqués qui n'ont pas besoin de gloser leurs auteurs favoris avant de passer à l'action, elle est prête à prétendre que c'est bien de celui-là qu'il s'agit. Mais où sont-ils donc, ces baraqués ?

On pourrait croire qu'une brique littéraire à la main rend difficile d'appâter le baraqué. Et on aurait tort, car voilà justement qu'à la table de la fille débarquent les baraqués, elle a le choix. Rien de plus excitant, semble-t-il, pour le baraqué, que de séduire une fille de tête avec des fesses d'enfer! Et je vois que la fille s'emploie à rendre le difficile possible à l'un d'eux, et le gars croit que sa chance vient de lui, de son charme de fauve basané en t-shirt blanc. Comme il passe le bras sur son épaule, elle glisse aussitôt hors de cet enlacement en prétextant qu'il y a autour des gens qui la connaissent. C'est qu'elle exige l'intimité pour s'abandonner à certaines familiarités. Mais peut-être aussi croit-elle que son directeur de thèse et son baraqué ne sauraient trouver à se lier à travers elle, ou pire, qu'ils ne sauraient comprendre leur coexistence en elle. Et peut-être n'a-t-elle pas tort.

La grande fille et le baraqué discrètement partis ensemble, je reste sur la terrasse à siffler une blonde importée. Puis un étrange personnage vient s'asseoir à la place de la grande fille, une femme mal attifée, qui trousse sa robe pour laisser s'insinuer le vent et qui manifestement tient d'interminables causeries avec elle-même. Ça pense fort et vit des scènes animées dans sa tête et dans son corps. Elle a des soubresauts, des amorces de gestes que le surmoi suspend juste à temps, avant qu'elle ne paraisse folle. Pour se rafraîchir, elle s'applique du baume du tigre sur les tempes et aux pentures de la mâchoire. Elle voudrait fumer, alors elle fouille dans son sac, mais n'y trouve pas de cigarettes; un voisin accepte de lui en donner une. Elle fouille dans son sac: pas de briquet; elle demande du feu à un autre. Elle veut parler avec quelqu'un: personne ne réagit, j'imagine à cause de ses lèvres mordues et de son regard comblé d'angoisse. Elle fouille dans son sac et en sort un vieux livre, qu'elle élève à la hauteur de ses yeux. Je ne peux trancher si elle lit ou regarde les pages.

Cela me rappelle une autre scène de l'été précédent. À

une table exposée au soleil, une fille lit le dernier rot d'un romancier exsangue et hexagonal, à la mode, bien sûr, surtout auprès des lectrices, qui, dans les salons du livre, font la queue devant son étal, et elle tient le livre bien en vue, devant son visage, comme si elle écoutait son auteur parler en le regardant droit dans les yeux. Mais qu'on n'aille pas croire, je ne suis pas jaloux de cet écrivain — de ses chiffres de vente, je ne dis pas —, mais agacé par l'attitude ostentatoire de la liseuse et son air de dire : *Me voyez-vous, seule et complice, avec mon auteur à la mode?* Bon, d'accord, jaloux de ça, oui, je suis.

Et cette autre image d'été, tirée d'une terrasse de café-resto-cinéma tendance. Un type aux yeux rouges de lendemain de la veille lit une bédé en déplaçant périodiquement l'objet afin de trouver le bon angle. Mais n'est-ce pas justement cela, lire, chercher l'angle approprié à l'objet?

* * *

Ce que j'appellerais un après-midi faste, malgré la chaleur humide qui assomme le quartier. Ici et là, sur les terrasses, des jeunes, presque des gamins, éclusent des chopes de rousses artisanales. Je me rends sur l'une d'elles, dans le Quartier latin, avec un étudiant qui me vante les mérites de son mémoire de maîtrise dont la première ligne reste encore à écrire. Une fois l'étudiant parti au cinéma, comme je prolonge ma séance d'une bière, surgit un extravagant personnage de femme du milieu de la quarantaine, gantée jusqu'aux coudes, chapeautée et parée d'une voilette à broderie, comme ça se voyait dans la bonne société de jadis, avec les joues bien rouges et de la poudre de riz sur le menton, et portant une jupe à volants et un cache-cœur plutôt échancré. Tout est dans le ton d'une autre époque, sauf les *running shoes*! Une habituée, sans doute, car personne ne lui prête attention, ce qui me semble la reclure dans son personnage. Elle s'installe à une table ensoleillée et commande un thé; aussitôt le thé reçu, elle se plaint, bien que sur un ton de patience infinie, qu'on se soucie peu des thés, dans ce café, qui répandent une odeur vireuse de marais, c'est moi qui le précise. Puis elle tire de son sac et entreprend de lire une vieille édition de l'*Ode au Saint-Laurent*, ce grand chant d'espoir branché sur notre américanité, paru vers les années de sa naissance. Elle feint de prononcer chaque syllabe en se pinçant la pointe des lèvres, et tourne malaisément les pages, à cause des gants. À la considérer avec attention, on aperçoit que, de sous son chapeau, tombent des cheveux sales, que ses bas évoquent les résilles des toiles d'araignées. Certes, elle prête à sourire, mais non sans émouvoir. Un peu après, je la vois partir à bicyclette, droite comme une statue et affichant un léger sourire. Pas lassée d'elle-même, la liseuse! Curieusement, les regards se tournent maintenant vers elle. Comme si elle était plus insolite et peut-être plus unique sur son vélo que devant sa tasse de thé!

Des lumières jaunes clignotent à l'autre bout de la terrasse, qui sont le fait de buveurs qui crient des *Santé!* en levant tour à tour leur verre dans le passage du soleil. À l'intérieur du café, un chassé-croisé de rumeurs politiques secoue les chaises. Debout au comptoir, une femme, penchée sur un livre, agit par immobilité, à la manière d'un mime stationnaire; sa charge se transmet au sol par de grosses jambes, on dirait des colonnes de temple. Plus loin, des amoureux tentent d'invalider la loi de la matière stipulant que deux corps ne peuvent occuper simultanément le même espace. Près de la vitrine s'écrit un chapitre qui pourrait avoir pour titre : *Du merveilleux effet d'une grosse portion de gâteau au fromage sur l'humeur d'un trio de dames au sourire mité.*

J'aime assez cette coprésence de l'ordinaire, de l'amer et du précaire, qui chante sa petite chanson et qui construit son puzzle d'où émerge un indicible. Et, ma foi, que sont donc quelques aigreurs d'estomac auprès de telles scènes !

* * *

J'aime venir dans ce café, à cause des vieux livres et de la vieille vaisselle. Rien de la sorte du sucrier et du porte-cuillères de mon enfance, à la ressemblance d'une ruche, mais disons que ça me les rappelle. Peut-être que de tels détails aident à réintégrer son propre souffle au milieu de celui de la foule. Je le formule ainsi parce que je viens d'emprunter au casier aux livres l'édition de poche de *L'homme qui rit,* de Victor Hugo, et c'est ce que le narrateur dit de la petite aveugle Dea, que *pour elle, la foule était un souffle…* Il y a un grand plaisir à fureter dans de vieux livres qu'on n'ouvre plus chez soi. Le papier séché de celui-ci a beau s'effriter, comme s'il n'avait pas été rouvert depuis qu'il occupe sa tablette, je le feuillette quand même, bien qu'avec délicatesse, et recule de plusieurs pages, jusqu'à tomber de nouveau sur la petite Dea, qui, s'adressant à Gwynplaine, qui l'aime sans qu'elle le sache, si je me souviens bien, risque cette formule : *Voir est une chose qui cache le vrai.* Il y a cela, chez Hugo, la cécité symbolique comme condition de la voyance. Il y a aussi un peu de cela, bien que sur un autre mode, chez l'écrivain flâneur : l'obligation, à compter d'une certaine étape, de faire l'impasse sur les choses notées et de privilégier la mémoire, où travaillent de pair le résiduel de choses vues et l'imaginaire.

Quand même, je sors mes deux carnets du sac et de la poche de jeans et lis un peu ici, un peu là, m'étonne comme devant des textes d'un autre, et peu à peu, me réappropriant ces fragments, je perds courage devant ce maelström. Mais il y a aussi que je me demande bien où s'y cache le vrai — ne serait-ce qu'au sens simpliste d'un accord de la connaissance avec son objet.

* * *

Une fin d'après-midi d'hiver, dans un arrangement de café si convenu qu'il en semble illisible, non pas indescriptible, mais bien illisible, comme un poème si conventionnel qu'on ne saurait plus comment le lire ni quoi en inférer. Des glaces suspendues par du fil de pêche invisible couvrent un coin de la salle. Le reste se résume à une piètre décoration, avec des rayons de livres jaunis, des fleurs séchées, de la poussière en masse le long des tringles et sur les cadres d'affiches de cinéma. Il y a aussi que chacun empruntant sur son temps de reste, tout le monde lit, au point que la réalité y semble frappée d'un sortilège.

Une jeune femme en beauté entre s'asseoir parmi des lecteurs de journaux, fractionnés en deux camps indistincts : ceux qui y croient et ceux qui n'y croient plus, tous penchés, les uns comme des chiens se léchant la patte, les autres comme des insectes se lissant les antennes. La fille se torsade joliment pour sortir de son pull, puis défait ses longs cheveux. Après ce moment de splendeur, elle se penche, se brise le corps et se plisse la face pour lire des articles dans les angles supérieurs d'un journal — le journal, qui est le bréviaire de l'habitué des cafés, et qui présage à l'encre noire les interlignes de l'histoire. Que cherche-t-elle dans ces recoins de l'actualité ? Il me semble qu'elle fait un peu la moue, comme si sa lecture ne l'arrachait pas suffisamment à sa routine de pensée, ne lui réservait pas assez de surprises. Elle se donne un peu de recul, comme devant une œuvre de musée, se penche de nouveau sur un détail. Je la dirais prise dans l'incapacité de trouver une issue à sa fascination pour l'événementiel.

Autour d'elle, que des liseurs absorbés. Une fille aux yeux déparés d'une sieste manquante, qui lit sur l'écran défilant d'un ordinateur. Un lecteur de pages sportives, on dirait un chat efflanqué et griffé par ses virées nocturnes, qui gesticule et geint comme durant son sommeil. Une dame à la chevelure d'un autre temps, parce que vieille, parce que coiffée à la mode des petites filles des années trente, ce qui lui confère une allure des plus romantiques, qui va par rebonds sur les titres, les photos et les pubs d'un journal. Un jeune travailleur portant une cravate rouge, par souci d'harmonie avec la monture de ses lunettes, la barbe hirsute et les cheveux azimutés, qui lit un manga en jetant partout des miettes de croissant. Ce monsieur, tout près, dans sa bulle d'acier et de béton armé, qui tient le journal à la verticale et qui tourne les pages comme s'il cherchait un article ; plus que son jonc d'or, c'est sa main qui me fascine, sur laquelle une longue veine bleue proémine, qui part de l'index et va s'enfoncer sous la manche relevée. Même le garçon lit derrière son comptoir ; ses yeux noirs obombrés par le fait d'orbites creuses et par d'épais sourcils, à l'heure qu'il fait obscur, semblent deux charbons aveugles.

Soudain, venant de loin, une voix de femme qui a une voix d'homme commande à distance et avec autorité un café et une part de gâteau. Aussitôt, deux nouveaux arrivants amènent une de ces situations qu'on voit parfois dans les cafés, en se présentant bruyamment avec tout leur équipement de mode, les anneaux, les chaînes, les jeans troués, les Doc Martens lacés jusqu'aux genoux, et la salle de liseurs s'en trouve aussitôt distraite. Des bavards entrent se soûler de paroles, des jeunes amoureux, se chatouiller, des buveurs, s'écraser dans un coin. Les lecteurs sortent un à un, leur heure est passée.

Sur le front des solitudes

*[…] on va dans un café observer l'effet de la
solitude des autres sur soi, ou l'inverse.*

JOSÉ ACQUELIN, *Tout va rien*

Plus que pour la décoction dite café, les habitués se rendent dans des établissements qui en servent pour la tranquillité, pour la solitude, ou l'animation, ou la conversation. Brillat-Savarin distinguait d'ailleurs les plaisirs de la nourriture de ceux de la table, surtout servis par la conversation. En fait, dans bien des cas, je plains ceux qui vont au café pour le café. Surtout ici, où un mélange mal torréfié présente peu d'arôme; le corps en est dur, j'ai beau aspirer bruyamment, à peu près rien n'en émane ni ne persiste en bouche. Par ailleurs, le lieu de restauration dit café ne présente que rarement des mets de nature à intéresser le palais; pas de quoi s'exalter sur les goûts ni sur les présentations.

Pour moi, les mots-clés des cafés sont *solitude* et *rencontres,* l'une et l'autre ayant pour fondement la présence à l'autre. Rien de plus frappant que la présence des solitaires dans ces entassements d'anonymes substituables qu'on appelle la foule des cafés. La foule est une entité vivante au sein de laquelle il faut se tenir longtemps pour espérer en saisir quelque chose. Et pour y trouver sa place. *Multitude, solitude : termes égaux*, écrit Baudelaire, grand satrape des plis sinueux des villes et des infortunés que ni la solitude ni la multitude ne calment jamais.

Les soirs comme celui-ci, quand je parle de l'affluence des cafés, je ne fais pas référence à ce cas de la foule où des individus font nombre autour d'animateurs qui leur tiennent lieu de saltimbanques, mais à une assemblée disparate où chacun est d'abord lui-même l'exemplaire de son espèce, du moins dans la mesure où cela se peut réaliser au milieu du nombre. C'est donc soir de foule décomposable où nul n'est en dehors de moi. Je ne perçois pas la masse, mais des individus : un verbomoteur intérieur coincé dans son accès de mots ; une fille qui se laisse approcher et qu'on voit soudain moins seule, bien que plus abandonnée ; un jeune gars, dans l'orgueil de son abandon, qui porte un regard de propriétaire sur son coin de salle ; une jeune femme d'une pâleur de riz, vêtue de noir et de mauve, les cheveux en couettes dans les yeux… Quel être, si on l'examine d'un peu près au sein du nombre, n'a pas l'air de se sentir seul sur l'île de son chiffre ! Chacun, dans son peu de lumière, reste campé sur son monde intérieur, à l'écoute de ses voix multiples, qui recèlent, chez les uns, des désirs, chez d'autres, des peines, et chez tous, des émotions confuses. On n'a pas idée de tout ce qui se trame dans le conditionnel des rêveurs !

* * *

C'est *dans un café maure, tout au bout de la ville arabe* d'Alger que le jeune Albert Camus, vers 1936, se souvient, non pas tant d'événements précis, bien que ça soit en partie le cas, que d'*un étrange sentiment* lié au souvenir d'avoir eu mal, enfant, devant le *silence animal* de sa mère. *Dans un angle du café,* précise-t-il, *une lampe à acétylène donne une lumière inconstante.* Il y a cela, dans certains cafés, qui favorise l'introspection : un éclairage d'entre deux temps, une lueur traversée des lumières d'un autre monde et qui vous laisse absorbé dans un pur instant. Et il y a aussi cela, dans les cafés : des personnages qui croient vivre un rapport décontracté avec la société en s'absorbant à ne rien faire. Je pense à ces hommes et à ces femmes emmurés dans leur silence animal, qui sont là tels des figurants, les yeux mi-ouverts, on dirait engourdis ou assoupis, et pourtant le pouls battant, enchantés dans leur conscience presque léthargique. Ce sont des individus chez qui la solitude est la condition de l'équilibre, qui ont toujours l'air d'assister de loin à ce qui se produit près d'eux. S'il est une chose qui leur est étrangère, c'est bien l'esprit de clan. C'est pourquoi on verra comme une exception qui confirme la règle ces deux jeunes gars, correspondant à l'idée qu'on se fait d'amis venus s'échouer dans un café parce qu'ils n'ont rien trouvé de mieux à faire, qui restent plantés en face à face sans rien dire, sans se regarder, et qui semblent contents de partager cet échouage. J'ai vécu cela, vers seize ans, dans mes premiers cafés, avec mon pote Robert. Et pour mieux le dire : c'est ainsi que j'ai vécu mes premières années de cafés.

* * *

Dans un de mes cafés où l'on a le goût du chromo bien implanté, je m'installe à distance de deux tablées, l'une d'experts en bavarderie qui s'épuisent à quarrer le cercle politique, l'autre de journaliers qui conjurent contre un cruel contremaître. Mieux à l'aise pour lire près de couples aux doigts entremêlés et de solitaires venus tromper des malaises inassignables, je survole quelques articles d'une revue dite savante, que seuls les réviseurs lisent en entier, puis change pour des bédés décousues du casier aux livres. Chacun sa manière de suturer ses contradictions.

Je n'ai pas la perception affranchie de la bédé, qui multiplie les plans et les angles de vue, les plongées et les contre-plongées, les champs et les contrechamps. Je suis rivé à ma place et suis limité à ma perception, avec ses limites et ses insistances de point de vue. Le reste, je dois l'imaginer. C'est ainsi que je dessine dans le carnet, comme à vol d'oiseau, le chauve à lunettes aux fortes épaules assis à la table juste devant moi, dans sa fixité de borne-fontaine, qui garde une main sous la table et de l'autre s'accroche à l'anse de sa tasse. À première estimation, on le dirait perdu dans ses pensées, mais en vérité, je crois qu'il sait très bien où il se trouve; il n'a rien d'un martyr de sa solitude, c'est juste qu'il est retranché dans son isolement, ce qui est bien autre chose. Voilà ce qu'on aimerait saisir, ce moment de basculement quand l'autre commence de jouer à saute-mouton avec ses images et ses souvenirs et devient si intérieur qu'il en est inaccessible.

Ici et là gîtent une demi-douzaine de tels solitaires à l'allure plus grave que triste, que je dirais fermés sur eux-mêmes comme des pierres. Ils sont là à bâtir leur relation dans le silence, en attendant que l'un d'eux lance une réflexion. Et si une étincelle jaillit de cette réflexion, ils se regrouperont et mesureront entre eux l'écart de leur vision du monde. Et s'ils en arrivent à débattre de questions existentielles ou politiques, ça sera parce que quelque chose dans la discussion aura réveillé en eux une conviction, une contrariété, une douleur intime. J'en viens à penser qu'ils ont besoin de leur solitude pour garder le contact ; tout autant que de la perspective de contact pour assurer leur solitude.

✳   ✳   ✳

Premier vendredi de grand froid, mi-décembre, quinze heures, un jour que l'actualité me lasse et que l'appesantissement des cafés m'enchante. Je m'ancre dans un débit branché pour répondre aux courriels des derniers jours et me retrouve au milieu d'une longue banquette d'étudiants aussi concentrés que moi sur ce qui les éclaire par-dessous. Ça m'étonne toujours de voir, au pays des cafés, tant de jeunes gens incapables de se consacrer au temps qui passe et qui s'acharnent à ne pas rester sur place à ne rien faire, ne serait-ce que quelques minutes, comme s'ils n'avaient pas le temps d'accéder à cette forme de solitude qui est une loyauté discrète à soi-même. Ils sont immédiatement là à se fouiller et à dégainer le cellulaire, l'ordinateur, les notes de cours. Je ne veux pas avoir l'air de révérer les reliques d'un autre temps, mais il me semble que le sens du glandage se perd.

Quatre enfants à leur limonade et biscuit sont surveillés par deux mamans au bord du dépérissement, que le sens des responsabilités empêche de capter la scène à laquelle elles participent. Un vrai poème! En fait, un poème bruistique, qui introduit la réalité objective du bruit pour accentuer le sens, et un poème mouvementiste, si on me permet ce néologisme, qui intensifie le sens des mots par des gesticulations naïves, par lesquelles justement les enfants aiment s'exprimer lorsqu'ils disent des comptines. Et ça te bruit et ça te gesticule des anthologies! Et lorsque ça repart, en désordre bien sûr, ça te laisse, derrière, dans un silence de pot de biscuits passé minuit. Mais dès après un certain temps, on commence de réentendre des voix qui chuintent des murmures, des halogènes qui blèsent, la rue qui zézaye son air connu. Je reste là, sur ma banquette, plus excité par l'écho que les gamins ont laissé derrière eux que par le jus de café qu'on sert ici.

Après un quart d'heure de détente, je m'éveille au constat que la salle s'est remplie de chauves, d'acnéiques et de grassouillettes, qui brassent des papiers, qui marquent le rythme de leur iPod par des animations de doigts, des solitaires qui esquissent des demi-sourires, comme s'ils se miraient dans des yeux grand offerts. Ça ne manque pas, les solitaires, dans les cafés, des cafardeux, des désenchantés, des léthargiques, des mélancoliques, des neurasthéniques, des nostalgiques, des renfrognés, des spleenétiques, pour le dire par ordre alphabétique, chacun à sa manière affrontant son trop-plein intérieur, qui est son drame ou son art de vivre. Certains sont en manque de volonté, d'autres en regorgent et l'appliquent à justifier ce qu'ils appellent leur lâcher-prise.

Il est des circonstances, dans des cafés pourtant affairés, où l'on n'aperçoit que des solitaires, qu'on ne capte que des échos de silence filtrant du chahut; et d'autres occasions où tout n'est que chahut et fracas. Ainsi il se produit que la rumeur murmurante du café se module peu à peu en vagues tapageuses, à quoi viennent s'ajouter les assauts d'un rockeur trop lancinant à mon goût. C'est souvent le choix musical qui m'éjecte des cafés.

* * *

Un matin que la pollution brouille la carte du ciel et que je gîte dans un recès qui fait office de café, un type dans la cinquantaine entre et se dirige à pas craintifs vers la table d'une fille au long faciès, qui respire sa propre gravité et qui répond à l'approche du type par un regard si noir que celui-ci recule d'un pas! Un regard qui casse toute communication, serait-on tenté de dire, mais qui en réalité formule presque trop bien ce qu'il a à exprimer, et qui est de l'ordre de l'aversion. Le type s'éloigne et tombe sur un gars de son genre, qui arrive aussi et qui semble faire des détours pour se rencontrer avec lui. Les deux se serrent mollement la main, s'assoient de guingois à une table de coin, devant un bol, et s'accompagnent dans une de ces flâneries assises qui usurpent sur toutes les ambitions. Le dialogue s'installe, mais il en est toujours un des deux pour conserver un silence qui est certes une écoute, mais qui est aussi de l'indifférence, sans qu'on sache au reste ce qui les rapproche et oppose ainsi. Ils s'ennuient réciproquement sans s'ennuyer personnellement, voilà bien le fond de l'affaire. Je dirais qu'ils maintiennent isolément et conjointement un regard belliqueux sur l'inconnaissable peuple du matin et son tumulte muet. Une chance sur une que je ne me trompe pas.

Quant à celle qui a repoussé un de ces deux hommes d'un regard cruel, elle reste figée dans un genre de moue d'argile qui au moindre choc craque et s'effondre en miettes! Mais un peu après, lorsque l'homme ressort, elle se lance dans ses pas telle une danseuse de tango dans ceux de son partenaire. Y a des solitudes qui cachent des fâcheries. Mais peut-être aussi des fâcheries qui dissimulent des tollés de solitude.

∗   ∗   ∗

Au mitan d'une promenade très ensoleillée dans un quartier moitié vocation ouvrière, moitié tendance condos, je m'arrête sur une terrasse où le soleil flamboie un peu trop à mon goût dans les bières et dans les limonades. Je me déplace donc vers l'intérieur, sur une de ces banquettes latérales qui marquent le périmètre du café, là où l'ombre s'accorde avec des jets d'halogènes.

C'est ici le lieu de surprendre dans son retrait un jeune gars dont l'attention flottante n'allège pas la présence, un étrange personnage qui me semble de cette espèce de solitaires ostensiblement seuls avec eux-mêmes, surtout au milieu des autres. Je parie qu'une moitié de lui au moins est constamment absente, disons absorbée dans sa forteresse de distraction par les astuces d'un autre monde; et pourtant, c'est certain, il ne se cogne jamais nulle part ni ne manque aucun rendez-vous. Je gage encore qu'il roule à s'en ensorceler des pensées sur des sujets qui l'envoûtent. Si je l'imagine bien, il est toujours occupé à quelque chose, mais jamais à ce qu'on attend de lui. La particularité qui doit en mettre quelques-uns contre lui, son patron ou ses profs, c'est sa désinvolture. On peut l'imaginer, parfois, souvent, en famille, au travail, en classe, au cœur d'une conversation, comme soudain pris de clairvoyance, décrochant de toute attention, rompant le lien avec les autres et partant en douce vers des ailleurs prenants. C'est là une forme d'inadvertance qui frappe sans avertir, au milieu de quoi que ce soit d'important, mais jamais aussi important que ce qu'il y a à vivre ailleurs en soi. Je jurerais que c'est là son mode d'exaltation.

On capte souvent, dans la nonchalance des habitués de cafés, qui est une autre façon de séjourner dans le continent humain, les indices d'une fluidité souterraine qui inscrit de la continuité entre certaines choses, des événements, des personnes, et qui forme des chaînes secrètes sous le règne de l'ordre. Depuis quelques jours, je ne vois, dans les cafés, que de l'évasion, que cette forme de distraction que les proches prennent pour de l'ennui. Il y a par exemple cette scène… Une fille et un garçon, de quinze, seize ans, elle en collant et pull d'entraînement, lui en short boxeur et débardeur, arrivent en joggant et commandent un jus énergisant. Lui feint de ne pas être ému par ce qui fait déjà d'elle une femme, alors il converse; elle, entre des moments de profonde distraction, fait mine de s'intéresser aux exposés du garçon.

Cette forme de présence inconstante, on sait ce que c'est, il s'agit de cette échappée qui s'opère sans avertir dans le beau fixe d'un plaisir ou d'une passion, d'un match, d'une chanson à répondre ou du dernier droit d'une histoire à rire. On est soudain éjecté de sa personne sociale, on s'évade d'un coup et se boule dans un coin de son imaginaire. Le lien avec les autres se brise, on plane dans un vide captivant et vertigineux. Cela peut être, dans certains cas, parole! comme une ivresse. Rien à voir avec l'incapacité de se distraire ou de communiquer, non plus avec le manque d'ardeur ou de plaisir. Le fuyant dont je parle ici est un passionné que la raison commune ne comble pas. Or, nombre de ces fugitifs flânent à l'avenant dans l'inconnu familier des cafés, j'imagine pour connecter cette évasion à une intuition rêveuse, dans l'espoir qu'en jaillira au cœur d'eux-mêmes une étincelle.

En voici un autre exemple tiré d'un vieux carnet. À l'heure joyeuse, dans un café très fréquenté, au milieu d'un foudroyant échange d'idées entre amis où elle doit se bagarrer pour émettre ses convictions, voilà qu'on dirait soudain qu'une assez jolie fille se retire du débat et revient un instant à elle-même; elle se laisse retomber sur le dossier de la banquette et, dans une gestuelle des plus gracieuses, tire une cigarette de son paquet, se l'infiltre entre les lèvres et l'allume à l'aide d'un Bic. De mon point de vue, elle apparaît alors comme une bulle de silence au milieu d'une cohue d'opinions. Puis elle rejette la tête en arrière et souffle la fumée au-dessus d'elle. Au bout de trois bouffées, elle est dans son nuage, seule. Seule dans son moment de solitude, désengagée de la discussion, même de ses convictions. Mais dès après une minute, la voilà qui refait surface avec le même acharnement que plus tôt, et ce sont les autres qui reculent. *C'est comme la cigarette,* dit-elle, et la voilà qui tient tête à la mêlée de sa verve bataillante, qui s'insurge contre le diktat défavorable à la cigarette. *C'est la première fois de l'histoire de l'humanité...* fulmine-t-elle. Mais non, le tabac a plusieurs fois été interdit, par des rois d'Angleterre, des shahs de Perse, des sultans, même par le pape Urbain VIII. Et de même pour le café!

*   *   *

Généralement, en entrant dans un café, je suis bien conscient que les gens qui y figurent étaient déjà là avant moi, tout bien construits, avec leur individualité, leur mémoire, leur présence; mais il m'arrive parfois de me sentir comme si j'étais déjà là avant eux, installé sur ma scène, dans ma quête, et que c'est moi qui les vois surgir et les accueille. C'est aujourd'hui une journée de cette sorte. Ainsi, j'entre, attiré par une lueur blafarde, dans un espace de nimbes et de patine, m'attabler parmi des retraités enjoués, joueurs de scrabble, de dames, de cartes, qui n'y voient presque rien, ce qui permet de justifier la tricherie, je veux dire l'erreur, par le trop peu de lumière. *Tiens, j'avais pas vu qu'y me restait du cœur!* Facile, dans le noir, pendant que son adversaire cligne des yeux, de manger cinq dames à reculons ou de tourner la lettre N d'un quart de tour pour en faire un Z et d'étirer *klaxonne* en *klaxonnez* sur un *mot compte triple...*

Ce qui me touche ici, c'est le spectacle permanent de ces hommes qui donnent pleinement à voir cette étrange et pourtant commune façon que nous avons tous d'être présents, qui exposent leur duplicité de personne pour soi et d'individu parmi les autres. On pourrait en effet en choisir un au hasard et le suivre dans ses attitudes et dans ses paroles ; on verrait comment il s'y prend pour composer avec les autres, mais aussi ce qui ressortit à lui-même et à son irréductible solitude. Tiens ! Ce petit homme, par exemple, qui en fait beaucoup pour ne pas avoir l'air absent et qui ne trompe que ceux qui n'ont pas assez de recul pour le considérer dans son entourage. Un type du genre qui semble tirer de lui-même ce qu'il est, qui s'y complaît et qui tend à se fermer à ce qui l'entoure. L'énigme de la vie même semble l'affairer davantage que les désordres du monde causés par les fous du pouvoir et qui alimentent les conversations de ses amis. Je le devine assailli par des pensées incontrôlables et par un état de désintéressement accablant. Et pourtant, il cause à son tour et ne me semble pas manquer de jugement, les autres l'écoutent. Mais il a cette façon, après avoir lancé un trait, de se retrancher derrière ses barricades… On peut imaginer en lui le gars à qui tout semble avoir échappé, l'amour, la réussite sociale, la joie de vivre ; je veux dire qu'il les a certainement connus, l'amour, la réussite, la joie, mais que ça n'a pas eu de prise sur lui. Et il ne se désole pas trop que ça l'ait fui, parce qu'il n'y a jamais cru. En fait, il a frôlé tout cela d'assez près pour savoir qu'en ces matières d'amour, de réussite et de joie de vivre, tout est affaire de conviction. C'est peut-être cela qui lui a toujours manqué, la conviction. L'acquiescement de l'esprit. Le consentement.

Premier jour de ce mois qui se tient entre les phalanges du majeur et de l'annulaire. Journée annuelle des poissons de papier accrochés dans le dos, mais aussi journée de vie citoyenne ambiguë, qui favorise chez certains la jubilation et chez ceux de ma sorte, une exquise solitude. Je n'adhère jamais que de loin à la liesse et aux fêtes populaires, aux grands rassemblements…

Un grand type à l'aspect de clown blanc se trimbale dans les rues et dans les cafés avec un immense poisson d'avril fixé au dos de son imper et propose aux gens qu'il croise, hommes ou femmes, jeunes ou vieux, d'extraire une des écailles du poisson sur chacune desquelles il est écrit *Quelqu'un vous aime!* J'en tire trois d'un coup pour en faire des marque-pages.

Depuis environ un mois, je vais presque tous les jours… on devine où, relire mes carnets de notes éparses sur ma fréquentation des cafés. Certes, *l'expression de ce qui* existe *est une tâche infinie,* comme l'écrit Merleau-Ponty, mais il y a un moment où il faut savoir mettre un terme à l'entropie des notes et chercher un sens à tirer de tout ça. Pour l'instant, je m'emploie à mettre de l'ordre dans ces observations et commentaires, y biffant ou complétant des passages, traçant des flèches, inscrivant des renvois, comme si le moment était venu de débrutir ces fragments et de les organiser à la tangente des carnets et d'une somme possible, qu'on pourrait appeler un livre. Le plus difficile, ça sera d'en faire jaillir la lumière, le rire et la vie.

Table des matières

Ce livre a été imprimé sur du papier 100 % postconsommation,
traité sans chlore, certifié ÉcoLogo
et fabriqué dans une usine fonctionnant au biogaz.

MISE EN PAGES ET TYPOGRAPHIE :
LES ÉDITIONS DU BORÉAL

ACHEVÉ D'IMPRIMER EN JANVIER 2010
SUR LES PRESSES DE L'IMPRIMERIE GAUVIN
À GATINEAU (QUÉBEC).